稻作多功能价值与绿色补贴

Daozuo
Duogongneng Jiazhi Yu
Lvse Butie

向平安 著

图书在版编目（CIP）数据

稻作多功能价值与绿色补贴/向平安著. —北京：中央编译出版社，2017.2
ISBN 978-7-5117-3235-4

Ⅰ.①稻… Ⅱ.①向… Ⅲ.①水稻栽培－政府补贴－研究－中国 Ⅳ.①F812.0

中国版本图书馆 CIP 数据核字（2017）第 006439 号

稻作多功能价值与绿色补贴

出 版 人：	葛海彦
出版统筹：	贾宇琰
责任编辑：	程 彤　曲建文
责任印刷：	尹 珺
出版发行：	中央编译出版社
地　　址：	北京西城区车公庄大街乙5号鸿儒大厦B座（100044）
电　　话：	（010）52612345（总编室）　（010）52612370（编辑室）
	（010）52612316（发行部）　（010）52612317（网络销售部）
	（010）52612346（馆配部）　（010）55626985（读者服务部）
传　　真：	（010）66515838
经　　销：	全国新华书店
印　　刷：	北京隆元普瑞彩色印刷有限公司
开　　本：	787 毫米×1092 毫米　1/16
字　　数：	200 千字
印　　张：	12.75
版　　次：	2017 年 2 月第 1 版第 1 次印刷
定　　价：	36.00 元
网　　址：	www.cctphome.com　　邮　　箱：cctp@cctphome.com
新浪微博：	@中央编译出版社　　微　　信：中央编译出版社（ID：cctphome）
淘宝店铺：	中央编译出版社直销店（http://shop108367160.com）（010）52612349

凡有印装质量问题，本社负责调换，电话：010-55626985

内容简介

本书对稻作多样性产出的组成、经济特征和生产方式进行了分析，对稻作的多种非市场产出开展了定性和定量评价，分析了建立稻作绿色补贴激励机制的必要性，量化了绿色补贴标准，并构建了绿色补贴机制。本书提出了"机会生态系统"这一新概念；将非市场产出纳入能值分析框架，拓展了能值分析的范畴；创新了生态补偿理论。本书为人们深入认识稻作农业提供了新知识。

本书为政府管理人员、科研人员、研究生、高年级本科生和社会公众服务。

前　言

过去，人们认为农业功能局限于供给食物和纤维，未认识到它为人类社会所提供的巨大公共服务，从而低估了它对人类福祉的贡献。20世纪90年代，"农业多功能性"概念的出现为人们重新认识农业提供了新平台，现在这个概念已成为各国政府讨论农业政策和科学家探究农业价值的热词。

数千年来，稻作的功能似乎与生产大米对等。最近20多年里，科学家陆续发现稻作具有多功能性，这为人们重新评价稻作的功能和制定粮食政策与环境政策提供了新观点。然而，中国作为全球最大的水稻种植地区，对稻作多功能性的研究和宣传还明显缺乏，引致人们低估了稻作价值。近些年来，适宜水稻种植的南方经济发达省份播种面积不断减少、稻田生态系统受到破坏和面源污染严重等现象，与人们对稻作价值认识不足和保护政策缺乏不无关系。

本书对稻作多功能性展开了全面系统分析，并将研究结果与多功能性保护政策的制定挂钩，构建了稻作绿色补贴激励机制的基本框架。本书内容主要包括九章：导论（国内外研究评论）；稻作多功能性及其经济性质；联合生产、效率与市场失灵；功能重要性的专家评判；多样性产出价值量化；投入产出的热力学分析；中国稻作经济与政策支持；外部性内部化；绿色补贴机制。

本书的学术创新主要表现在：

1. 提出"机会生态系统"概念，认为生态系统服务评价需要考察其机会生态系统所提供的服务。只有将某一生态系统服务与其机会生态系统服务相比较，才能真实判断这一生态系统服务为人类福祉的贡献。"机会生态系统"概念的提出，将为今后的生态系统服务的评价提供参照系，使评价结果更具客观性。

2. 提出生态补偿新理论，认为：当非市场服务与私人物品的联合生产处于互补关系，公众福祉偏好与生产者私人福祉偏好一致时，社会不需要对私人提供的外部效益进行补偿；当非市场服务与私人物品的联合生产处于互竞关系，满足公众福祉偏好有损生产者私人福祉时，为实现公众福祉需求，社会需要补偿生产者的经济损失；生态补偿基准是生产要素投入符合公众福祉需求的农业活动所得与其替代活动所得的差额。

3. 将非市场产出纳入能值分析框架。能值分析法是生态学与经济学的桥梁，是被广泛接受的生态经济效益评价方法。然而，该方法的使用者一直局限于实物的投入产出分析，未能从功能和外部性角度来分析生态系统的效益。本书拓展了能值分析的范围，为能值分析法的应用创造了新空间。

感谢国家社会科学基金（11BJY028）、湖南农业大学"1515"人才计划和湖南农业大学商学院提供的资助。感谢湖南农业大学官春云院士、黄璜教授和高必达教授给予的鼓励和支持；感谢陈浩、易婷、张祎蓉、姚瑶、江雪、肖景峰、崔克荣、余亮和谢宜章等青年学者给予的帮助；感谢湖南大学马超群教授、湖南师范大学刘子兰教授、湖南商学院唐未兵教授、湖南省社科联郑升研究员和湖南农业大学的邹冬生教授、李明贤教授、曾福生教授在研究之初给予的中肯建议；感谢中央编译出版社杨耀文先生为本书的出版付出的艰辛劳动；最后，我应特别感谢我的妻子和儿子，是他们的理解与支持使我可以静下心来从事学术研究。

需要说明的是，由于作者水平有限，书中的不足、不妥、缺点和疏漏在所难免，敬请读者朋友不吝赐教。

向平安

2016年6月于长沙白沙苑

目　录

1 导论 ………………………………………………………………… 5
　1.1 研究背景 ……………………………………………………… 5
　1.2 国内外研究概况与评论 ……………………………………… 3
　　1.2.1 概况 …………………………………………………… 3
　　1.2.2 评论 …………………………………………………… 8
　1.3 本书的基本思路与结构 ……………………………………… 9
　　1.3.1 基本思路 ……………………………………………… 9
　　1.3.2 结构 …………………………………………………… 9
2 稻作多功能性及其经济性质 …………………………………… 11
　2.1 稻作多功能性的表现 ………………………………………… 12
　　2.1.1 涵养水源 ……………………………………………… 12
　　2.1.2 净化水质 ……………………………………………… 14
　　2.1.3 蓄水调洪 ……………………………………………… 14
　　2.1.4 调节气体 ……………………………………………… 15
　　2.1.5 调节温度 ……………………………………………… 15
　　2.1.6 土壤保育 ……………………………………………… 16
　　2.1.7 景观休闲 ……………………………………………… 16
　　2.1.8 文化 …………………………………………………… 17
　　2.1.9 野生生物栖息地 ……………………………………… 17
　　2.1.10 维护粮食安全 ……………………………………… 18
　　2.1.11 面源污染 …………………………………………… 18
　2.2 多功能性的影响因子 ………………………………………… 18
　　2.2.1 水稻 …………………………………………………… 19
　　2.2.2 稻田面积 ……………………………………………… 19
　　2.2.3 土壤 …………………………………………………… 20
　　2.2.4 田埂 …………………………………………………… 20

  2.2.5 灌溉 ………………………………………………………… 20
  2.2.6 微生物 ………………………………………………………… 20
  2.2.7 农药 ………………………………………………………… 21
  2.2.8 肥料 ………………………………………………………… 21
  2.2.9 劳动 ………………………………………………………… 21
  2.2.10 畜力和/或机械 ……………………………………………… 21
 2.3 多功能产出的属性 ……………………………………………………… 22
 2.4 小结 ……………………………………………………………………… 24

3 联合生产、效率与市场失灵 ……………………………………………………… 26
 3.1 公共物品的供给方式 …………………………………………………… 26
 3.2 联合生产及其原因 ……………………………………………………… 27
 3.3 稻作的联合生产 ………………………………………………………… 29
 3.4 多样性产出与生产面积和生产强度的关系 …………………………… 30
 3.5 非市场产出间的关系 …………………………………………………… 35
 3.6 非市场产出与稻谷生产可以脱钩吗？ ………………………………… 36
 3.7 联合生产的优势 ………………………………………………………… 38
 3.8 市场失灵 ………………………………………………………………… 39
 3.9 小结 ……………………………………………………………………… 41

4 功能重要性的专家评判 …………………………………………………………… 43
 4.1 研究方法 ………………………………………………………………… 43
  4.1.1 修正德尔菲法 ………………………………………………… 44
  4.1.2 层次分析法 …………………………………………………… 45
 4.2 研究结果 ………………………………………………………………… 48
  4.2.1 评价指标集 …………………………………………………… 48
  4.2.2 受访者基本情况 ……………………………………………… 49
  4.2.3 准则层和指标层的重要性判定 ……………………………… 50
  4.2.4 配对比较结果 ………………………………………………… 51
  4.2.5 建立成对比较矩阵 …………………………………………… 53
  4.2.6 计算特征值与特征向量 ……………………………………… 55
  4.2.7 一致性检验 …………………………………………………… 55
  4.2.8 各层级要素间的相对权重计算 ……………………………… 55
 4.3 小结 ……………………………………………………………………… 56

5 多样性产出价值量化 ···································· 58
5.1 非市场评价方法 ···································· 59
5.2 国内外稻作多功能价值评估方法 ···················· 61
5.3 稻作多功能性评价方法构建 ························ 64
5.3.1 经济品生产 ···································· 64
5.3.2 涵养水源 ······································ 64
5.3.3 净化水质 ······································ 66
5.3.4 蓄水调洪 ······································ 67
5.3.5 防止土壤侵蚀 ·································· 68
5.3.6 降温凉化 ······································ 69
5.3.7 净化空气 ······································ 70
5.3.8 景观文化 ······································ 72
5.3.9 保护生物多样性 ································ 72
5.3.10 维护粮食安全 ································· 72
5.3.11 温室气体排放 ································· 73
5.3.12 化肥面源污染 ································· 73
5.4 数据来源 ·· 74
5.5 评估结果与分析 ···································· 74
5.5.1 稻作各项功能价值 ······························ 74
5.5.2 稻作外部性价值 ································ 87
5.5.3 稻作单位面积外部性价值 ························ 88
5.5.4 与中国台湾、韩国、日本和印尼案例比较 ·········· 91
5.5.5 与机会生态系统比较 ···························· 93
5.6 讨论 ·· 95
5.7 小结 ·· 97

6 投入产出的热力学分析 ································ 98
6.1 能值分析基本原理 ·································· 98
6.2 研究区域与方法 ···································· 100
6.2.1 研究地区 ······································ 100
6.2.2 研究方法 ······································ 100
6.3 结果与分析 ·· 107
6.3.1 能值的投入产出 ································ 107

  6.3.2 能值指标分析 ……………………………………………… 108
  6.3.3 与成本—收益衡量方法比较 ………………………………… 111
 6.4 小结 …………………………………………………………………… 111

7 中国稻作经济与政策支持 …………………………………………… 113
 7.1 中国稻作面积与分布 ………………………………………………… 114
 7.2 稻作面积变化的原因分析 …………………………………………… 122
  7.2.1 生产技术 …………………………………………………… 123
  7.2.2 规模效应 …………………………………………………… 128
  7.2.3 非农收入 …………………………………………………… 132
  7.2.4 稻米消费结构 ……………………………………………… 145
  7.2.5 粮食政策 …………………………………………………… 145
 7.3 中国稻作的困境 ……………………………………………………… 147
 7.4 稻作绿色补贴建议 …………………………………………………… 152
 7.5 小结 …………………………………………………………………… 155

8 外部性内部化 ………………………………………………………… 157
 8.1 假设 …………………………………………………………………… 158
 8.2 定义解 ………………………………………………………………… 159
 8.3 数学解 ………………………………………………………………… 161
 8.4 稻作生态补偿实证分析 ……………………………………………… 164
 8.5 讨论 …………………………………………………………………… 169
 8.6 小结 …………………………………………………………………… 171

9 绿色补贴机制 ………………………………………………………… 173
 9.1 补偿机制构成要素 …………………………………………………… 173
  9.1.1 补偿主体 …………………………………………………… 173
  9.1.2 补偿方式 …………………………………………………… 177
  9.1.3 补贴空间范围 ……………………………………………… 178
  9.1.4 补贴时间尺度 ……………………………………………… 180
  9.1.5 补贴项目 …………………………………………………… 181
  9.1.6 补贴标准 …………………………………………………… 181
  9.1.7 补贴经费来源 ……………………………………………… 182
  9.1.8 补贴对象 …………………………………………………… 182
 9.2 补贴管理 ……………………………………………………………… 183

  9.2.1 欧盟交叉遵守要求 ……………………………………… 183
  9.2.2 稻作绿色补贴交叉遵守条件 …………………………… 185
  9.2.3 绿色补贴兑付方式 ……………………………………… 186
  9.2.4 绿色补贴执行程序 ……………………………………… 186
 9.3 讨论 …………………………………………………………… 187
 9.4 小结 …………………………………………………………… 191

1 导 论

1.1 研究背景

长期以来，人们对农业功能的认知似乎止于为人类提供食物和纤维。20世纪90年代出现的多功能性[①]（Multifunctionality）概念，改变了世人对农业作用的看法。它是指：农业除了提供私人物品（食物和纤维），也提供一系列具有外部性特征的公共物品（或称公共服务）。这些公共物品或公共服务包括农村景观和文化传承、土地保护、可更新自然资源的可持续管理、生物多样性维持、粮食安全、水调节、气体调节、乡村活力等诸多方面。[②] 除了对人类福祉有益的影响外，农业也产生负外部性影响，如使用化肥和农药造成的面源污染。"多功能性"是一个系统导向的概念，与20世纪70年代出现的"生态系统服务（Ecosystem service）"[③] 概念的内涵接近[④]，这起因于农业生产是在生态系统内运行[⑤]，它是农业生态系统的功

[①] "多功能性"这一术语正式登上国际舞台是在1992年里约热内卢地球峰会的文件《21世纪议程》第14章中的出现，文中指出农业是多功能的，尤其是指粮食安全和可持续发展。见 United Nations Conference on Environment and Development, *Agenda* 21(*Chapter* 14), Rio de Janeiro: United Nations, 1992.

[②] Meeting of the Committee for Agriculture at the Ministerial level, "Agriculture in a Changing World: Which Policies for Tomorrow?" press communiqué, Paris, 5 – 6 March.

[③] "生态系统服务"这一术语是由 Ehrlich 于1981年提出（Ehrlich, P. R. and Ehrlich, A. H., "Extinction: The Causes and Consequences of the Disappearance of Species", New York: Random House, 1981.），联合国千年评估（Millennium Ecosystem Assessment, MA）将它定义为人类从生态系统获取的效益，并按功能将生态系统服务划分为：供给服务、调节服务、文化服务和支持服务（Millennium Ecosystem Assessment, "Ecosystem and Human Well – being: A Frame Work for Assessment", Washington: Island Press, 2003.）。

[④] 因内涵相近，故"多功能性"（或多样性功能，或多种功能）与"生态系统服务"在本书经常交替使用。

[⑤] Romstad, E., Vatn, A., Rørstad, P. K. & Søyland, V., "Multifunctional Agriculture: Implications for Policy Design", *Report No.* 21, Agricultural University of Norway, As – NLH 2000.

能的整体体现，而不是将农业仅仅视为经济生产活动。

"多功能性"概念的出现及其被广泛认可，不仅反映农业的价值被人们重新定义，而且也反映社会对农业赋予了新的期望。然而，农业或农业生态系统提供的这些公共物品要么无市场，要么是市场未能发挥作用。[①]正因为其价值不能在市场反映，农业提供的公共物品长期受到人们忽视。由于没有得到来自市场的激励，使得农业对合意的公共物品提供不足，公共厌品（如污染）却生产过多。随着人们对农业提供的非市场物品的需求越来越多和越来越广泛，使得许多国家制定农业政策或农村政策时，不得不将如何激励农业以提供充足的有益于人们福祉的公共物品作为重要议题。多功能农业这一发展路径可被看作填补了可持续发展宣言与实际操作之间的空白。[②]

大米是约 2/3 中国人的主食。自古以来，稻作（Rice farming）[③]在中国经济中一直占据举足轻重的地位。稻作（或稻作生态系统[④]）除生产稻米和秸秆外，还提供水调节、气体调节、废弃物去除、土壤保育、生物多样性维持与景观文化等公共物品。[⑤] 20 世纪 80 年代以来，中国第二、第三

---

① Guido Van Huylenbroeck, Valerie Vandermeulen, Evy Mettepenningen and Ann Verspecht, "Multifunctionality of Agriculture: A Review of Definitions, Evidence and Instruments", *Living Reviews in Landscape Research*, 1:3, 2007. [Online Article]: cited [<date>], http://www.livingreviews.org/lrlr-2007-3.

② Renting, H., Rossing, W. A. H., Groot, J. C. J., Van der Ploeg, J. D., Laurent, C., Perraud, D., Stobbelaar, D. J., Van Ittersum, M. K., "Exploring Multifunctional Agriculture. A Review of Conceptual Approaches and Prospects for an Integrative Transitional Framework", *Journal of Environmental Management*, vol. 90, supplement 2, 2009, pp. s112-123.

③ 指耕种栽培稻（Cultivated rice）的农事活动，一般指从事水稻（*Oryza sativa*）耕作的行为，通俗称作水稻生产。

④ 稻作生态系统也称稻田生态系统，本书主要研究水稻种植期间所产生的服务，可能用稻作生态系统来称谓更精确些。本书所指的稻作本质上是稻作生态系统，故这两个术语也经常交替使用。

⑤ Yoshida, K., "An Economic Evaluation of the Multifunctional Roles of Agriculture and Rural Areas in Japan", *Technical Bulletin*, no. 5, 2001, pp. 1-9; Kim, T. C., Gim, U. S., Kim, J. S. and Kim, D. K., "The multifunctionality of paddy farming in Korea", *Paddy and Water Environment*, vol. 4, no. 4, 2006, pp. 169-179; Agus, F., Irawan, I., Suganda, H., Wahyunto, W., Setiyanto, A. and Kundarto, M., "Environmental Multifunctionality of Indonesian Agriculture", *Paddy and Water Environment*, vol. 4, no. 4, 2006, pp. 181-188; Huang, C. C., Tsai, M. H., Lin, W. T., Ho, Y. F. and Tan, C. H., "Multifunctionality of Paddy Fields in Taiwan", *Paddy and Water Environment*, vol. 4, no. 4, 2006, pp. 199-204.

产业迅猛发展，由农业大国迅速向制造业大国转变，农村经济也趋向多元化发展。虽然在许多乡村稻作依然起着重要的经济作用，但它的经济地位却在不断下降。由于比较效益下降，稻农积极性受挫，稻田转作、休耕和城建占用等现象频繁发生。与 1980 年相比，2012 年中国稻作面积减少了 $3741 \times 10^3 hm^2$[①]，面积减少主要发生在南方发达地区[②]，也正是适宜水稻种植的传统优势区域。中国的大米由 2000 年净出口 $271 \times 10^4 t$ 蜕变为 2012 年净进口 $209 \times 10^4 t$[③]，昔日的大米主要出口国，如今已是进口大国。稻作面积减少不仅意味着稻米总供应潜能可能下降，而且表明稻作生态系统的公共物品供给总能力在下降。进入 21 世纪以后，中央政府采取了包括废除农业税、保护价收购和实行种粮补贴等一系列措施，以稳定农业生产特别是粮食生产，并且取得了一定成效。但是，如果继续提高保护收购价就会遇到国际价格"天花板"，而增加粮食补贴会遇到 WTO 关于农业补贴的"黄箱政策"限制。[④] 这意味着保护价收购和"黄箱"补贴是不可持续措施。一旦这些措施的使用达到极限，而且伴随稻作经济的比较效益持续下降，那么，稻作就岌岌可危。

怎样激励才能既不扭曲市场又能保障稻作面积？这是中国实现稻作永续发展亟须解决的难题。

1.2 国内外研究概况与评论

1.2.1 概况

针对稻作或稻作生态系统的多功能性或生态系统服务的研究已有不少文献。概括起来，已往研究主要集中在稻作多样性功能、多功能价值或生

[①] 国家统计局农村社会经济调查司：《中国农村统计年鉴 2013》，中国统计出版社 2013 年版。

[②] 东北三省水稻播种面积有显著增加。

[③] 国家统计局农村社会经济调查司：《中国农村统计年鉴 2014》，中国统计出版社 2014 年版。

[④] 陈锡文：《中国粮食政策面临两难选择》，财新网 2013 年 12 月 31 日。http://china.caixin.com/2013-12-31/100623750.html。

态系统服务价值评估和生态补偿三个领域。

稻作的水调节、土壤保育、气体调节、景观休闲和生物多样性维护等多样性功能，得到学者们较为一致的认可。系统的功能或产出是由其结构决定。稻作的水质净化、调洪、涵养水源和防止土壤冲蚀的功能源自稻田长时间渍水和独有的田埂结构。① 水稻植株的光合作用是稻作净化空气功能的根源②，而水稻生育期长时间渍水所形成的厌氧环境是稻田有机物质在产甲烷菌作用下还原为温室气体 CH_4 的主要原因。③ 稻田长时间渍水，在炎热夏季有调节热量缓和周围气温、地温及调节湿度效果。④ 稻田生态系统是许多野生生物的栖息地⑤，同时稻田景观是休闲游憩的宝贵资源。⑥ 然而，水稻种植期间使用过量化肥和农药，

---

① 黄璜：《湖南境内隐形水库与水库的集雨功能》，《湖南农业大学学报》1997 年第 23 卷第 6 期，第 499 – 503 页；Maruyama, T., Hashimoto, I., Murashima, K., Takimoto, H., "Evaluation of N and P Mass Balance in Paddy Rice Culture Along Kahokugata Lake, Japan, to Assess Potential lake Pollution", *Paddy and Water Environment*, Vol. 6, no. 4, 2008, pp. 355 – 362；汪永刚、李志忠、王敦民、赵金华：《坚持不懈兴修梯田改善生态开发产业》，《中国水土保持》2009 年第 8 期，第 35 – 36 页，38 页；Tanaka, K., Funakoshi, Y., Hokamura, T. & Yamada, F., "The Role of Paddy Rice in Recharging Urban Groundwater in the Shira River Basin", *Paddy and Water Environment*, Vol. 8, no. 3, 2010, pp. 217 – 226；Natuhara, Y., "Ecosystem Services by Paddy Fields as Substitutes of Natural Wetlands in Japan", *Ecological Engineering*, Vol. 56, 2013, pp. 97 – 106.

② Wu, F. C., "Microclimate and CO_2 Flux Models in Eco – environmental Paddy Field, in Promotion the Protection of Eco – environmental Paddy Field and the Groundwater Recharge", Taipei: Council of Agriculture, 2004.

③ Cao, M. K., Dent, J. B. and Heal, O. W., "Methane Emissions from China's Paddyland", *Agriculture, Ecosystem & Environment*, vol 55, no. 2, 1995, pp. 129 – 137；Garg, A., Shukla, P. R., Kapshe, M. and Menon, D., "Indian methane and nitrous oxide emissions and mitigation flexibility", *Atmosperic Environment*, vol. 38, no. 13, 2004, pp. 1965 – 1977.

④ 谭智宏、林庆杰：《水田于农业及都会区域温度和缓功能评估》，《水田永续经营与环境机能研讨论文集》，台北，2005, pp19 – 32；Kim, T. C., Gim, U. S., Kim, J. S., Kim, D. K., "The multifunctionality of paddy farming in Korea", *Paddy and Water Environment*, Vol. 4, no. 4, 2006, pp. 169 – 179.

⑤ Katoh, K., Sakai, S. and Takahashi, T., "Factors Maintaining Species Diversity in Satoyama, A Traditional Agricultural Landscape of Japan", *Biological Conservation*, Vol. 142, no. 9, 2009, pp. 1930 – 1936.

⑥ Iwata, Y., Fukamachi, K. and Morimoto, Y., "Public Perception of the Cultural Value of Satoyama Landscape Types in Japan", *Landscape and Ecological Engineering*. Vol. 7, no. 2, 2011, pp. 173 – 184.

是造成水源污染、土壤酸化和水体富营养化的来源之一。①

稻作多样性功能或稻田生态系统服务评价既是研究热点也是研究难点。因为这些公共物品没有市场价格，其价值评估尚无一致认可的方法，但是如果不开展评价或评价结果未得到认可，就难以应用多功能性来制定激励机制。稻作多功能价值研究在日本②、韩国③和中国台湾④开展较多，

---

① 向平安、黄璜、燕惠民、周燕、郑华、黄兴国：《湖南洞庭湖区水稻生产的环境成本评估》，《应用生态学报》2005 年第 16 卷第 11 期，第 2187—2193 页。

② Yoshida, K., "An Economic Evaluation of the Multifunctional Roles of Agriculture and Rural Areas in Japan", *Technical Bulletin—Food and Fertilizer Technology Center*, No. 154, 2001; Aizaki, H., Sato, K. and Osari, H., "Contingent Valuation Approach in Measuring the Multifunctionality of Agriculture and Rural Areas in Japan", *Paddy and Water Environment*, Vol. 7, no. 4, 2006, pp. 217 – 222; Matsuno, Y., Nakamura, K., Masumoto, T., Matsui, H., Kato, T. and Sato, Y., "Prospects for Multifunctionality of Paddy Rice Cultivation in Japan and Other Countries in Monsoon Asia", *Paddy and Water Environment*, Vol. 4, no. 4, 2006, pp. 189 – 197; Shiratani, E., Yoshinaga, I. and Miura, A., "Economic Valuation of Cultivated Lands as Nitrogen Removal/Effusion Sites by Newly Proposed Replacement Cost Method", *Paddy and Water Environment*, Vol. 4, no. 4, 2006, pp. 211 – 215.

③ Suh, D. K., "Social and economic evaluation of the multi-functional roles of paddy farming", *Extension Bulletin – Food & Fertilizer Technology Center*, No. 511, 2002; Kim, T. C., Gim, U. S., Kim, J. S. and Kim, D. K., "The Multifunctionality of Paddy Farming in Korea", *Paddy and Water Environment*, Vol. 4, no. 4, 2006, pp. 169 – 179; Yoon, C. G., "Wise Use of Paddy Rice Fields to Partially Compensate for the Loss of Natural Wetlands", *Paddy and Water Environment*, Vol. 7, no. 4, 2009, PP. 357 – 366.

④ Tsai, M. H., Ko, H. S. and Lee, T. H., "Internal and external benefits of agricultural water utilization in Taiwan", In "Proceedings of sessions on agriculture, food and water", 3rd World Water Forum, Kyoto, Japan, 2003, pp. 173 – 182; Chang, K. and Ying, Y. H., "External benefits of preserving agricultural land: Taiwan's rice fields", *The Social Science Journal*, Vol. 42, no. 2, 2005, pp. 285 – 293; 蔡明华、林尉涛、何逸峰、谭智宏、黄振昌：《日本、韩国与台湾水稻田多样性机能评价比较》，《2005 水稻田农业多样性机能研讨会论文集》，台北，2005 年，第 1—16 页; Huang, C. C., Tsai, M. H., Lin, W. T., Ho, Y. F., and Tan, C. H., "Multifunctionality of paddy fields in Taiwan", *Paddy and Water Environment*, Vol. 4, no. 4, 2006, pp. 199 – 204; Liu, C. W., Tan, C. C. and Huang, C. C., "Determination of the magnitudes and values for groundwater recharge from Taiwan's paddy field", *Paddy and Water Environment*, Vol. 3, no. 2, 2005, pp. 121 – 126; Chiueh, Y. W., "Environmental Multifunctionality of paddy fields in Taiwan—A Conjunction Evaluation Method of Contingent Valuation Method and Analytic Network Procedures", *Environment and Natural Resources Research*, Vol. 2, no. 4, 2012, pp. 114 – 127.

研究成果较丰硕,中国大陆①、印度尼西亚②和菲律宾③近年来也不断开展研究。国内外研究表明,稻作的非市场价值显著高于其市场价值,稻作的负外部性影响远小于其正外部性影响。学者们对稻作非市场服务的评价方法主要有两大类,显示性偏好法(Revealed preference method)和陈述性偏好法(Stated preference method)。显示性偏好法是利用市场现象来推断外部性价值,替代成本法④(Substitution cost method)是其中最常用的方法,旅行成本法⑤(Travel cost method)和当量因子法⑥(Equivalent Factor Method)等方法也有应用。陈述性偏好法是通过问卷调查等方式诱导受访者报出心中的真实价格,通常以支付意愿(Willingness to pay)或接受意愿(Willingness to accept)来衡量,条件价值法⑦(Contingent valuation method)是其中较常用的方法。另外,也有学者采用能值分析方法⑧(Emergy

---

① 向平安、黄璜、燕惠民、周燕、郑华、黄兴国:《湖南洞庭湖区水稻生产的环境成本评估》,《应用生态学报》2005年第16卷第11期,第2187-2193页;杨志新、郑大玮、文化:《北京郊区农田生态系统服务功能价值的评估研究》,《自然资源学报》2005年第20卷第4期,第564-571页;肖玉、谢高地:《上海市郊稻田生态系统服务综合评价》,《资源科学》2009年第31卷第1期,第38-47页;李凤博、徐春春、周锡跃、方福平:《基于生态系统服务价值的梯田水稻生态补偿机制研究》,《中国稻米》2011年第17卷第4期,第11-15页;刘某承、伦飞、张灿强、李文华:《传统地区稻田生态补偿标准的确定——以云南哈尼梯田为例》,《中国生态农业学报》2012年第20卷第6期,第703-709页。

② Agus, F., Irawan, I., Suganda, H., Wahyunto, W., Setiyanto, A. & Kundarto, M., "Environmental Multifunctionality of Indonesian Agriculture", Paddy and Water Environment, Vol. 4, no. 4, 2006, pp. 181-188.

③ Concepcion, R. N., Samar, E. and Collado, M., "Multifunctionality of Ifugao rice terraces in the Philippines", Available at http://balittanah.litbang.deptan.go.id/dokumentasi/prosiding/mflp2006/rogelio.pdf.

④ 以提供替代服务的成本为基础,估算生态系统服务经济价值的方法。

⑤ 评估生态系统游憩休闲的经济价值。该方法假设景观的价值可以体现在人们为旅行参观该景观的支付意愿中,也可以利用旅行费用估算环境质量变化造成的经济损益。

⑥ 生态系统服务价值当量因子是指生态系统产生的生态服务的相对贡献大小的潜在能力,定义为1hm² 全国平均产量的农田每年自然粮食产量的经济价值。见谢高地、鲁春霞、冷允华、郑度、李双成:《青藏高原生态资产的价值评估》,《自然资源学报》2003年第18卷第2期,第189-196页。

⑦ 基于假设情境,让受访者直接陈述他们对具体生态系统服务的支付意愿。

⑧ 是生态学家Howard T. Odum创立的热力学分析方法,该方法把各种形式的能量转化为统一的太阳能焦耳(sej),从而评价其在生态系统中的作用和地位。该方法有效地将自然资本的价值纳入了经济核算,被认为是联结生态学与经济学的桥梁。

analysis）来评估稻作的多样性价值。① 各种评估方法都有优缺点，还谈不上哪种方法最可靠或最适用。因评价方法、评价指标和评价区域存在差异，故不同学者的研究存在不同的评价结果。

  部分学者将稻作多样性功能评价与稻作激励制度创建结合起来。通常将这种外部性内部化②（Internalize the externalities）的激励机制称为生态补偿③（Ecological compensation）或绿色补贴（Green subsidy）。建立生态补偿机制的核心是确定合理的补偿标准。谢高地等④提出将未计量的外部效益作为生态补偿标准。Boisvert 和 Blandford⑤ 考虑了稻田生态系统具有地下水补注和 CH_4 排放两种外部性情况，提出实现社会效益最优的补偿与税收额度模型。向平安等⑥采用环境经济学原理和方法量化了稻田氮肥面源污染的绿色税收，以补偿氮肥面源污染的社会损失。Liu 等人⑦根据稻米生产与稻田外部效益的组合变动情形，应用补偿变量法评估当稻米减产后应对稻农补贴的金额。孙海艳等⑧将梯田水稻类型划分为粮食生产型、种养结合型和旅游开发型的梯田生态系统，提出采取机会成本法确定粮食生产型梯田补偿标准，采取条件价值法来确定种养结合型和旅游开发型梯田补偿标准。刘某承等⑨提出通过政府直接补贴和市场价格调控相结合的方式来确定稻田生态补偿标准，以激励农户减少稻田化学物质的施用，计量方

---

  ① 阮忠信、罗雅铃、谭智宏：“应用能值分析法评估台湾水田多样性功能之价值”，《水田文化与科学研究成果发表会论文集》，台北，2008 年第 35—50 页。
  ② 通过制度安排将因外部性产生的社会收益或成本，转化为私人收益或成本。
  ③ 在第八章做详细解释。
  ④ 谢高地、肖玉、甄霖、鲁春霞：《我国粮食生产的生态服务价值研究》，载《中国生态农业学报》2005 年第 13 卷第 3 期，第 10 - 13 页。
  ⑤ Boisvert, R. N. and Blandford, D., "Multifunctionality and Non - trade Concerns: Implications for Future Agricultural Policy in Asia", *Paddy and Water Environment*, Vol. 4, no. 4, 2006, pp. 223 - 228.
  ⑥ 向平安、周燕、黄璜、郑华：《氮肥面源污染控制的绿税激励措施探讨——以洞庭湖区为例》，载《中国农业科学》2007 年第 40 卷第 2 期，第 330 - 337 页。
  ⑦ Liu, C. W., Zhang, S. W., Yao, H. P., Lin, K. H., and Lin, W. T., "Appraisal of Affordable Green Subsidy of Rice Paddy in Taiwan", *Paddy and Water Environment*, Vol. 8, no. 3, 2010, pp. 207 - 216.
  ⑧ 孙海艳、李凤博、方福平、徐春春、周锡跃：《梯田水稻生态补偿机制研究》，载《安徽农业科学》2011 年第 39 卷第 25 期，第 17189 - 17191、17194 页。
  ⑨ 刘某承、伦飞、张灿强、李文华：《传统地区稻田生态补偿标准的确定——以云南哈尼梯田为例》，载《中国生态农业学报》2012 年第 20 卷第 6 期，第 703—709 页。

法可表达为：政府对农户的直接补贴＝农户接受直接补贴的受偿意愿－农产品价格增值×农产品平均产量。在生态补偿运行机制设计上，李凤博等①和孙海艳等②提出稻田生态补偿模式应以中央投入为主、辅以地方政府投入、景观收益和市场交易等多种方式参与，实行分区域补偿，实现清洁化生产补偿，建议采取补贴缓释化肥、生物农药等方式来实现梯田水稻生态补偿。

1.2.2 评论

国内外学者对稻作多功能性或稻作生态系统服务已开展不少研究，这些研究为人们认识其多功能价值、制定激励机制和可持续发展决策提供了依据。然而，以往的研究忽略了：（1）稻作多功能产出的影响因子与经济性质分析，而这些影响因子和多功能产出的经济属性在激励机制制定与决策过程是需要考量的内容；（2）稻作多功能产出的生产特征探讨，而每一产出的独立生产与联合生产③（Joint production）在经济效率上是不同的，联合生产通常具有范围经济④（Economies of scope），这一优势可节约激励成本；（3）稻作多样性产出的重要性分析，而这种重要性在人们利用稀缺资源开发与保护稻作多样性功能的选择上是有益的；（4）稻作生态系统与机会生态系统⑤（Opportunity ecosystem）的产出比较，而这种比较差值才能真实反映稻作生态系统对人们福祉的贡献；（5）联合生产对确定生态补偿标准的影响，而这种影响可能是设计合理补偿的关键；（6）生态补偿的必要性分析，而必要性是建立激励机制的基础；（7）补偿机制的精心设计，特别是如何达到预期目的的考虑。另外，国内缺乏对稻作多样性产出的大尺度研究，而这种研究对政府制定稻作可持续发展策略是必需的。

---

① 李凤博、徐春春、周锡跃、方福平：《稻田生态补偿理论与模式研究》，载《农业现代化研究》2009 年第 30 卷第 1 期，第 102—105 页。
② 孙海艳、李凤博、方福平、徐春春、周锡跃：《梯田水稻生态补偿机制研究》，载《安徽农业科学》2011 年第 39 卷第 25 期，第 17189—17191、17194 页。
③ 联合生产是指不同产出因投入或技术上存在依赖关系，而产生的一种过程多种产出。
④ 范围经济指当同时生产两种或多种产品的成本低于分别生产每种产品时的状况。
⑤ 这是本书提出的一个新术语，可以解释为最有可能替代当前生态系统的某种生态系统。因为任一生态系统的消失都会有其他的生态系统来替代，那么，如果要保护某一生态系统就必需以牺牲另一生态系统为代价。

1.3 本书的基本思路与结构

1.3.1 基本思路

本书的主要目的是：为人们认识稻作价值和决策者制定稻作可持续经营的激励机制提供新知识。

基本思路：先分析稻作有哪些主要产出、产出的经济特征和产出的生产方式；然后对非市场物品性质的产出开展价值的定性和定量评估；再探讨中国创建稻作生态补偿激励机制的必要性，以及确定稻作生态补偿标准；最后讨论补偿机制的构建。

本书的研究结果是基于几项重要假设：（1）非市场产出对人们福祉有影响，并且将其价值货币化能获得人们同意；（2）考察任一生态系统对人类福祉的贡献需要将其机会生态系统作为参照物；（3）稻农追求私人利润最大化，公众追求社会福祉最大化；（4）联合生产中，当公共物品与私人物品处于互补关系时，不需要对供给公共物品提供额外的激励，而当两者处于互竞关系时，需要为更多的公共物品供给提供补贴；（5）如果公共物品的供给者和消费者众多且分布广泛，且存在市场失灵时，政府干预是必要的。

1.3.2 结构

第 2 章分析稻作多种产出的组成及其性质。本章分析了稻作的主要功能或产出，阐明了各种产出的影响因子，探讨了多功能产出的经济特征。竞争性、排他性、公共物品、私人物品、外部性是本章核心概念。

第 3 章讨论稻作的多产出（市场物品与非市场物品）的生产方式与市场效率。本章详细探讨了水稻生产面积、生产强度与非市场物品的关系，明晰了各非市场物品之间的关系，着重考察了非市场物品与市场物品脱钩生产的可行性，以及联合生产的优势。

第 4 章探讨专家对稻作多种产出重要性的判断。不像市场物品，非市场物品没有明确的价格标签，难以准确判断其真实价值，也许次序评价是帮助人们决策的好办法。本章采用修正德尔菲法收集专家意见，以获取评价准则和指标层级结构，用层次分析法获得各准则的权重与重要性排序。

第5章量化中国稻作多种产出的价值。本章在评价以往采用的方法基础上，构建了稻作各项产出的评价模型，并对中国21个主要水稻生产省份开展了稻作多产出的价值评估。本章提出一个新术语——机会生态系统，并认为这是客观评估某一生态系统对人类福祉影响所必需的参照物。

第6章开展了稻作投入产出的热力学分析。本章应用一种基于热力学原理的能值分析方法，以湖南为例评价稻作生态系统的投入与产出，并将研究结果与第5章非市场评估结果进行比较。

第7章探讨了中国稻作经济及其政策支持状况。本章利用改革开放以来中国水稻生产的经济数据，分析中国水稻种植面积与分布的变化情况。然后，从供给与需求、成本与收益、国内支持政策等方面来剖析中国水稻种植面积变化的原因。再分析了中国稻作可持续经营的困境，并提出有必要开展生态补偿。

第8章探讨了稻作生态补偿标准。本章抓住联合生产这一重要特征，提出不同于经典外部性内部化理论和生态补偿理论的农业生态补偿理论，并量化了中国稻作生态补偿标准。

第9章致力于建立绿色补贴政策。首先探讨了补贴机制的构成要素，明确谁对谁补贴，经费从何而来等至关重要的问题。然后，探索了补贴管理的制度框架，以有效实现补贴目标。本章强调建立补贴的交叉遵守机制，并提出了具体的遵守条件。

2 稻作多功能性及其经济性质

生产主义认为，农业的作用限于服务经济增长。随着农业经济地位下降、农业用地减少、农产品质量下降、农村生态环境恶化、农民农村依旧相对贫困等一系列农业危机的出现，以及可持续发展观的普遍接受，以集约化、规模化和专门化为特征，产量最大化为目标的农业生产主义思想受到了前所未有的质疑。[1] 20 世纪80 年代以来，人们开始重新审视农业的功能与价值，认识到农业具有多样性功能，并提出农业多功能性（Multifunctionality of agriculture, MFA）[2] 概念，认为除了提供食品和纤维等主要功能外，农业在生态环境保护、粮食安全、食品安全、农村活力等多方面表现出十分重要的作用。[3] 即除了生

---

[1] Brian, I. and Ian, B., "From Agricultural Productivism to Post – productivism", in Ilbery Brian (edited), *The Geography of Rural Change*, London: Longman, 1998, pp. 57–84.

[2] 多功能性最早出现在 1988 年的欧盟文件《*The Future of rural Society*》（乡村社会的未来）和同时期日本的"稻米文化"中，在 1992 年里约热内卢的可持续发展宣言中得到国际社会的认可，随后这一概念被列于联合国环境计划与可持续发展委员会的《*Agenda 21*》（21 世纪议程）之中。1996 年联合国粮食及农业组织（FAO）的世界粮食峰会中，进一步强调了多功能性的重要性，1998 年经济合作与发展组织（OECD）召开的农业部长会议声明，农业对环境和农村发展是有益的，各国农业政策应考虑环境变化，需顾及粮食供应与农业多功能性。多功能性越来越受到学者和政府的关注。对多功能性的解释存在差异，最常被引用的是 1998 年 OECD 部长会议所提出的：除了粮食农物生产的初级功能之外，农业活动也可塑造景观、提供环境效益，例如土地保护、可更新自然资源的可持续经营及生物多样性，以及有益于许多乡村地区的社会和经济活力。

[3] UNCED (United Nations Conference on Environment and Development), *Agenda* 21 (*Chapter* 14), 1992, Rio de Janeiro: United Nations; OECD (Organization for Economic Cooperation and Development), *Multifunctionality: Towards An Analytical Framework*, Paris: OECD, 2001, pp. 9–24; Wilson, G. A., "From Productivism to Post – productivism … and Back Again? Exploring the (Un) Changed Natural and Mental Landscapes of European Agriculture", *Transactions of the Institute of British Geographers*, Vol. 26, No. 1, March 2001, p. 77–102; Holmes, J., "Impulses towards a multifunctional transition in rural Australia: Gap in the research agenda", *Journal of Rural Studies*, Vol. 22, 2006, p. 142–160; Bjørkhaug, H. and Richards, C. A., "Multifunctional agriculture in policy and practice? A comparative analysis of Norway and Australia", *Journal of Rural Studies*, Vol. 24, No. 1, January 2008, pp. 98–111.

产粮食、衣物的初级功能外，还具有一种或多种功能时，农业就是多功能的。[①]多功能性意味着农业产出的多样化，既有经济产品服务，也涉及其他服务。不同的农业活动，其功能类别可能存在差异，即使同一农业活动，在不同地理区域，其功能也不尽相同。农业的多功能性或者是农业生态系统的服务功能，已成为许多发达国家制定农业活动保护政策的重要依据。

万年前始于中国的稻作已成为世界上主要的农业活动之一，其提供的稻米是世界三大口粮之一，是亚洲人最重要的主食。20世纪后半叶以来，中国稻作同样陷入了上述的发展危机，稻田面积大幅度减少，面临农用化学品的面源污染，稻米进口不断增长。如何制定可持续发展政策，以实现稻作永续经营？这可能需要重新认识稻作的功能与其对人们福祉的影响。稻作是否也具有多功能性？其多功能性受哪些因素影响？稻作的多样性功能产出是否都具有市场特征？如果不是，那它们的经济特征是什么？这是本章所需要回答的问题。本章首先从多功能性视角，来归纳稻作的主要功能；然后从稻作过程入手，分析稻作多功能性的影响因子；再从产出是否具有市场物品属性出发，来探讨稻作多功能产出的经济特征。

2.1 稻作多功能性的表现

多功能性分析不同于传统经济分析的原因在于它的分析框架，它是从生态系统的角度来探讨农业的功能与影响的。除经济品外，农业还具有非市场产出。非市场产出对人们福祉的影响可能是双向的，有的促进福祉，有的降低福祉。如果局限于农业的积极作用，不顾及其消极影响，分析也是有欠缺的。限于当前的知识，人们对稻作的认识并不完善。我们正是遵从这样的思路，来综合分析稻作多功能性的主要表现。

2.1.1 涵养水源

水稻通常种植在湿润的土壤，其生育期的大部分时间需稻田灌水。南方

[①] Guido Van Huylenbroeck, Valerie Vandermeulen, Evy Mettepenningen, Ann Verspecht, "Multifunctionality of Agriculture: A Review of Definitions, Evidence and Instruments", *Living Review of Landscape Research*, Vol. 1, No. 3, 2007, pp. 1–43.

降雨充沛，适宜水稻生长，故南方是种植水稻的优势区域。灌水的生育习性让人们往往认为水稻生产消耗了大量水资源。实际上，除水稻植株吸收利用外，大部分田间水并未转移到稻谷和秸秆，而是循环于自然生态系统，部分通过腾发[①]（Evapotranspiration）进入大气，部分经由地表径流和侧漏回归江河，其余的通过土壤渗漏迁移到地下水层。[②] 渗漏到地下的稻田水具有补注地下水源、抬高地下水位、防止因地下水抽取将造成底层陷塌的作用。中国已经有96个城市或地区发生不同程度地面沉降。自1959年以来，华北平原地面累计沉降量超过200mm的区域已达60000km^2，接近华北平原面积的一半，并且有连成一片的趋势；长江三角洲地区最近30多年累计沉降超过200mm的面积近10000 km^2，占区域总面积的1/3。[③] 中国以及世界上主要沉降区的资料都证实，过量开采地下水是造成地面沉降的主要原因。近30年来，随着中国城市化和工业化进程的高速发展，地表水的污染日益严重，人们的生产、生活越来越多地依赖地下水，人们对于地下水的开发利用一直在迅速增加。综合水利部公布的数据，在20世纪70年代，中国地下水的开采量为平均 $570 \times 10^8 m^3 \cdot yr^{-1}$，80年代增长到年均 $750 \times 10^8 m^3 \cdot yr^{-1}$，而2009年地下水的开发利用量已经增到 $1098 \times 10^8 m^3 \cdot yr^{-1}$。根据中国地质调查局等部门评估，几十年来，长三角地区因地面沉降造成的经济损失共计 3150×10^8 元。其中上海地区最严重，直接经济损失为 145×10^8 元，间接经济损失为 2754×10^8 元；华北平原地面沉降所造成的直接经济损失也达 404.42×10^8 元，间接经济损失 2923.86×10^8 元，累计损失达 3328.28×10^8 元。随着人类社会的快速发展，淡水资源的稀缺度不断增加，保护地下水资源已成为提高人类福祉的一项艰巨任务。水稻作为世界三大粮食作物之一，其种植面积广

[①] 蒸腾与蒸发的总称。

[②] Liu, C. W., Tan, C. C. and Huang, C. C., "Determination of the magnitudes and values for groundwater recharge from Taiwan's paddy field", *Paddy and Water Environment*, Vol. 3, no. 2, 2005, pp. 121 – 126; Seo, D. K., "Social and economic evaluation of multi – functionali role of paddy farming: research on sustainability and multifunctionality of paddy farming", *Report of Korea – Japan Corporative Project*, 2003, pp. 70 – 74; Kim, T. C., Gim, U. S., Kim, J. S. and Kim, D. K., "The Multifunctionality of Paddy Farming in Korea", *Paddy and Water Environment*, Vol. 4, no. 4, 2006, pp. 169 – 179; Tanaka, K., Funakoshi, Y., Hokamura, T. and Yamada, F., "The role of paddy rice in recharging urban groundwater in the Shira River Basin", *Paddy and Water Environmnt*, Vol. 8, no. 3, 2010, pp. 217 – 226.

[③] 杨迪：《地面沉降的中国应对》，《中国新闻周刊》2011年第42期，第30—32页。

泛，稻田补注地下水源的功能不可忽视。

2.1.2 净化水质

稻田如同沉淀池，同时具有物理、化学和生物上的作用，可视其为自然处理系统，不需额外做功也不必经常维护就可自给自足，使水体悬浮物沉淀，具有净化水质，减少面源污染之功能。① 硝态氮是一种可移动的土壤氮形式，在透水环境下易发生淋溶，如果饮用水硝态氮含量超过 $10mg \cdot L^{-1}$，就有患高铁血红蛋白症的风险，婴儿是易感人群。② 相比农用旱地，稻田硝态氮到达地下水层的浓度低，远低于联合国环境保护署（United States Environmental Protection Agency, USEPA）规定的上限 $10mg \cdot L^{-1}$。③

2.1.3 蓄水调洪

水稻种植的主要区域——亚洲季风区在夏季大雨期间易造成洪涝灾害，而稻田四周筑有田埂，于暴雨洪水来临之时能暂时滞留大量洪水，可看作隐形水库，可减小下游洪峰流量。④ Kim 等人认为，如果没有稻田，防洪可能需要建造更多且成本巨大的大坝，而且防洪大坝建设项目也许造

---

① Kim, T. C., Gim, U. S., Kim, J. S. and Kim, D. K.,"The Multifunctionality of Paddy Farming in Korea", Paddy and Water Environment, Vol. 4, no. 4, 2006, pp. 169 – 179；张卫建、丁艳锋、王龙俊、芮雯奕、郭嘉：《稻田生态系统在保障环太湖环境健康与经济持续增长中的重要作用》，《科技导报》2007 年第 25 卷第 17 期，第 24 – 29 页；Maruyama, T., Hashimoto, I., Murashima, K. and Takimoto, H.,"Evaluation of N and P mass balance in paddy rice culture along Kahokugata Lake, Japan, to assess potential lake pollution", Paddy Water and Environment, Vol. 6, no. 4, 2008, pp. 355 – 362.

② Fletcher, D.,"A National Perspective", in Follet, R. f., Keeney, D. R. and Cruse, R. M., Managing Nitrogen for Ground Water Quality and Farm Profitability, in Madison, Soil Science Society of American, pp. 9 – 17.

③ Agus, F., Irawan, I., Suganda, H., Wahyunto, W., Setiyanto, A. & Kundarto, M., "Environmental Multifunctionality of Indonesian Agriculture", Paddy and Water Environment, Vol. 4, no. 4, 2006, pp. 181 – 188.

④ 黄璜：《湖南境内隐形水库与水库的集雨功能》，《湖南农业大学学报》1997 年第 23 卷第 6 期，第 499 – 503 页；Huang, C. C., Tsai, M. H., Lin, W. T., Ho, Y. F., and Tan, C. H., "Multifunctionality of paddy fields in Taiwan", Paddy and Water Environment, Vol. 4, no. 4, 2006, pp. 199 – 204；Agus, F., Irawan, I., Suganda, H., Wahyunto, W., Setiyanto, A. & Kundarto, M.,"Environmental Multifunctionality of Indonesian Agriculture", Paddy and Water Environment, Vol. 4, no. 4, 2006, pp. 181 – 188.

成严重的问题, 如在大坝选址上的环境问题和社会问题等。①

2.1.4 调节气体

氧气是大多数生物赖以生存的必要元素, 近年来因工业化的影响, 人类活动强度扩大, 大气环境遭受严重破坏, 空气污染程度不断加剧, 危及到了人类乃至整个地球生态系统健康。水稻植株通过光合作用吸收 CO_2, 并释放 O_2, 有助于降低空气中 CO_2 含量, 起到净化空气的功能。② 水稻每年吸收的 CO_2 总量约 $16.4 \times 10^6 t$, 其中约 $6.2 \times 10^6 t$ 通过光合作用用于生产稻米, $10.2 \times 10^6 t$ 用于生产稻草, 水稻每年产生的 O_2 达 $12.3 \times 10^6 t$。③

由于稻田长期持水, 除水层、根圈及土壤表层有氧化层外, 其余为无氧状态, 有机物质在无氧环境下被微生物分解为甲醇、甲酸、乙醇、乙酸等低分子物质, 在产甲烷菌作用下进一步还原为温室气体 CH_4。据估计稻田 CH_4 排放的贡献为全球大气 CH_4 排放量的 6%④, CH_4 的全球增温潜势(Global Warming Potential, GWP)为 21。⑤ 稻田 CH_4 的排放不利于人类福祉。

2.1.5 调节温度

稻田长期灌水, 在炎热夏季蒸散作用旺盛, 具有调节热量的作用, 对于缓和气温、地温及调节湿度, 均具有显著效果, 对农村及临近城镇具有

---

① Kim, T. C., Gim, U. S., Kim, J. S. and Kim, D. K., "The Multifunctionality of Paddy Farming in Korea", *Paddy and Water Environment*, Vol. 4, no. 4, 2006, pp. 169 – 179.

② Wu, F. C., "Microclimate and CO_2 Flux Models in Eco – environmental Paddy Field, in Promotion the Protection of Eco – environmental Paddy Field and the Groundwater Recharge", Taipei: Council of Agriculture, 2004.

③ 同①

④ 北方:《稻田甲烷对全球变暖影响甚小》,《人民日报》2001 年 6 月 21 日; Garg, A., Shukla, P. R., Kapshe, M. and Menon, D., "Indian methane and nitrous oxide emissions and mitigation flexibility", *Atmospheric Environment*, Vol. 38, no. 13, 2004, pp. 1965 – 1977.

⑤ IPCC (Intergovermental Panel on Climate Change), "Revised 1996 IPCC Guidelines for National Greenhouse Gas Inventories: Reference Manual", in: Houghton, J. T., Meira Filho, L. G., Lim, B., Treanton, K., Mamaty, I., Bonduki, Y., Griggs, D. J. and Callander, B. A., "*Intergovernmental Panel on Climate Change*", Vol. 3, 1997.

降温效果。①

2.1.6 土壤保育

土壤侵蚀破坏自然环境和土壤肥力,影响土壤侵蚀的因素有地形、降雨、土壤性质、土地管理措施等。稻田具有田埂,又有水稻植被覆盖,大雨后可防止土壤冲蚀,避免土壤严重流失,尤以梯田的效果最为显著,稻田对于保护土壤资源的效益显著。② 另外,当高地流水通过低地稻田时,土壤颗粒浓度被大大降低。如果没有稻田,这些侵蚀土壤就会直接进入河流,造成泥沙淤积,这将提高河床高度,并造成有机和无机污染。稻田生态系统具有良好的固碳功能,水田耕层土壤有机碳密度比旱地约高13%,更具固碳减排能力。③ 粗团聚体物理保护、化学结合与稳定和微生物区系与功能群适应性这三个相互依存和相互作用的过程是稻田有机碳固定的机制。④ 水稻土是中国耕地十大土类中面积最大,唯一具有耕层有机质达 $25g \cdot kg^{-1}$ 的耕作土壤,表土碳平均密度为 $46.91 \pm 25.73t \cdot hm^{-2}$,而全国耕作土壤的表土碳平均密度为 $38.41 \pm 31.15t \cdot hm^{-2}$,水稻土高出旱地耕作土壤约 $11t \cdot hm^{-2}$。⑤

2.1.7 景观休闲

农业景观通常被人们看作视觉环境的重要方面,特别是在工业化和城市化迅速的国家。稻田景观丰富多变,是独特的农业景观,是休闲游憩的

---

① 谭智宏、林庆杰:《水田于农业及都会区域温度和缓功能评估》,《水田永续经营与环境机能研讨论文集》,台北,2005年第19—32页;陈丹、陈菁、罗朝晖:《稻田生态系统服务功能及其经济价值评估方法探讨》,《环境科学与技术》2005年第28卷第6期,第61—63页;Kim, T. C., Gim, U. S., Kim, J. S. and Kim, D. K., "The Multifunctionality of Paddy Farming in Korea", *Paddy and Water Environment*, Vol. 4, no. 4, 2006, pp. 169 – 179.

② 汪永刚、李志忠、王敦民、赵金华:《坚持不懈兴修梯田改善生态开发产业》,《中国水土保持》2009年第8期,第35 – 36、38页。

③ 许泉、芮雯奕、何航、吴峰、罗宏、卞新民、张卫建:《不同利用方式下中国农田土壤有机碳密度特征及区域差异》,《中国农业科学》2006第39卷第12期,第2505—2510页。

④ 潘根兴、李恋卿、郑聚锋、张旭辉、周萍:《土壤碳循环研究及中国稻田土壤固碳研究的进展与问题》,《土壤学报》2008年第45卷第5期,第901—914页。

⑤ Song, G. H., Li, L. Q. and Pan, G. X., "Topsoil Organic Carbon Storage of China and Its Loss by Cultivation", *Biogeochemistry*, Vol. 74, no. 1, 2005, pp. 47 – 62.

宝贵资源。① 在亚洲季风区，稻田景观早已烙印在人们的认知中，随着城市人口的迅速增加和稻田面积的减少，稻田景观的稀缺性在逐渐增加。

2.1.8 文化

稻作历史悠久，承载着人类文明并形成了独特的农业文化，如中国有春节吃元宵（汤圆）、年糕，端午节吃粽子等习俗，就是稻作文化的具体体现。

2.1.9 野生生物栖息地

湿地是地球上生产力最旺盛的生态系统，湿地的经营保育不仅是自然生态系统维护，也是人类赖以生存环境的改善。稻田作为一种重要的湿地，在稻田生态系统生活的物种繁多。② 据日本灌溉研究所（Japanese Institute of Irrigation and Drainage，JIID）研究，靠近大宫（Omiya）郊区的稻田生物种类约有1600种，而在同一区域的旱田仅有100种左右，这意味着我们吃一碗米饭所创造的生态生活指标是吃一块面包的16倍。③ 日本福冈州有30%稀有物种生活在稻田。④ 据韩国国家环境研究所 Lee 等人自 1997 年以来对农田、湿地、城区、山区和丘陵等 5 类栖息地 810 个样地的鸟类物种丰富度调查发现，农田、山区、丘陵、湿地和城区的鸟类分别为 176

---

① 角媛梅：《哀牢山梯田景观多功能的综合评价》，《云南地理环境研究》2008 年第 20 卷第 6 期，第 7—10 页；Iwata, Y., Fukamachi, K. and Morimoto, Y., "Public Perception of the Cultural Value of Satoyama Landscape Types in Japan", Landscape and Ecological Engineering. Vol. 7, no. 2, 2011, pp. 173 – 184.

② Matsuno, Y., Nakamura, K., Masumoto, T., Matsui, H., Kato, T. and Sato, Y., "Prospects for Multifunctionality of Paddy Rice Cultivation in Japan and Other Countries in Monsoon Asia", Paddy and Water Environment, Vol. 4, no. 4, 2006, pp. 189 – 197; Katoh, K., Sakai, S. and Takahashi, T., "Factors Maintaining Species Diversity in Satoyama, A Traditional Agricultural Landscape of Japan", Biological Conservation, Vol. 142, no. 9, 2009, pp. 1930 – 1936.

③ JIID (The Japanese Institution and Drainage), "A Message from Japan and Asia to the World Discussions—Mutually Recognizing Diversity of Irrigation in Arid and Humid Regions", Kyoto: 3_{rd} World Water Forum, 2003, pp. 94 – 101.

④ Matsuno, Y., Nakamura, K., Masumoto, T., Matsui, H., Kato, T. and Sato, Y., "Prospects for Multifunctionality of Paddy Rice Cultivation in Japan and Other Countries in Monsoon Asia", Paddy and Water Environment, Vol. 4, no. 4, 2006, pp. 189 – 197.

种、144 种、148 种、126 种和 97 种。①

2.1.10 维护粮食安全

稻米是中国人乃至亚洲人的主要口粮。自古以来，没有哪个国家愿意将粮食安全依赖于外部世界，因为粮食供给的充足与否关系国家的稳定与发展。中国是最大水稻生产国，约占世界总产量的 1/3，同时中国也是世界上头号稻米进口大国，据中国国家粮油信息中心称，2013 年中国进口了大约 224 万吨。虽然中国一直将 95% 的粮食自给率作为目标，但这一数字已跌破 90%。② 要维护国家粮食安全，稻作可持续经营必不可少。

2.1.11 面源污染

稻农追求产量最大化往往在水稻种植期间使用大量农药、化肥，影响稻田的生物生存，污染水源，使土壤酸化；田间化学肥料大量流失，促进下游水体富营养化，消耗水中氧气并释放有毒物质影响好氧生物的生存。③ 而且农用化学品污染可经食物链破坏新陈代谢，进而影响动物及人体的健康。

综上所述，除稻米和秸秆生产功能外，稻作同时具有水调节（水质净化、蓄水调洪和地下水补注）、土壤保育、气体调节（吸收 CO_2 释放 O_2 和排放 CH_4）、温度调节、景观文化、生物多样性栖息地、粮食安全维护和面源污染等非市场产出。人类对稻田生态系统的认识远未停止，可能还有其他未被揭示的重要功能。

2.2 多功能性的影响因子

上节阐明了稻作多功能性表现以及意义，现在来分析哪些因子影响这

---

① Kim, T. C., Gim, U. S., Kim, J. S. and Kim, D. K., "The Multifunctionality of Paddy Farming in Korea", *Paddy and Water Environment*, Vol. 4, no. 4, 2006, pp. 169–179.
② 焦建：《中国粮食安全报告》，《财经》2013 年第 35 期，第 77—92 页。
③ 向平安、周燕、黄璜：《洞庭湖湿地稻区化肥环境影响评估》，《中国人口·资源与环境》2007 年第 17 卷第 1 期，第 81—84 页。

些功能的发挥。了解和有效控制这些影响因素有利于稻作整体功能最优化。实践经验告诉我们，影响稻作多功能性的因素具有多样性、复杂性和不确定性，难以全面剖析。况且有些因素即使明知其影响，但无法有效控制，因此我们主要探讨可控因素对多功能性的影响。为方便考察各种功能间影响因素的相关性，我们将生产功能纳入分析范围。

分析多功能性的影响因子，考察稻作生态系统的运行过程是首当其冲和必不可少的步骤。无论是传统人工还是机械化作业，水稻耕种的主要农事活动包括：①稻田翻耕平整和修葺田埂，过去通常使用牛力和犁具整理土地，现在机器整地越发普遍，也有采用免耕方式；②选择种植品种后，采用秧田播种育秧或采用育苗箱技术育秧；③人工或机器或采用抛秧技术插秧；④防治病虫草害，主要使用化学农药，如杀菌剂、杀虫剂和除草剂，也有采用物理方式和生物防治除害虫的；⑤田间施肥，上世纪80年代前中国多用有机肥，现在主要是化学肥料，特别是氮肥用量大；⑥插秧后收获前的大部分时间，因水稻生育特性需要田间灌水，且不同生育期对水分的需求也不同，需要稻农根据生育期灌排水；⑦当稻穗金黄饱满时开始收割，过去一般采用人力，后来使用打谷机，现在地势平坦地带逐渐使用收割机；⑧晒谷或机器干燥后，可用人力风车或电力分谷机剔除瘪谷，然后储存或在市场销售。从稻作活动过程来看，多功能性主要表现在水稻耕种的大田期间。因此，本章主要考察水稻大田期间影响多功能性的因子。

2.2.1 水稻

水稻植株不仅可以生产稻谷和秸秆，而且吸收CO_2并释放O_2，水稻生长发育状况是经济产出、气体调节和气温调节的重要影响因子。不同生育期的水稻是稻田景观的主要影响因子，也是稻作文化的载体，还是稻田作为野生生物栖息地的重要构成因子。另外，水稻根际效应可将O_2输送根部，形成好氧区域促进田间营养物质分解。

2.2.2 稻田面积

稻谷及其副产品秸秆的产量基础是种植面积，通常面积越大产出量越大，粮食安全保障系数就高，稻田水调节、防止土壤侵蚀和稻作文化传承的表现越明显，温室气体 CH_4 排放量也越多。稻田面积对 O_2 释放、气温调节和野生生物栖息地的影响，取决于与哪些类型土地比较。如果同裸地、城市建设用地和草地比较，稻田面积大其功能也大，与林地比较情况可能相反。稻作是独特的景观，多大面积尺度最适宜，取决于人们的偏好，过大或过小都可能令人遗憾。稻田面积对面源污染影响，与农用化学品使用量相关，如果过量使用农药化肥，稻田面积越大，污染就越严重。

2.2.3 土壤

土壤是水稻赖以生长的物质基础，适宜的结构与肥力促进水稻高产。稻田对地下水补注能力与土壤的渗透性能紧密相关。水稻土具有有机碳含量水平较高、固碳趋势明显和固碳潜力较大的特点，是稻作固碳减排能力的基础。土壤也是稻田其他生物赖以生存和活动的物理基础。

2.2.4 田埂

农民在稻田修葺具有一定高度的田埂，除了可以界定产权，田埂结构使得稻田犹如蓄水池和沉淀池，是水稻生长、水调节、防止土壤侵蚀、气温调节、厌氧环境产生、野生生物栖息地形成和污染物沉淀的间接基础。田埂也是稻田景观的重要组成，人们可以在田埂上享受田间气息和美色。

2.2.5 灌溉

降雨通常不能完全保障水稻生长对水分的需求，灌溉是必要的，是水稻生产的重要投入因子。良好的灌溉系统不仅是稻田景观和野生生物栖息地的重要组成，也是稻作文化的重要内容。污染的灌溉水对稻米质量也存在负面影响，例如来自厂矿的废水。

2.2.6 微生物

水体营养物质在稻田微生物作用下可进行分解，然后沉淀在田间或固定到土壤中。稻田微生物可降低田间 N（氮）、P（磷）、SS（悬浮物）、COD（化学需氧量）或 BOD（生物需氧量），减轻环境污染。因稻田长时间浸水，除水层、根际和土壤表层外，其余为厌氧环境，有利于产甲烷菌生长活动。产甲烷菌将田间低分子物质还原为 CH_4，贡献温室效应。

2.2.7 农药

农药是水稻生产重要的投入品，是保障产量的重要因子。因高效和相对成本较低，农民通常使用化学农药。但是，过量使用化学农药不仅降低稻谷品质，而且是农业面源污染的重要因子，影响人体和其他生物健康。

2.2.8 肥料

光靠土壤固有肥力实现不了水稻高产，还需添加有机肥和化肥。化肥具有高效、节省劳力等优势，早已是农业生产的主要投入品。但是，如农药一样，过量使用化肥不仅破坏土壤结构、影响高产，对生态环境也是重要的污染源。

2.2.9 劳动

稻农的劳动贯穿整个稻作过程。稻农劳动对多功能性的影响可能难以与其他影响因子隔离出来考察，如稻农对蓄水调洪的影响是通过田埂的修葺与排灌来体现，对粮食产量和粮食安全的影响是通过生产决策和劳动强度来影响，对农用化学品污染的影响是通过化学品投入量和使用方法来影响，等等。但是，稻农的劳动是稻作景观和稻作文化不可缺少的结构要素，可以与其他因子剥离开来。

2.2.10 畜力和/或机械

畜力或机械是稻农劳动的工具，其对多功能性的影响主要体现在：使用畜力翻耕与使用机械翻耕，对土壤结构的影响是不同的，不仅可能影响稻田土壤的渗透性能，进而影响水源涵养功能的表达，也可能影响土壤的保育功能；使用畜力或先进机械对稻作景观和文化也具有不同的影响，畜力表达的是传统农业景观和传统稻作文化，而先进机械表现的是现代农业景观和现代稻作文化。

不仅稻作的每项功能受多个因子共同作用，而且同一影响因子往往不局限于一项功能。例如，稻田面积是各项功能总量大小的基础，降水与灌溉同时影响涵养水源、调洪、面源污染等方面。也许表2-1将能帮助读者更直观考察各因子对功能的影响。

表2-1 稻作多功能性的影响因子

	水稻	稻田面积	土壤	田埂	灌溉	微生物	农药	肥料	劳动	畜力/机械
物质生产	+	+	(+)	+	-		+	+	+	(+)
粮食安全	+	+	+	(+)	+	-	+	+	+	(+)
水源涵养	-	+	+	+	+	-			(+)	(+)
调洪	+	+	+	+	+	-			(+)	(+)
水质净化	(+)	+	(+)	+	+	+			(+)	(+)
O_2 释放	+	+	+		+			(+)		
CH_4 排放	(+)	+	(+)	(+)	+	+			(+)	
气温调节	+	+	+	(+)	+				(+)	
土壤保育	(+)	+	+	+	+	+			(+)	(+)
景观	+	+	(+)	+	+		(+)	(+)	+	-
文化	+	+	+	-	+		(+)	(+)	+	+
野生生物栖息地	+	+	+	+	+	+			+	
面源污染	-	+	-	(+)	+		+	+	(+)	-

+表示有影响；-表示基本无影响；(+)表示影响较弱

2.3 多功能产出的属性

前面的分析已经表明，稻作具有多样性产出。稻谷和秸秆①属私人物品，能够在市场交易，具有市场价格。在市场中却未发现稻作的其他产出有其价格标签，为什么会这样？这是本节将要探讨的议题。经济学常用效用（Utility）描述人类福祉，经济品（Economic goods）可以改变人们的效用水平，但物品（Goods）并非一定是物质，非物质形态的服务在经济学教科书也被视为物品。② 为了方便讨论，我们将所有的物质或非物质服务都视为物品或产出。

---

① 秸秆用途广泛，可做饲料、肥料、造纸原料和编织材料等。
② 保罗·萨缪尔森：《经济学》（第19版），商务印书馆2013年版。

一般而言，竞争性（Rivalness）和排他性（Excludablility）特征是构成市场物品的必要条件，经济学将这类物品称之为私人物品（Private goods），而其他非竞争性和非排他性的物品被称为公共物品（Public goods）。但竞争性和排他性并不是一个绝对概念，都是在指一定程度上的竞争性和排他性，如果某种物品只具私人物品的一个特征或部分特征，那么这种物品就是非纯公共物品（Impure public goods）或准公共物品（Quasi public goods）。具备竞争性和非排他性的物品具有开放获取（Open access）性质，具备排他性和非竞争性的物品属于俱乐部物品（Club goods）。现实中的许多物品介于纯私人物品和纯公共物品之间。物品的供给绝非只有生产途径，生态系统所提供的各种服务（Ecosystem services）同样是物品提供的重要途径。

稻作所提供的水调节、气体调节、气温调节、土壤保育、野生生物栖息地、景观文化、粮食安全、面源污染等都是稻作生态系统提供的产出，影响着人们的效用，因而也是物品。但是这些物品除了 O_2 在消费环节被某人使用后无法被另外的人使用外（土壤保育的效用从长期来看也是如此），其余的不具有消费的竞争性。除了被旅游部门开发利用的少数稻田景观外，如云南哈尼梯田、湖南紫鹊界梯田景观等，使其具有俱乐部物品性质，其余的可能因为成本过高，难以建立排他性制度以拒绝某些人消费，免费影响着人们的效用。因此，除稻谷和秸秆外，稻作的其他产出具有公共物品的性质，难以私有化。表 2-2 列出了稻作多功能产出的这些特征的组合。

表 2-2　稻作多功能产出的排他性、竞争性和拥塞性的关联

	非竞争性	拥塞性①	竞争性
非排他性	水源涵养 野生生物栖息地 稻田景观 文化 排放 CH_4 农用化学品污染	粮食安全	固 CO_2 释 O_2
部分排他性 （当地人受益）	蓄水防洪 气温调节 土壤保育 水质净化		
排他性		旅游区稻田景观	稻米，秸秆

---

① 拥塞性（Congestibility）指因使用量过大，致使一个人的使用降低其他人使用的情形。

公共物品的讨论经常与外部性（Externality）概念有关。外部性是向他人施加未能在市场体现的成本或效益的一种行为。从对福利的影响来讲，有些外部性可提高人们福利，称为外部经济（External economy）或正外部性（Positive externality）；有些则降低人们福利，称为外部不经济（External diseconomy）或负外部性（Negative externality）。从影响范围来看，有些外部性具有普遍影响，有些只涉及有限尺度。

稻作不仅供给具有市场价值的经济品，同时也提供多种免费的公共物品。这些公共物品中，水源涵养、水质净化、蓄水调洪、吸收 CO_2 释放 O_2、防暑降温、土壤保育、提供野生生物栖息地、维护粮食安全等通常对人类福利具有改善作用，而 CH_4 排放和农用化学品污染则对人们福利具有负面影响。

稻作长期以来都是以产业形式存在，其主要目标不仅在于满足生产者生存的需要，而且要满足人们对稻米有消费偏好的需求。伴随稻谷生产，水稻耕作活动产生的多种外部性公共物品却没有引起人们的广泛关注，造成稻作经济的无效率，为什么？我们将在后面章节分析。

2.4 小结

稻作除供给经济品外，还提供水调节、气体调节、气温调节、土壤保育、野生生物栖息地、粮食安全维护、景观文化、面源污染等多种服务功能，具有多功能性。这些产出与经济品分离，但属同一生产过程的产出。

稻作多功能性受稻田面积、水稻、土壤、田埂、灌溉、微生物、农药、化肥等多因素影响，每一因素对应多项功能，影响方向和强弱程度因具体情况发生变化。这表明多样性功能是稻作生态系统整体结构的表达。

除经济品外，稻作的其他产出表现为公共物品性质。其中大多数对人们福利有增进作用，但 CH_4 排放和农用化学品污染对生态环境和人们福利具有负外部性。

稻作多数功能通常表现在不适合市场的产品和服务（即非商品）中，因为大多数时候，它们具有公共产品或准公共产品的特征，然而却没有任何人或任何组织可以很容易地控制使用或存取这些产品和服务。[1] 然而，正如 Vatn 所指，这并不意味着多功能性的概念仅仅是包括私人与各种公共物品的一种混合。严格来讲，它也包括公共劣品，对福利可能有消极后果的效应。此外，最重要的是，经济品和非经济品产出的生产在一定程度上是相互依赖的，因此，在没有对下一级的最优供给带来风险的情况下，后者的供给不能在隔离前者的情况下解耦。

---

[1] Stapleton, L. M., Young, S. D. and Crout, N. M. J., "Have Missing Markets for Ecological Goods and Services Affected Modelling of Terrestrial C and N Fluxes?", *Ecological Modelling*, Vol. 179, no. 4, pp. 569 – 574; Vatn, A., "Multifunctional Agriculture: Some Consequences for International Trade Regimes", *European Review of Agricultural Economics*, Vol. 29, no. 3, pp. 309 – 327.

3 联合生产、效率与市场失灵

稻作具有多功能性，既生产私人物品，也提供多种具有外部性特征的公共物品或服务，如气体调节、气温调节、水调节、景观等。这些私人物品与公共物品是以怎样方式生产出来的，亦即它们在生产方式上具有怎样的关系？公共物品生产与私人物品生产的依赖程度如何？这种生产关系有何经济优势？由私人提供这些公共物品，会出现供给不足吗？这是本章所探讨的主要问题。

3.1 公共物品的供给方式

公共物品的供给一般存在公共部门提供和私人提供两种途径。典型的公共物品，如国防、消防、公共安全、城市道路等，完全由政府提供。有些公共物品如教育、路灯等，既有政府提供，也有私人提供。按照生产主义观点，农业活动主要目的在于最大化提供粮食、纤维等私人物品。然而，多功能性概念的出现颠覆了生产主义观点，揭示农业活动在提供私人物品的同时，通常伴随公共物品供给，这些公共物品对人们福祉同样有着极其重要的影响。多功能性蕴含着公共物品与私人物品是同一活动过程的不同产出。那么，怎样来描述农业活动中私人物品与公共物品产出的关系？"联合"一词可能是合理的概括。具有公共物品属性的多种稻作产出可以说是与私人物品—稻谷联合生产所供给的副产品，是非目的性产出，由稻农私人提供而来。

但是，稻作的联合生产的原因是什么？公共物品生产与私人物品生产的依赖程度如何？回答这些问题之前，让我们先简要回顾一下联合生产理论。

3.2 联合生产及其原因

联合生产思想源于亚当·斯密 1776 年在《国民财富的性质和原因的研究》[①] 关于牛羊肉价格和毛革价格关系的论述：羊毛或皮革的量，必受牛羊数量的影响。但亚当·斯密并未明确提出联合生产的概念。马歇尔[②]将联合生产定义为："即它们难以单独生产；但存在于同源，因而可以说是一个联合供给，例如牛肉与牛皮，或小麦与麦秆。"后来 Shumay 等[③]将所有存在技术上相互依赖的两种或多种产品的生产情形统称为联合生产，表示为 $\frac{\partial y_i}{\partial p_j} \neq 0$ ($i \neq j$)，即 i 的供给不受 j 的价格影响。早期的联合生产指两种产出以固定比例的技术联合，后来发现联合产出比例也存在变化的现象。

OECD[④]（2001）将联合生产归因于：①生产过程中存在技术上联合（Technical interdependencies）；②不可分投入（Non-allocable input）；③可分配固定要素（Allocable fixed factor）或农场水平上可分投入既定的产出竞争（Outputs compete for an allocable input that is fixed at the firm level）。实际上，这三种原因并非各自独立发生作用，也可以联合作用。

技术上的联合表现为一种产出不仅取决于所分配的投入量，同时受其他产出量的影响。或者说，一种产出的投入要素边际生产力取决于别的产出的边际生产力。可以表述为下式：

$$y_1 = f^1(x_1, y_2); y_2 = f^2(x_2, y_1); x_1 + x_2 = X$$

y_1 和 y_2 表示不同的产出，x_1 和 x_2 表示不同的投入。如果一种产出的供给增加提高了别的产出边际生产力，或一种产出的减少导致别的产出的减少，那么这两种产出是技术互补的（Complementary）：

---

① 亚当·斯密：《国民财富的性质和原因研究》（上卷），商务印书馆 2007 年版，第 221—227 页。

② 马歇尔：《经济学原理》，中国社会科学出版社 2007 年版，第 830—831 页。

③ Shumway, R. C., Pope, R. D. and Nash, E., "Allocable Fixed Inputs and Jointness in Agricultural Production: Implications for Economic Modeling", *American Journal of Agricultural Econmomics*, Vol. 66, no. 1, 1984, pp. 72–78.

④ OECD (Organisation for Economic Cooperation and Development), "Multifunctionality: Towards An Analytical Framework", Paris, 2001, pp. 106–107.

$$y_1 = f^1(x_1, y_2), \frac{dy_1}{dy_2} > 0; y_2 = f^2(x_2, y_1), \frac{dy_2}{dy_1} > 0; x_1 + x_2 = X$$

相反,则为互竞(competing):

$$y_1 = f^1(x_1, y_2), \frac{dy_1}{dy_2} < 0; y_2 = f^2(x_2, y_1), \frac{dy_2}{dy_1} < 0; x_1 + x_2 = X$$

如图 3.1 所示,Y_1 与 Y_2 代表两类产出,Y_1 与 Y_2 在点 a 与 b 之间存在互补关系,但是在点 b 与 c 之间,Y_1 与 Y_2 却是互竞关系。[①] 而在点 c 与 d 之间可能因盲目追求产量,某一(些)要素过度投入,引致 Y_1 与 Y_2 两类产出都随投入增加而减少,可以将这一关系称为互损(Damaging)。虽然在形式上仍可表示为:

$$y_1 = f^1(x_1, y_2), \frac{dy_1}{dy_2} > 0; y_2 = f^2(x_2, y_1), \frac{dy_2}{dy_1} > 0; x_1 + x_2 = X$$

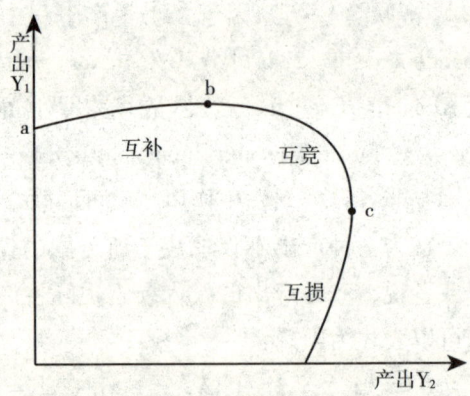

图 3.1 联合生产的生产可能性曲线

但与 Heady 在《Economics of Agricultural Production and Resource Use》中,将 c 与 d 之间关系称之为互补,情形是不同的。Heady 所指的是这样一种(两产品)互补关系情形:过量使用要素生产其中一种产品会使该产品产量下降,如果将"过量"(surplus)的资源分配到另一种产品生产中则会增加其产量。"过量"资源的转移,使得 $dy_1 > 0$,且 $dy_2 > 0$。而互损

---

① Heady, E. O., "Economics of Agricultural Production and Resource Use", New York: Prentice - Hall, Inc., 1952, pp. 203 - 234.

关系中的两产出，随着要素增加，其 $dy_1 < 0$，且 $dy_2 < 0$。例如，生产实践证明，过度使用氮肥，不仅造成产量损失而且加重面源污染。技术依赖是许多农业公共物品属性产出的源头，包括外部性。

如果多种产出来源于同样投入就表现为投入不可分。牛肉与牛皮的联合生产就是经典案例。通常，伴随农场商品生产，一些景观也产生。虽然这些产出是联合生产的，但它们难以按固定投入比例生产，以及难以用不同生产方式可改进哪些比例。投入不可分可能是多功能性最普遍的现象。用 z 表示不可分投入，这种关系我们用函数可表达为：

$$y_1 = f^1(z); y_2 = f^2(z)$$

第三种情况，各种产出生产的投入量能够与使用同样投入的其他产出生产区分开来，但投入要素的总量是固定不变的。例如，固定面积的农田被用来生产几种物品，如何配置是重要的。一种产出的增加或减少改变其他产出投入水平，一种产出的投入要素边际产出受其他产出生产的影响。

$$y_1 = f^1(x_1); y_2 = f^2(x_2); x_1 + x_2 = X$$

3.3 稻作的联合生产

稻作的非市场产出主要包括水质净化、蓄水调洪、地下水补注、土壤保育、吸收 CO_2 释放 O_2、排放 CH_4、温度调节、景观文化、生物多样性栖息地、粮食安全维护和面源污染。根据联合生产理论，这些非市场产出是稻谷生产的联合产品。

水质净化、蓄水调洪、地下水补注、土壤保育、吸收 CO_2 释放 O_2、排放 CH_4、温度调节、生物多样性栖息地、景观文化、粮食安全维护和面源污染等非市场产出与稻谷生产存在技术上的联合。如果不考虑对稻作生态系统外的其他生态系统服务功能的影响，一般而言，随着水稻生产增加，这些非市场产出也相应增加。如果考虑稻作生态系统与其他生态系统的竞争，情况就会发生变化。例如，生物多样性栖息地并不是随稻作面积增大而扩大，因为随着稻田生物栖息地的增加，其他生物栖息地的面积则会减少。

稻作的公共物品与私人物品的联合生产并非仅存在技术上依赖。水质净化、蓄水调洪、地下水补注和土壤保育等功能与稻田面积关系紧密。吸收 CO_2 释放 O_2、排放 CH_4、气温调节和粮食安全维护与水稻面积呈正相关。秸秆与稻谷生产来源于同样投入，无法区分哪些投入用于秸秆生产，哪些投入应用于稻谷生产。稻田景观的构建需要水稻、稻田、灌溉、劳作等多种投入，这些投入与水稻生产的投入一致。因此，可以将秸秆和稻田景观产出视为是与稻谷生产的投入不可分。追求产量而不断增加农用化学品使用量，不仅对环境的负面影响加重，达到一定量后也会使稻谷产量降低。面源污染与农用化学品投入量呈正相关。

通常对联合生产的分析是基于所有的产出是私人物品、所有的投入与产出都存在市场的假设，生产要素的需求与产出供给响应各自的价格。尽管这种响应受到联合生产关系的影响，但市场还是发挥有效功能。这种情况下，联合生产不是政策干预的充要条件。如果联合生产具有外部性或公共物品性质，情况可能会发生变化。

3.4 多样性产出与生产面积和生产强度的关系

在第 2 章，我们已考察了稻作多功能性的主要影响因素，其中稻田面积因子对各项功能或产出均有影响。一般而言，水稻面积与涵养水源、蓄水调洪、净化水质、气温调节、土壤保育、粮食安全、排放 CH_4 和农用化学品面源污染呈正相关。这些非市场产出随着水稻面积的增加而增加。但是，生物多样性、吸收 CO_2 释放 O_2、景观和文化等功能并非随着水稻面积的扩大而提升，当与其他生态系统及其生物多样性产生竞争，水稻面积的增加可能降低总生物多样性。当与森林生态系统竞争时，稻作面积增大有损吸收 CO_2 释 O_2 功能。景观文化功能也是如此，水稻面积过大反而有损区域整体的景观和文化功能。

除了前面已经讨论过的投入因子，生产强度对多样性产出有着非常重要的影响。现在让我们来分析各项功能与生产面积和强度之间的关系。

从稻谷产量来看，单位面积产量随着生产强度的增加表现为按递减规律增加，直至最高产量实现。随后，增加生产强度对稻谷产量有负面影响，如过量使用化肥可能造成"烧苗"、疯长和瘪谷现象，水稻抗性下降，病虫害加剧，产量不增反降。农用化学品使用过多还会造成面源污染，破坏生态环境、危及食品安全和影响人类健康。粮食产量和粮食安全与生产强度存在先互补后互竞关系。秸秆产量与生产强度也有类似关系。

稻作的水调节功能包括涵养水源、净化水质和蓄水调洪，这些功能与生产强度的关联，主要表现在水稻植被增加所带来的影响。通常，随着水稻植被的增加，水分消耗也相应增加，涵养水源功能受到一定限制，但是稻田土壤涵养水源功能得益于长期种植水稻所具有的独特渗透性能。水稻植被对净化水质和蓄水调洪具有增强效应。实践中，农民为实现产量最大化并不会盲目密植。因此，水稻生产强度与稻田水调节功能既存在互补关系，也存在互竞关系。总体而言，水稻生产强度与稻田水调节功能可能表现为互补关系。

如果水稻生长茂盛、覆盖度高，水稻吸收 CO_2 并释放 O_2 功能就强。故水稻生产强度与水稻减排 CO_2 并释放 O_2 功能一般表现为互补关系。

稻作具有减少土壤侵蚀和增强土壤固碳等土壤保育功能。稻田结构、水稻植被和稻田面积是土壤保育功能的基础。如果通过大量使用化肥来提高水稻生产强度，容易造成土壤板结，降低土壤保育功能。

稻田生态系统是许多生物的栖息地，具有维护农业生物多样性功能。水稻生产是稻田生态系统建立的必要条件，适当强度的水稻生产有益于稻田生态系统健康。然而，通过增加使用化学农药和化肥来提高生产强度往往对稻田生物多样性有负面影响。一般认为，生产强度与生物多样性之间的函数关系是，低生产强度，生物多样性增加；生产强度超过一定水平，生物多样性降低。[1]

水稻生产对稻田景观活力有积极作用，因为它传递了活动、现实社会、资源管理与使用的信号。然而，高强度的生产可能降低生物多样性和景观舒适性，因而具有负面影响。

稻作文化依赖水稻生产的延续，为了维持稻作文化遗产，一定程度的水稻生产必需保持。但是，生产强度增加到恶化自然或文化景观程度时，

---

[1] Eirik Romstad and Arild Vatn and Per Kristian Rørstad and Viil Søyland, *Multifunctional Agriculture: Implications for Policy Design*, Agricultural University of Norway, Department of Economics and Social Sciences, *Report* no. 21, 2000, p. 34 – 37.

它对文化遗产有负面影响。生产强度的增加也意味着改变传统生产方式，那么也丢弃了传统生产方式的知识。

很明显，水稻生产有益于稻作的科学教育价值。科学教育价值可能与不同水平的生产强度相关。可是，强度增加到破坏自然条件水平（污染、侵蚀或降低生物多样性），将产生负面影响。

水稻生产强度与农业面源污染呈正相关。随着生产中农用化学品使用量的增加，面源污染程度不断增加。

CH_4 是产甲烷菌在严格还原条件下产生的，水稻对甲烷的产生和排放起着决定性作用。① 一是水稻新陈代谢的根际分泌物为产甲烷菌提供有机质；二是水稻体是 CH_4 排放的最主要通道。因此，水稻生产强度越高，CH_4 排放越多。

表3-1和表3-2分别显示了面积、强度和多样性产出之间的内在联系，提供了农业生产与各种公共物品之间可能相互关系的建议。然而，它是不完善的，它根据具体情境、时间、地点、生产水平等具体情况而变化。

表3-1　水稻生产面积与非市场产出关系

产出	产出与面积关系	关系图
蓄水调洪	水稻生产面积与蓄水调洪容量呈正相关	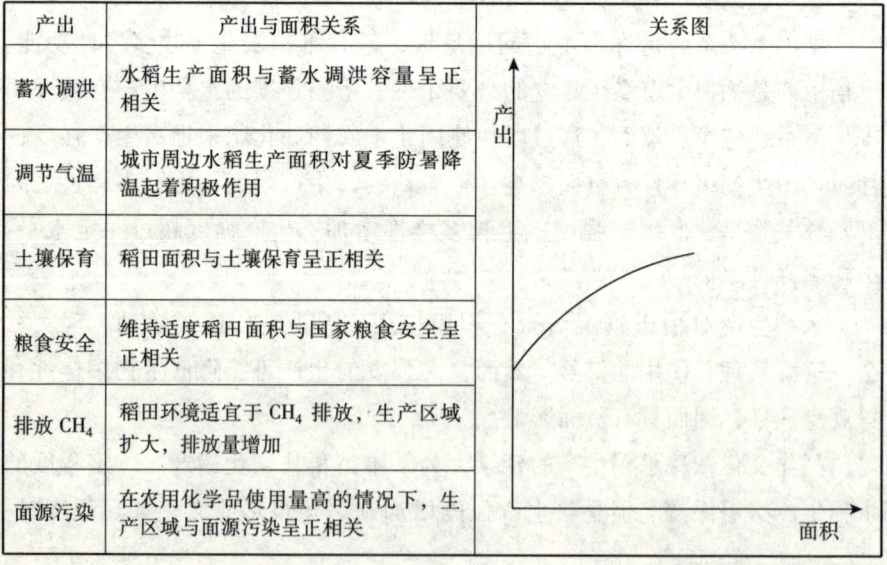
调节气温	城市周边水稻生产面积对夏季防暑降温起着积极作用	
土壤保育	稻田面积与土壤保育呈正相关	
粮食安全	维持适度稻田面积与国家粮食安全呈正相关	
排放 CH_4	稻田环境适宜于 CH_4 排放，生产区域扩大，排放量增加	
面源污染	在农用化学品使用量高的情况下，生产区域与面源污染呈正相关	

---

① 王明星、李晶、郑循华：《稻田甲烷排放及产生、转化、输送机理》，载《大气科学》，1998年第22卷第4期，第600—612页。

续表

产出	产出与面积关系	关系图
吸收 CO_2 释放 O_2	在未与植被覆盖度高的土地竞争情况下,水稻生产面积与吸收 CO_2 释放 O_2 功能互补;否则转向竞争关系	(产出 vs 面积 曲线图,先增后减)
涵养水源	在未与其他水源涵养能力强的区域冲突时,水稻生产面积对水源涵养起着积极作用	
净化水质	在未与其他净化水质能力强的区域冲突时,稻田面积与净化水质功能呈正相关	
景观	水稻生产面积对景观活力起着积极作用,然而,景观舒适性与生产的关系可能从互补变为竞争	
文化	水稻生产是稻作文化的背景,但并非生产区域越大越好,可能有反作用。	
生物多样性	稻田生物多样性增加了生物多样性的同时,也与其他区域及其生物多样性产生竞争,关系可能从互补转向竞争	(产出 vs 面积 曲线图,先增后减)

表3-2 水稻生产强度与公共物品产出的联系

产出	产出与强度关系	关系图
涵养水源	生产强度与涵养水源呈负相关	(产出 vs 生产强度 递减曲线图)
净化水质	农用化学品使用强度与净化水质呈负相关	
蓄水调洪	水稻密植与蓄水调洪呈负相关	
土壤保育	生产强度与土壤保育可能存在负相关	
景观	高强度生产对景观舒适性可能是负面影响	
生物多样性	通过增加使用农用化学品来提高生产强度对生物多样性有负面影响	

续表

产出	产出与强度关系	关系图
调节气温	增加水稻植被密度对周边气温调节起着积极作用	
吸收CO_2释放O_2	水稻植被与吸收CO_2释放O_2功能呈正相关	
排放CH_4	生产强度可能与稻田CH_4排放呈正相关	
面源污染	农用化学品使用量增加加剧面源污染	
粮食安全	生产强度增加可能增加或降低可持续生产的粮食安全,强度提高可能对食品质量和动物健康有负面影响	
文化	低水平基础上增加生产强度对稻作文化有积极作用,但高强度生产对稻作文化有负面影响。生产强度增加意味着改变传统生产方式,也丢失传统生产方式的知识	

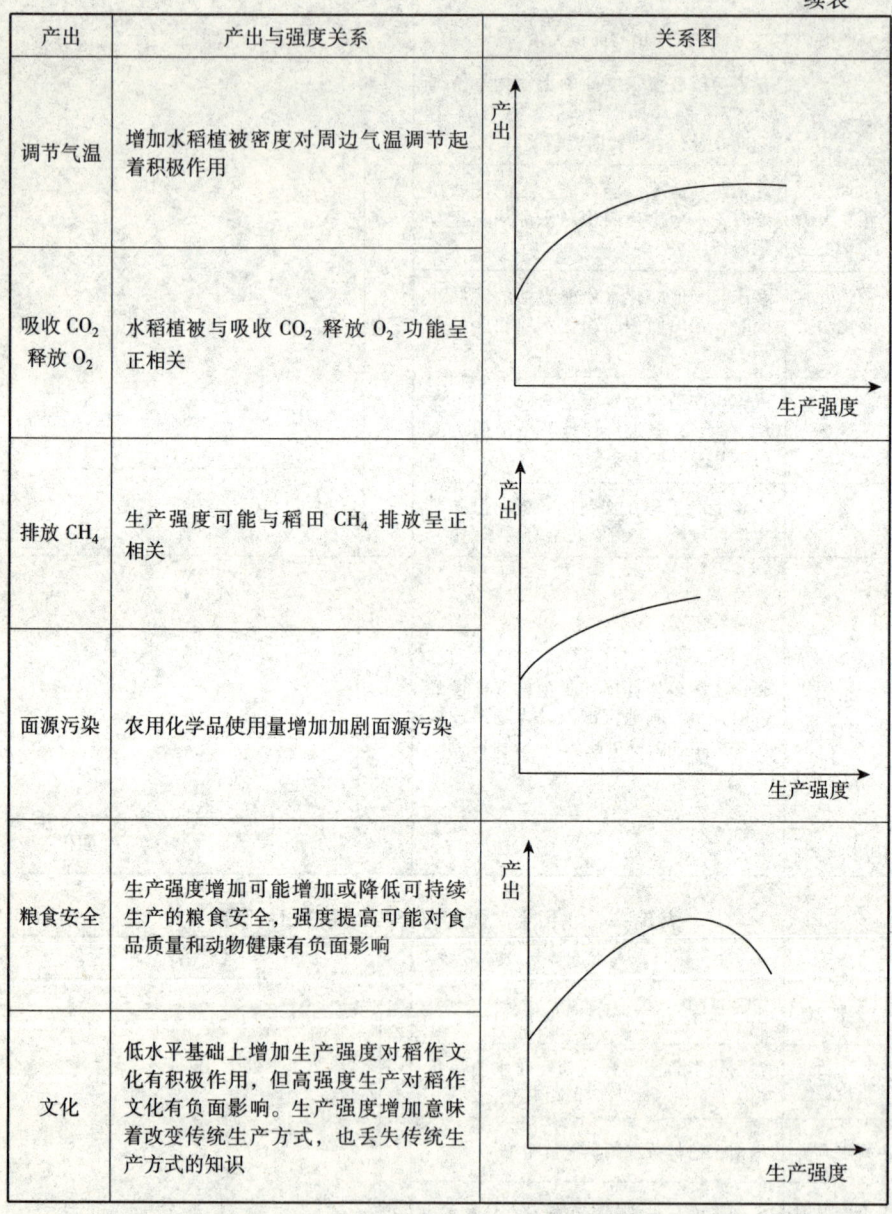

综上所述,公共物品生产与私人物品生产并非随着生产强度变化呈现此消彼长的关系。在生产强度低的情况下,公共物品生产与私人物品生产多表现为互补;在高生产强度下,两者主要表现为竞争关系;生产强度极

3 联合生产、效率与市场失灵

高情况下，可能表现为"互损"关系（图3.1），如大量使用农用化学品不仅会造成减产，而且可能对水体、气体和土壤造成严重污染，极大破坏公共福利。追求私人利润最大化为目标的高强度生产，对稻作的多数非市场产出具有不利影响。适度的生产面积和生产强度符合社会福祉最优化，然而，却与私人最优相矛盾。

3.5 非市场产出间的关系

前面我们已考察过主要因子对稻作多功能产出的影响，以及非市场产出与市场物品的联合生产，但是没有涉及非市场产出之间的关系。表3-3显现出稻作提供的非市场产出之间的相互联系。

表3-3 稻作提供的公共物品之间的关系（行对列的作用）

	涵养水源	净化水质	蓄水调洪	调节气温	土壤保育	吸收CO_2释放O_2	粮食安全	生物多样性	景观	文化	排放CH_4	面源污染
涵养水源		/	+	/	/	/	/	/	/	/	/	/
净化水质	/		/	+	/	/	+	+	?	/	/	-
蓄水调洪	+	/		(+)	/	/	(-)	(-)	/	(-)	/	/
调节气温	/	/	/		(+)	+	/	+	/	/	/	/
土壤保育	/	(-)	/	/		(+)	+	+	+	(+)	(+)	(-)
吸收CO_2释放O_2	/	/	/	(+)	/		+	(+)	(+)	/	/	/
粮食安全	/	/	/	/	/	/		+/-	+/-	+	+	+
生物多样性	?	?	/	/	/	+/-	/		+	(+)	/	/
景观	/	/	/	/	/	(+)	+/-	/		+	/	/
文化	/	/	/	/	/	(+)	?	+	/		/	/
排放CH_4	/	/	/	/	/	(+)	/	/	/	/		/
面源污染	/	-	/	/	/	/	-	/	/	/	/	

注释："+"表示正相关；"-"表示负相关；"+/-"表示相关方向随情况发生变化；"/"表示不相关；"( )"表示弱相关；"?"表示不确定。

从各项非市场产出关系来看，多数产出之间不存相关。少数产出间存在或多或少相关，如涵养水源与调洪功能表现为正相关；粮食安全与景观和甲烷排放呈正相关，而与生物多样性和景观先表现为正相关，过度追求粮食数量安全可能影响生物多样性和景观；面源污染与土壤保育、水质净化、粮食安全、生物多样性、景观和文化呈负相关关系。除面源污染外，相关产出之间主要存在正相关关系。这些相关性表明改变其中的一种产出，可能会影响其他产出表现。

3.6 非市场产出与稻谷生产可以脱钩吗？

根据多功能性概念，我们将农业生产视为同时生产市场物品和非市场物品的生态系统。什么使得市场物品与非市场物品相关，是它们内在的联合生产关系。因此，难以察觉出所列的非市场产出，如景观价值、粮食安全等是独立的初级生产。相反，这些非市场产出具有系统整体性的特征。在很大程度上，这缘于农业生产与生态系统直接相关，它在生态系统内运行，并占有一定空间。

虽然有些非市场产出是独特（不能替代）的，例如稻田景观，但有些是次要（可以替代）的。这意味着，虽然次要功能还是这个系统的功能，但它们也能通过其他活动来供给。不同活动的区域影响等同于一个地理水平，那么空间配置的可能变化可以被视为低层次的不同，即独特性也取决于分析层次。独特性与次要性的区别在分析上是有用的，两方面都包含在多功能性概念中。然而，独特性与次要性对政策的影响可能不同。基于此，可将多功能性定义为一项生产活动的相互关联产出集，一些产出是私人物品，一些是公共物品。公共物品可能只能通过这一活动提供，即这种生产是独特的，或它们也可能通过其他活动提供，即它们是次要的。

什么可能被视为一项活动的独特功能和次要功能，可能在不同区域、不同国家有变化，取决于自然、文化、社会和政治条件。

稻作的独特功能可能是稻作景观、稻作文化和部分粮食安全，其他非市场产出可能是次要功能。对粮食安全，国内稻作肯定起着重要作用，但是国内其他粮食品种生产、粮食进口、牧业、渔业也起着重要作用。

定义研究范围的关系对形成有效政策具有重大影响。一般而言,如果物品生产是相联系的,当评价不同政策时,独立考查各种物品供给是不充分的。除生产稻谷和秸秆之外,稻作还具有多种公共物品性质产出。这些公共物品在多大程度上可能由其他非农活动提供,这对重新审视农业政策非常重要。现在来讨论这一问题。

粮食是人类生存的基础,是必需品,具有需求价格弹性低的特征。而且,人们对主食偏好一般难以改变。稻米作为许多国家的主要口粮之一,事关国家粮食安全。稻作是稻米生产的唯一方式,在以稻米为基本口粮的国家,特别是像中国、印度、日本等人口大国,不能依赖进口来维持本国稻米需求,粮食安全与水稻生产紧密关联,难以脱钩(De-coupled)。

稻作活动是独特的景观与文化,具有唯一性。要维持稻作景观与文化,必需开展水稻生产活动,无法与水稻生产脱钩。

稻作的涵养水源、净化水质和蓄水调洪等水调节功能,可以寻求其他方式替代,如可以通过修建更多水库、防洪大坝等来替代。但是,在多数情况下与水稻生产脱钩会是昂贵选择。

稻田土壤保育、水稻植被吸收 CO_2 释放 O_2 和稻田生态系统生物多样性等效益,虽然可以通过增加施肥、植树造林和建立生物多样性保护基地等途径实现,但同样可能面临昂贵的替代成本。

稻田 CH_4 排放伴随水稻生产而发生,还没有什么技术可以消除稻田的 CH_4 排放,除非停止水稻生产。但是不进行水稻生产,就意味着市场没有稻米供给,显然不切实际。

农用化学品使用对水稻高产至关重要,但是污染也随之产生。不使用农药化肥的传统水稻生产方式不能满足现实社会人口对稻米的需求,随着科学技术的进步,也许会发明高效低成本的生物农药和生物肥料,以实现水稻生产过程淘汰化学农药和化肥。

综上所述,稻作所生产的公共物品,部分具有唯一性,无法与水稻生产脱钩,部分可以通过其他替代途径来供给。如果农民没有被强迫考虑他们生产决策的社会成本和效益,联合生产的私人物品与公共物品之间就不会有经济联系。当非商品产出的社会价值或成本被明确考虑进农民决策,各种联合产出,技术上的联合或更多的联合,也被揭示为经济上的联合。如 Gravelle 和 Rees（1981）在他们的《Microeconomics》中强调，分散的价格形式将不会导致联合生产的最小总成本。他们评价了两种产品是私人物品的情况。就公共物品来说问题更大。在实践中大多数情况下，将非商品产出与农业脱钩会是昂贵选择。公共物品的生产毫无疑问也取决于私人物品的价格。依附在私人物品上的公共物品供给将取决于私人物品生产的竞争力。对于非市场产出，由于高度依存于市场物品生产，并需要降低生产强度，商业化生产通常采取最优经济策略，需要寻找手段来激励农民真正降低生产强度。

3.7　联合生产的优势

"两种联合产品同时生产所使用成本与分别生产成本完全相等的情形十分少见。"[①] 一般而言，如果物品生产是相联系的，当评价不同政策时，独立考查各种物品供给是不充分的。不同产出的共同生产，可能存在潜在的成本节约。如果联合生产不能节约成本，将毫无意义。正如 Hoel 和 Moene[②] 强调，如果物品能被联合生产，可能节约成本。分开选择每一物品的最低成本方案，大多数可能不会产生联合生产那样的最低总成本。Leathers[③] 通过范围经济（Economics of scope）概念将联合生产概念和成本、利润联系起来。如果 m 个产品联合生产的总成本小于各产品分开生产的成本之和，就存在范围经济。可表示为：

$$c(y_1) + c(y_2) + c(y_3) + \ldots + c(y_m) > c(y_1,\ldots,y_m)$$

从成本最小化考虑，如果联合生产存在范围经济，选择联合生产方式优于分别生产途径。

前面分析已经表明，稻作生产的公共物品和私人物品具有联合生产特征，部分公共物品存在其他供给途径，但可能需要付出高昂的替代成本。因此，联合供给公共物品和私人物品的稻作供给具有范围经济特征。

[①] 马歇尔：《经济学原理（三）》，中国社会科学出版社 2007 年版，第 830—831 页。
[②] Hall, M. and Moene, K. O., "Produksjonsteori", Universityetsforlaget, Oslo, Norway.
[③] Leathers, H. D., "Allocable fixed inputs as A Cause of Joint Production: A Cost Function Approach", American Journal of Agricultural Economics, Vol. 73, no. 4, 1991, pp. 1083–1090.

3.8 市场失灵

市场未能实现帕累托有效（Pareto efficient）[①] 就会导致市场失灵[②]（Market failure），不会发生或无法发生潜在的帕累托改进[③]（Pareto improvement）。公共物品和外部性通常是市场失灵的重要条件。

稻作的多种产出除稻谷和秸秆外，都具有公共物品性质，而且不具有市场价格，表现为外部性。图 3.2 和图 3.3 分别显示的是正外部性、负外部性的需求曲线和供给曲线。传统的需求曲线和供给曲线分别反映额外生产一单位商品的边际收益和边际成本。

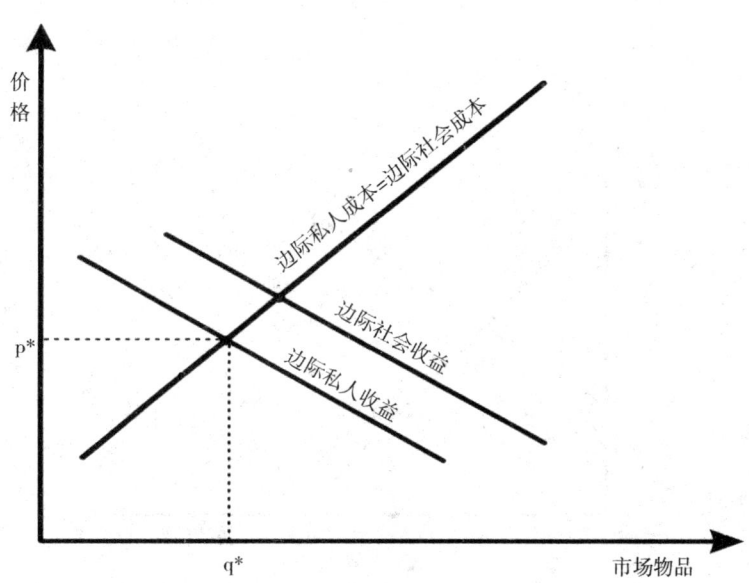

图 3.2　正外部性供求曲线

在没有外部性时，达到的市场均衡 q* 是有效率的。如果存在正外部性，对稻作的市场需求曲线反映的不是边际社会收益（Marginal social reve-

---

[①]　在其他人处境不变差的情况下，没有人的处境会变得更好，这种资源配置状态被称为帕累托效率。
[②]　市场不能达到经济效率的状况。
[③]　使某人或某些人境况变好，而没有使任何人境况变差。

nue），而是边际私人收益（Marginal private revenue）。边际社会收益曲线高于边际私人收益曲线。在市场均衡价格 P^*，农民没有动力生产更多公共物品，以满足社会福祉最优。

如果存在负外部性，稻作的供给曲线反映的是边际私人成本（Marginal private cost），而不是边际社会成本（Marginal social cost）。稻农的最优生产在边际私人成本等于边际社会收益时，而负外部性的存在意味着边际私人成本低于边际社会成本，此时的市场均衡带来市场物品的过度生产。边际社会成本等于边际私人收益是经济效率准则，因此社会福祉最优的生产是边际社会成本曲线与需求曲线的交点 q'。此时，生产的有效水平低于市场均衡水平。①

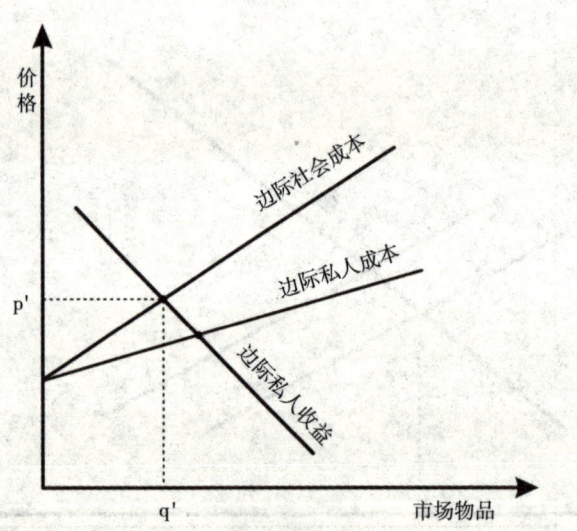

图 2.3　负外部性供求曲线

稻作的多种产出，如水调节、气体调节、土壤保育、景观、文化和粮食安全等是正外部性产出，而如甲烷排放和面源污染属于负外部性产出。稻作所有的外部性产出同时具有公共物品特征——消费的非排他性和非竞争性，这些产出难以像市场物品那样明码标价在市场出售。

---

① 约瑟夫·E. 斯特格利茨：《公共部门经济学》（第三版）（上），中国人民大学出版社 2013 年版，第 180—182 页。

外部性的存在使得市场资源难以有效配置。如果个人不能享受正外部性活动的效益，此类活动就会过少；如果个人不必承担负外部性活动的成本，此类活动就会过多。在没有干预情况下，生产者会采用使净化污染的边际私人收益等于净化污染的私人成本的方法，来决定利润最大化条件下的污染水平。当污染外溢的影响很严重时，私人均衡水平势必缺乏效率，从而导致高程度的污染和低水平的净化行为。外部性活动往往需要政府干预，以实现资源的优化配置。

3.9 小结

稻作的非市场产出与稻谷存在联合生产关系。联合生产方式上，不仅存在技术上依赖，同时存在不可分投入。如果不考虑对稻作生态系统外的其他生态系统服务功能的影响，一般而言，随着水稻生产增加，水质净化、蓄水调洪、地下水补注、土壤保育、吸收 CO_2 释放 O_2、排放 CH_4、温度调节、生物多样性栖息地、景观文化、粮食安全维护和面源污染等非市场产出也相应增加。如果考虑稻作生态系统与其他生态系统的竞争，结果可能不同。

有些非市场产出随着水稻面积的增加而增加，但是，生物多样性、景观和文化等功能并非随着水稻面积的扩大而提升。当与其他生态系统及其生物多样性产生竞争时，水稻面积的增加可能降低总生物多样性。水稻面积过大反而有损区域整体的景观和文化功能。

非市场产出与市场产出并非随着生产强度变化呈现此消彼长的关系。在生产强度低的情况下，非市场产出与市场产出多表现为互补；在高生产强度下，两者主要表现为竞争关系；生产强度极高情况下，可能表现为互损关系。适度的生产面积和生产强度符合社会福祉最优化，然而，可能与私人最优化相矛盾。

多数非市场产出之间不存在相关，少数存在或多或少相关。除了面源污染外，相关产出之间主要表现为正相关关系。这些表明改变其中的一种产出，可能会影响其他产出。

稻作的独特功能可能是稻作景观、稻作文化和部分粮食安全，这些独特功能无法与水稻生产脱钩。其他非市场产出可能是次要功能，部分可以通过其他替代途径来供给，但可能需要付出高昂的替代成本。

除了稻谷和秸秆，稻作的其他多种产出是外部性产出，而且这些产出具有公共物品特征。在以私人利润最大化为目标的基本假设前提下，难以实现社会福祉最优的非市场产出供给量。稻作外部性的存在需要政府干预，以实现资源的优化配置。

4 功能重要性的专家评判

人们对事物的认知和主观偏好往往是其决策的重要依据。稻作具有多功能性，但是各项功能可能并非同等重要，那么哪些功能受到人们的青睐？谁优先？回答这一问题，在决策利用稀缺资源来保护稻作多功能性是重要而不可回避的。评价功能或产出对人们效用的影响，存在两种观点，一是测量其基数效用或序数效用。现在的经济学家倾向拒绝接受基数效用概念，因为它来自人们消费服务或物品的感觉或经验[1]，效用难以直观计算。比较或加总不同人之间的效用是没有意义的，也不能作为公共政策的科学依据[2]，因此，现代需求理论注重序数效用。本部分内容主要分析中国专家对稻作多功能性认知情况。为什么选择专家作为研究对象？因为专家是知识的创造者和传播者，他们的观念引导和影响着社会大众的认知和偏好。而且，政府在讨论制定生态环境保护政策时，专家通常是主要参与人或重要的咨询人员。因此，专家们对稻作的认知对保护和利用稻作多功能性有着重要的意义和影响。

4.1 研究方法

本研究采用修正德尔菲法（Modified Delphi Method）收集专家意见，以获得评价准则和指标的层级结构，然后用层次分析法决定各准则的权重与重要性排序，并进行一致性检验和排序。

---

[1] 保罗·萨缪尔森、威廉·诺德豪斯：《经济学》（第19版），商务印书馆2013年版，第83页。

[2] 杰米·赫舒拉发、阿米亥·格雷泽、大卫·赫舒拉发：《价格理论及其应用：决策、市场与信息》（原书第7版），机械工业出版社2009年版，第64—65页。

4.1.1 修正德尔菲法

德尔菲法又称专家判断法,是兰德公司 1950 年提出的一种群体决策方法。该方法借助专家群体的知识经验,针对特定议题来寻求一致性意见。[①] 与其他方法相比,德尔菲法在复杂议题上可提供更精确答案。[②] 由于传统德尔菲法比较耗时,所获意见易发生前后不一致,Murry 和 Hammons 提出修正式德尔菲法。[③] 该方法最大的特点是采用文献回顾发展出结构式问卷,以此作为第一回合的调查问卷,而省略了开放式问卷调查部分。宋文娟以相关文献回顾或专家访谈,取代初次以开放式问答汇集专家个别意见的步骤,直接发展第一回合的结构性问卷,此方法的优点是可节省大量时间且能让参与研究的专家将注意力集中在研究主题上。[④]

Dalkey 认为专家组成员 10 人以上,误差值小可信度高。[⑤] Delbecq 等认为,高同质性专家组,组成人员以 15～30 位为宜,若为异质性专家组,组成人员为 5～10 位。[⑥] 本文所选取的专家成员,主要涉及农业生产和农业生态环境保护研究的学者,属于同质性较高情况。本研究采用修正式德尔菲法,经由文献回顾与专家访谈之后,将稻作功能评估准则加以汇整,并将问卷发给匿名专家群。在无干扰情况下收集专家群体意见,通过科学的计量方法将专家主观偏好量化,以达到主观偏好客观化的目的。

第一阶段,建立待估稻作多样性功能集。搜索 SCI、EI、SPRINGER、

---

① Linstone, H. A. and Turoff, M., "The Delphi Method: Techniques and Applications", Reading, MA: Addison-Wesley Publishing Company, 1975, pp. 3-12.

② Norcross, J. C., Hedges, M. and Prochaska, J. O., "The Face of 2010: A Delphi Poll on the Future of Psychotherapy", *Professional Psychology Research and Practice*, Vol. 33, no. 3, 2002, pp. 316-322.

③ Murry, J. W. and Hammons, J. O., "Delphi: A Versatile Methodology for Conducting Qualitative Research", *The Review of Higher Education*, Vol. 18, no. 4, 1995, pp. 423-436.

④ 宋文娟:《一种质量并重的研究法—德尔菲法在医务管理学研究领域之应用》,《医务管理期刊》2001 年第 2 卷第 2 期,第 11—19 页。

⑤ Dalkey, N. C., "The Delphi Method: An Experimental Study of Group Opinion", Santa Monica, CA: The Rand Corporation, 1969, pp.

⑥ Delbecq, A. L., Van de Ven, A. H. and Gustafson, D. H., "Group Techniques for Program Planning: A Guide to Nominal Group and Delphi Processes", Glenview IL: Scott Foresman and Company, 1975.

ELSEVIER 和 CNKI 等数据库，收集整理有关稻作生态系统多功能性的研究文献，按照科学性、系统性、独立性、代表性和实用性的指标选取原则，选择学者们认同度较高的功能指标，并将这些不同的功能归为三大类：经济功能、生态功能和社会功能。按照层次分析法原理，建立评价指标的目标层、准则层和指标层。经过两次"调整—返回—调整"后得到专家较认可的稻作多样性功能集合。

第二阶段，设计调查问卷。根据李克特量表（Likert scale）原理，将每一待评估的功能的重要性判定设计成"很重要""重要""一般""不重要"和"很不重要"五种不同回答。对同一层级评价指标，按照两两配对比较法（Paired comparison method）制成问卷，由受访者从"明显重要""重要些""同等重要""不重要些"和"明显不重要"五种不同答案中选择一种来对两项功能的重要性进行比较评价。鉴于受访者的专业背景和专业水准存在差异，提供给所有受访者相同的有关稻作多功能性的背景信息。

第三阶段，专家选择和调查。我们试图从涉及多功能农业研究的各个领域来选择专家，包括农业、环境和经济等领域。2012 年 7 月~10 月，采用电子邮件方式开展问卷调查，先后向 100 位专家发出调查问卷，给每位受访者接受调查并返回答卷的时间为 20 天。正式调查前，我们开展了预调查，并基于反馈的意见和建议修改了问卷。

4.1.2 层次分析法

层次分析法（Analytic Hierarchy Process，AHP）是 Saaty 在上世纪 70 年代初提出的一种实用定性与定量分析相结合的多准则决策方法。[1] AHP 把一个复杂问题分解成有序的递阶层次结构，通过量化判断和明确层级之间关系后给以综合评价，为决策者选择恰当方案提供有效信息，降低错误风险。[2] AHP 拥有方法简单、实用性强、使用面广等特点，在多目标或多准则的决策领域中，AHP 是一种人们广泛关注的方法。

层级要素间权重的计算程序：

---

[1] Satty, T. L., "The Analytic Hierarchy Process", New York: McGraw–Hill, 1980.
[2] Satty, T. L., "Eigenvector and Logarithmic Least Squares", *European Journal of Operational Research*, Vol. 48, no. 1, 1990, pp. 156–160.

（1）建立层级结构

处理复杂问题时，可利用层级结构加以分解；基于人类无法同时对7种以上事物进行比较的假设下，每一层级的要素不宜超过7个。[①] 在此条件下，则可进行合理的比较，同时可保证其一致性。结构的第一层级为我们所要达成的目标，其下各层级则是要评估的因素或条件。

（2）各层级要素间权重的计算

① 建立成对比较矩阵A

设 C_1，C_2，C_3，…，C_n 为一组评估要素，a_{ij} 表示成对要素（C_i，C_j）的相对重要性，以李克特5级量表形式考察被调查者的评价，以5、3、1、1/3 和 1/5 分分别表示明显重要、重要些、同等重要、不重要些、明显不重要，可获得 $n \times n$ 判断矩阵 A，如下所示。

$$A = [a_{ij}] = \begin{matrix} & C_1 & C_2 & C_3 & \cdots & C_n \\ C_1 & 1 & a_{12} & a_{13} & \cdots & a_{1n} \\ C_2 & a_{21} & 1 & a_{23} & \cdots & a_{2n} \\ C_3 & a_{31} & a_{32} & 1 & \cdots & a_{3n} \\ \vdots & \vdots & \vdots & \vdots & & \vdots \\ C_n & a_{n1} & a_{n2} & a_{n3} & \cdots & 1 \end{matrix} \quad (1)$$

其中 $a_{ii} = 1$，$a_{ij} = 1/a_{ji}$，$i, j = 1, 2, 3, \cdots, n$。矩阵 A 中，以 W_1，W_2，W_3，…，W_n 表示 C_1，C_2，C_3，…，C_n 的权重。如果依据专家意见所构建矩阵 A 相当一致，其权重 W_i 与判断 a_{ij} 之间的关系可表示为 $W_i/W_j = a_{ij}$。以及

$$A = [a_{ij}] = \begin{matrix} & C_1 & C_2 & C_3 & \cdots & C_n \\ C_1 & 1 & w_1/w_2 & w_1/w_3 & \cdots & w_1/w_n \\ C_2 & w_2/w_1 & 1 & w_2/w_3 & \cdots & w_2/w_n \\ C_3 & w_3/w_1 & w_3/w_2 & 1 & \cdots & w_3/w_n \\ \vdots & \vdots & \vdots & \vdots & & \vdots \\ C_n & w_n/w_1 & w_n/w_2 & w_n/w_3 & \cdots & 1 \end{matrix} \quad (2)$$

[①] 邓振源、曾国雄：《层级分析法（AHP）的内涵特性与应用》（上），《中国统计学报》1989 年第 27 卷第 6 期，第 13707—13724 页。

② 计算最大特征值与特征向量

成对比较矩阵 A 乘以要素的权重向量 x 等于 nx，即 $(A-nI)x=0$，此处 x 为特征向量。由于 a_{ij} 是专家进行成对比较时，主观判断所给予的评判，与真实 W_i/W_j 值有某种程度差异，故 $Ax=nx$ 难以成立，Saaty 建议用矩阵 A 的最大特征值 λ_{max} 取代 n[①]，即

$$\lambda_{max} = \sum_{j=1}^{n} a_{ij} \frac{W_j}{W_i} \tag{3}$$

如果 A 是一致性矩阵，特征向量 x 可通过上式求解。

$$(A-\lambda_{max}I)x = 0 \tag{4}$$

③ 一致性检验

层次分析法是引入一致性概念，主要用于评判决策者回答所构造的成对矩阵是否可以被接受，以检测决策者评价过程的合理性。成对比较矩阵 A 是否具有一致性，用一致性指标 CI（Consistency Index，CI）与一致性比率 CR（Consistency Ratio，CR）进行检验。[②] CI 与 CR 关系如下：

$$CI = (\lambda_{max} - n)/(n-1) \tag{5}$$

$$CR = CI/RI \tag{6}$$

CI 与 RI 的比率称一致性比率。当 $CI \leq 0$ 为可容许偏误，$CI=0$ 表示前后判断完全一致，$CI>0.1$ 则表示前后判断不一致。RI 是一随机指标，是随机产生配对比较矩阵的一致性指标，与所要比较的项目有关，当 $CR \leq 0.1$ 时，表示符合一致性，当 $CR>0.1$ 时，称矩阵 A 不具有一致性。随机指标值如表 4-1。

表 4-1 平均随机一致性指标 R. I.

阶数	1	2	3	4	5	6	7	8	9	10	11	12	13	14	15
R. I.	0.00	0.00	0.58	0.90	1.12	1.24	1.32	1.41	1.45	1.49	1.51	1.48	1.56	1.57	1.58

资料来源：Satty, T. L., "The Analytic Hierarchy Process", New York：McGraw-Hill, 1980.

（3）整体层级权重的计算

各层级要素之间的权重计算后，将整体层级权重的计算汇总。

---

① Satty, T. L., "The Analytic Hierarchy Process", New York：McGraw-Hill, 1980.
② 同上。

4.2 研究结果

4.2.1 评价指标集

根据上述筛选方法，获得了稻作多样性功能集的主要组成元素：粮食生产、秸秆资源、蓄水防洪、涵养水源、净化空气、消纳废弃物、水土保持、调节气温、保护生物多样性、景观休闲、文化、粮食安全、水资源消耗、温室气体排放和农用化学药品污染。这些功能不仅包含有益功能，也存在对生态环境不利的负面影响。为了方便受访者判定，我们在应用层次分析法构建评价层级时，将有益功能与不利功能分开。

我们将有益的稻作多样性功能划分为三个层次：目标层（A层），衡量总价值；准则层（B层），包括经济功能、生态功能和社会功能；指标层（C层），包含12项具体功能（表4-2）。水资源消耗、温室气体排放和农药化学品污染三项不利影响组合成负面功能评价表（表4-3）。

表4-2 稻作有益功能评价层次模型

目标层（A）	准则层（B）	指标层（C）
有益功能 A	经济功能 B1	粮食生产 C1
		秸秆资源 C2
	生态功能 B2	蓄水调洪 C3
		涵养水源 C4
		净化空气 C5
		净化水质 C6
		水土保育 C7
		调节气温 C8
		保护生物多样性 C9
	社会功能 B3	景观休闲 C10
		文化 C11
		粮食安全 C12

表4-3 稻作有害功能评价层次模型

目标层	指标层
有害功能	温室气体排放
	农用化学药品污染

4.2.2 受访者基本情况

本次问卷调查对象皆为在国内农业科研机构和高等农业院校从事农业生产和生态环境保护领域的教学科研人员，以电子邮件形式寄送100份调查问卷，回收有效问卷23份。为什么有效问卷回收率较低？我们分析认为主要原因可能有：①部分答卷不完整；②调查者与受访者事先没有取得沟通，受访者觉得没有义务参与调查活动；③受访者因时间延误而未能回复；④受访者难以对问题做出清晰判断；⑤受访者认为这样的调查无多大意义或不认可多功能性概念。

接受调查的23名专家中，有14名专家在大学工作，9名受访者在科研院所工作。受访者的专业背景、对多功能性的了解程度和对水稻生产的环境影响关注度的统计分别见表4-4、表4-5和表4-6。

表4-4 受访者的专长

专业背景	人数	比例（%）
农业生态学	4	17.4
环境保护学	2	8.7
环境经济学	3	13.0
作物学	12	52.2
资源科学	2	8.7
总计	23	100.0

表4-5 受访者对稻作多功能性的熟悉程度

熟悉程度	人数	比例（%）
非常了解	2	8.7
比较了解	12	52.2
一般	8	34.8
不了解	1	4.3
总计	23	100.0

表 4-6 受访者对水稻生产的环境影响关注程度

关注程度	人数	比例（%）
十分关注	6	26.1
比较关注	13	56.5
一般	3	13.0
不关注	1	4.3
总计	23	100.0

4.2.3 准则层和指标层的重要性判定

23 位受访者中有 15 位认为稻作经济功能很重要，8 位受访者认为重要（表 4-7）。这一调查结果反映了稻米生产在中国的重要地位，也间接反映了中国人对稻米传统偏好。稻作的生态功能和社会功能也具有重要性，分别有 8 位和 5 位受访者认为其很重要、有 7 位和 11 位受访者认为其重要。比较而言，稻作经济功能是第一性的，难以区分生态功能和社会功能孰高孰低。

表 4-7 23 位专家对稻作各项有益功能重要性判定

	层次与指标	很重要	重要	一般	不重要	很不重要
A	B1 经济功能	15	8	-	-	-
	B2 生态功能	8	7	8	-	-
	B3 社会功能	5	11	7	-	-
B1	C1 粮食生产	19	4	-	-	-
	C2 秸秆资源	2	6	8	7	-
B2	C3 蓄水防洪	-	4	12	7	-
	C4 涵养水源	-	14	9	-	-
	C5 净化空气	3	13	7	-	-
	C6 净化水质	-	2	13	7	1
	C7 水土保育	-	-	8	-	-
	C8 调节气温	6	11	6	-	-
	C9 保护生物多样性	2	8	6	7	-
B3	C10 景观休闲	0	5	6	4	8
	C11 文化	4	2	13	4	0
	C12 粮食安全	17	6	-	-	-

注："-"表示该选项空白

在经济功能中，受访者对稻米生产功能给予很高评价，而对副产品秸秆生产功能的赞赏热情大幅度降低。受访者对7项生态功能的认同度不一，分别有3位、6位和2位受访者认为稻作的净化空气、调节气温和保护生物多样性功能很重要，超过半数受访者认为净化空气、调节气温和涵养水源功能至少是重要的，有7位、8位、7位、7位专家分别给予蓄水防洪、消纳废弃物、水土保持、保持生物多样性四项功能不重要的评价。稻作保护生物多样性的功能具有较大争议性，争议的界限在于农用化学品使用问题。传统有机稻生产有利于生物多样性保护，集约化生产则相反。

在社会功能中，没有人认为稻作的粮食安全功能不重要，有17位受访者认为其很重要。有8位受访者认为景观休闲功能很不重要。

分别有17位和16位受访者坚持农用化学品污染是水稻生产对环境的最大不利影响，尽管少数人强调这种影响不重要（表4-8）。有少数受访者认为甲烷等温室气体排放对环境的影响也是重要的，但没有人认为温室气体排放是水稻生产最重要的负面功能。

表4-8　23位专家对稻作生态系统各项有害功能重要性判定

评价指标	很严重	严重	一般	不严重	很不严重
温室气体排放	-	5	11	4	3
农用化学药品污染	6	11	4	1	1

注："-"表示该选项空白

4.2.4　配对比较结果

分别有20位和17位受访者认为稻作的经济功能比生态功能或社会功能重要，同时也分别有3位和6位受访者认为经济功能与生态功能或与社会功能同等重要。有13位受访者认为稻作生态功能比其社会功能重要，但也有4位受访者的意见相反，6位受访者认为它们同等重要。总体而言，受访者认为稻作的经济功能最重要，其次是生态功能，再次是社会功能（表4-9）。

同一准则层的不同功能配对比较结果显示在表4-10。稻米生产功能明显比秸秆生产重要，这与前面的论述一致。对7项生态功能的配对比较，未能显示出受访者对某项功能的特别偏爱，给予它们同等重要性的选择普遍。涵养水源、净化空气、水土保持和调节气温功能的重要性获得细微差别的好评。就4项社会功能比较而言，受访者的观点较为突出，各项功能重要性的次序是稻作的粮食安全功能最重要，其次是文化功能，再次是景观休闲功能。

在稻作不利于生态环境的影响中，受访者认为农用化学品污染的影响＞温室气体排放的影响（表4-11）。

表4-9 B层各项有益功能重要性两两配对比较结果

指标配对比较	明显重要	重要些	同等重要	不重要些	明显不重要
经济功能比生态功能	16	4	3	-	-
经济功能比社会功能	13	4	6	-	-
生态功能比社会功能	-	13	6	4	-

注："-"表示该选项空白

表4-10 C层各项正面功能重要性两两配对比较结果

指标配对比较		明显重要	重要些	同等重要	不重要些	明显不重要
粮食生产	比秸秆资源	17	6	-	-	-
蓄水防洪	比涵养水源	-	2	14	6	1
	比净化空气	-	3	13	5	2
	比净化水质	3	4	9	5	2
	比水土保育	2	4	11	6	-
	比调节气温	-	3	10	8	2
	比保护生物多样性	-	4	14	5	-
涵养水源	比净化空气	2	5	14	2	-
	比净化水质	-	-	15	5	-
	比水土保育	-	2	19	1	1
	比调节气温	-	3	17	2	1
	比保护生物多样性	-	8	6	9	-
净化空气	比净化水质	6	8	6	3	-
	比水土保育	1	5	12	5	-
	比调节气温	-	3	14	6	-
	比保护生物多样性	2	8	6	7	-

续表

指标配对比较		明显重要	重要些	同等重要	不重要些	明显不重要
净化水质	比水土保育	–	1	15	4	3
	比调节气温	–	–	13	6	4
	比保护生物多样性	–	–	10	5	8
水土保育	比调节气温	2	5	13	3	–
	比保护生物多样性	2	6	12	3	–
调节气温	比保护生物多样性	–	–	4	14	5
景观休闲	比文化	–	–	6	5	12
	比粮食安全	–	–	2	6	15
科研教育文化	比粮食安全	–	6	13	4	–

注："–"表示该选项空白

表4–11 负面功能严重性两两配对比较结果

负面功能	明显严重	严重些	同等严重	不严重些	明显不严重
温室气体排放比农用化学药品污染	–	3	2	10	8

注："–"表示该选项空白

4.2.5 建立成对比较矩阵

根据专家们给定的权重值，以几何平均数的计量方法，汇总专家群体决策综合分数，通过（1）式和（2）式求得各成对比较矩阵，如表4–12、4–13、4–14、4–15和4–16所示。

表4–12 主要准则的综合成对比较矩阵

	经济功能	生态功能	社会功能	权重w	排序
经济功能	1	3.70867	3.00641	0.619487	1
生态功能	0.26964	1	1.53709	0.210719	2
社会功能	0.33262	0.65058	1	0.169793	3
$\lambda_{max} = 3.045912$					
C.I. = 0.022956					
C.R. = 0.039579 < 0.1，表明成对比较前后具有一致性。					
各列和	1.60226	5.35925	5.54350		

表4–13 经济功能（B1）层级要素间的综合成对比较矩阵

	稻谷	秸秆	权重w	排序
稻谷	1	4.37619	0.81399443	1
秸秆	0.22851	1	0.18600557	2
$\lambda_{max}=2.000002$				
C.I.=0.000001				
各列和	1.22851	5.37619		

表4–14 生态功能（B2）层级要素间的综合成对比较矩阵

	蓄水防洪	涵养水源	净化空气	净化水质	土壤保育	调节气温	生物多样性保护	权重w	排序
蓄水调洪	1	0.77025	0.79019	1.02246	1.04542	0.68469	0.95336	0.124379	6
涵养水源	1.29828	1	1.32743	0.90889	0.97803	0.97804	0.95335	0.149741	5
净化空气	1.26552	0.75334	1	1.93224	1.07248	0.86649	1.20649	0.155929	3
净化水质	0.97803	1.10024	0.51753	1	0.70242	0.56751	0.44994	0.1039	7
土壤保育	0.95655	1.02246	0.93242	1.42365	1	1.26552	1.32743	0.157376	2
调节气温	1.46051	1.02245	1.15408	1.76208	0.79012	1	0.95336	0.157455	1
生物多样性保护	1.04892	1.04893	0.82885	2.22252	0.75334	1.04892	1	0.151221	4
$\lambda_{max}=7.131649$									
C.I.=0.021941									
C.R.=0.016622<0.1，表明成对比较前后具有一致性。									
各列和	8.00781	6.71767	6.55050	10.27184	6.34181	6.41117	6.84393		

表4.15 社会功能（B3）层级要素间的综合成对比较矩阵

	景观娱乐	文化教育	粮食安全	权重w	排序
景观娱乐	1	0.34009	0.26284	0.125393	3
文化教育	2.94040	1	0.40895	0.296148	2
粮食安全	3.80460	2.44529	1	0.578459	1
$\lambda_{max}=3.045383$					
C.I.=0.022692					
C.R.=0.039124<0.1，表明成对比较前后具有一致性。					
各列和	7.74500	3.78538	1.67179		

表4-16　有害功能要素间的综合成对比较矩阵

	温室气体排放	农用化学品污染	权重w	排序
温室气体排放	1	0.40895	0.29025147	2
农用化学品污染	2.44529	1	0.70974853	1
λ_{max} = 2.000001				
C.I. = 0.000001				
各列和	3.44529	1.40895		

4.2.6　计算特征值与特征向量

将成对比较矩阵按（3）式和（4）式计算各成对比较矩阵的权重，计算结果见表4-17。

4.2.7　一致性检验

各成对比较矩阵的一致性检验，CR值均小于0.1。按CR≤0.1为可容许偏误，即为有效问卷，其显示的相对权重方可据以进行后续分析，故本研究拟以分析的AHP问卷符合一致性。

4.2.8　各层级要素间的相对权重计算

专家群体认为稻作有益功能中最重要的功能依次为经济功能（0.619487）、生态功能（0.210719）和社会功能（0.169793）。在指标层方面，经济功能指标的重要性排序依次是粮食生产（0.81399443）和秸秆资源（0.18600557）；生态功能指标的重要性依次是调节气温（0.157455）、土壤保育（0.157376）、净化空气（0.155929）、保护生物多样性（0.151221）、涵养水源（0.149741）、蓄水调洪（0.124379）和净化水质（0.1039）；社会功能指标的重要性依次是粮食安全（0.578459）、文化教育（0.296148）和景观休闲（0.125393）。在有害功能中，专家们认为农用化学品污染（0.70974853）危害比温室气体排放（0.29025147）严重得多。

表 4-17　AHP 稻作多样性功能相对权重

目标	准则	准则权重	指标	指标权重	整体权重	排序
稻作农业有益功能	经济功能	0.619487	粮食生产	0.81399443	0.504259	1
			秸秆资源	0.18600557	0.115228	2
	生态功能	0.210719	蓄水调洪	0.124379	0.026209	10
			涵养水源	0.149741	0.031553	9
			净化空气	0.155929	0.032857	7
			净化水质	0.1039	0.021894	11
			土壤保育	0.157376	0.033162	6
			调节气温	0.157455	0.033179	5
			保护生物多样性	0.151221	0.031865	8
	社会功能	0.169793	景观休闲	0.125393	0.021291	12
			文化教育	0.296148	0.050284	4
			粮食安全	0.578459	0.098218	3

整体权重从大到小的排序为：粮食（0.504259）、秸秆（0.115228）、粮食安全（0.098218）、文化教育（0.050284）、调节气温（0.033179）、土壤保育（0.033162）、净化空气（0.032857）、保护生物多样性（0.031865）、涵养水源（0.031553）、蓄水调洪（0.026209）、净化水质（0.021894）和景观休闲（0.021291）。

4.3　小结

温室气体排放和农用化学品污染都属于稻作的负外部性生态系统服务，如果将它们与蓄水调洪、土壤保育、气温调节等正外部性生态系统服务进行两两配对比较，可能会产生歧义，进而影响受访者的判断。例如，在温室气体排放与蓄水调洪功能的比较上，到底谁更重要？如果认为温室气体排放更重要，是鼓励还是抑制其排放？因此，本文认为即使属于同一类功能，但影响人们福祉方向相反时，不宜将多种正外部性服务与负外部性服务开展重要性的两两配对比较。因此，本文将稻作多样性功能分为有益功能和有害功能两大类别分开评价。

调查结果显示，在受访专家群体观念里，经济功能依然是稻作的首要功能。但是，稻作的生态功能和社会功能不容忽视，在未进行配对比较时分别有35%和22%的专家认为很重要。在具体功能的评价上，分别有83%和74%的专家认为粮食生产和粮食安全这两项功能很重要，这一认知可能来自中国人口多、农民多、人均耕地面积小、农村经济落后、粮食安全趋紧等现实。

通过修正德尔菲层次分析法，建立稻作正外部性功能指标评价模式，获得3个准则层与12项指标的层次架构。在准则层两两配对比较中，以经济功能权重占0.619最高，表明经济功能是考量稻作对人们福祉影响的重点。在生态功能中，调节气温、土壤保育和净化空气排在前三位，但它们的重要性并不十分明显。例如，排在前三位的权重分别是0.1575、0.1574和0.1559，它们的重要性难分伯仲，即使与生态功能中权重最低的净化水质（0.1039）比较，它们的重要性也不十分明显。在社会功能比较中，粮食安全功能的重要性明显，其权重达到0.578，而景观功能在专家眼中不突出。

在有益功能全体权重评价中，稻谷生产、秸秆生产、粮食安全、文化教育和气温调节功能排前5位。而有害功能权重评价上，专家们认为农用化学品污染的危害比温室气体排放严重得多。

本文发现同一层次指标数量的差异可能影响指标在整体中的权重。例如，生态功能有7项指标，而经济功能和社会功能分别是2项和3项指标，如果生态功能也只有2-3项指标的话，生态功能中单项指标的整体权重可能会提高。

专家群体的观点表明，经济功能依旧是当前中国稻作的核心功能，但其生态功能和社会功能也得到了专家们的认可，不应忽视。中国政府在发展稻作经济时，应该顾及稻作的生态功能和社会功能对人们福祉的贡献，激励稻农开展生态化经营，控制农用化学品污染对人们福祉的危害。

5 多样性产出价值量化

稻作具有多功能性，亦即有多样性产出。然而因其多种产出不仅具有外部性，而且具有公共物品属性，其价值未能在市场得以体现，故稻作多样性产出的供给存在市场扭曲，缺乏效率。如果要矫正外部性以实现稻作永续经营，没有某种程度的干预，是难以做到的。[①] 在有限资源和多个干预项目的约束下，决定哪个干预项目优先及其干预强度，可能取决于项目的预期收益。那么，评估干预项目对社会福祉的贡献就显得尤其重要。因此，稻作多样性产出的价值评估是市场外干预的基础和前提。

除了市场物品外，稻作的外部性公共物品价值不能从市场交易中观察，这就需要对这些产出采用非市场价值评估手段进行估价。尽管有研究者对稻作多样性产出开展了评价，但因评估者主观偏好与某些参数的可获得难易，使得采用不同的评价指标和评估方法，引致评价结果存在不同程度的差异。因此，创建适用和可信的多功能性评价体系仍旧是科学家追求的目标之一。以往的评价研究都将目光聚集在稻作生态系统的功能上，而忽视了其机会生态系统[②]的功能。本书将机会生态系统定义为最有可能替代当前生态系统的生态系统。比如，随着城市化进程的加快，部分城郊农田生态系统被城市生态系统所取代。我们在考察稻作生态系统服务价值时，应该考虑其机会生态系统服务价值，并将其计入稻作生态系统服务的成本。本章的结构是：先对常用的非市场评价方法进行评述，在此基础上结合上一章定性评价结果来建立稻作多功能评价体系，然后将其应用于中国稻作多功能价值评估，再将评价结果与其他区域评价结果，以及与机会

[①] 约瑟夫·E. 斯蒂格利茨：《公共部门经济学》（第三版）（上），中国人民大学出版社2013年版，第69页。

[②] 这是本书提出的新术语，解释见第1章的脚注。

生态系统的多功能价值进行比较分析。在中国，消失的稻田生态系统主要被经济作物生产、城市建设占用和荒芜所替代，故选择城市生态系统、荒地生态系统和经济作物生态系统作为机会生态系统。

5.1 非市场评价方法

存在市场的物品（包括服务，下同）的价值通常采用直接市场法进行测量。对那些非市场物品，无法通过直接考察市场价格或交易量来判定其经济价值。经济学家对非市场物品的评价方法还没有取得一致的认识，表现为评价方法多样化，但大致可分为揭示性偏好法（Revealed preference method）和陈述性偏好法（Stated preference method）两大类。揭示性偏好法是通过观察人们的行为，得到人们对非市场物品的偏好。[①] 然而，揭示性偏好法明显的缺陷是不能用来评估非使用价值，如存在价值和馈赠价值等。陈述性偏好是根据人们的陈述来揭示其偏好，如通过问卷调查等方式诱导受访者报出心中的真实价格，通常以支付意愿（Willingness to pay）或接受意愿（Willingness to accept）来衡量。假设偏差和规模问题常使陈述性偏好法遭受质疑和批评，因为人们实际花费行为与假设的调查结果可能不一致，人们在回答任意环境问题时可能不会关注其影响范围，表现为相同的支付意愿。常用的非市场物品具体评价方法有替代成本法（Substitution Cost Method, SCM）、旅行成本法（Travel Cost Method, TCM）、特征定价法（Hedonic Pricing Method, HPM）和条件价值法（Contingent Valuation Method, CVM）等。

替代成本法是通过为某项功能提供替代品的成本，来评估该功能的价值。该方法有两个基本假设前提，一是假设替代成本可以估算，替代没有资源浪费，即有经济效率；二是假设替代品不产生其他效应。替代品的选择通常因成本是否易于估算来决定，具有较大选择范围，这种便利使此方法具有应用优势。但替代品的选择存在研究者的主观评价，经常会因替代

---

① 彼得·伯克、格洛丽亚·赫尔方：《环境经济学》，中国人民大学出版社2013年版，第100—118页。

品的选择不同，造成评价结果的差异。

旅行成本法是通过人们的旅行消费行为来评估非市场物品的价值，通常用来估计具有休闲娱乐功能的自然资源的价值。该方法的假设前提是人们的旅行获益至少与旅行花费相等，旅行花费表示休闲娱乐功能的价值。旅行成本法优点是该方法考察的是所发生的市场行为，是建立在标准经济学理论上的方法，评估结果易得到公众认可。但旅行成本法也存在若干问题尚未得到解决，如旅行者的多目的性可能造成评估结果偏高；如何恰当衡量闲暇时间成本；如何定义旅行次数；取样偏差等。

特征定价法是指通过人们愿意为享受优质环境物品的支付来评估环境质量的价值。该方法的假设基础是消费者的效用源自消费品及其周围环境的各种属性，并非消费品的数量。该方法是以市场价格为基础，反映了消费者的偏好，评估结果可信度较高，已广泛应用于各种环境物品的价值评估研究。特征定价法也有其缺陷，一是需存在可市场交易的物品，其价值受环境物品的影响，且影响须反映在可市场交易物品的价格上；二是在强调特征数量对物品价格的影响时，影响消费者的所有特征应包含在特征定价模型中，但可能由于特征数量较多，当研究人员遗漏或资料不易得到时，可能造成估值偏差；三是许多环境问题并非直接影响观察到的市场物品。[1]

条件价值法是对非市场物品建立一个假想市场，采用调查方式直接询问受访者对非市场物品支付意愿或受偿意愿，并利用调查结果推估调查目标的价值。因为条件价值法是建立在假设基础上，它的应用十分广泛，是评估使用价值和非使用价值的主要方法之一。与其他方法比较，它更能反映消费者偏好，可以有效克服某些价值评估的技术困难。条件价值法的缺陷主要包括以下几个方面：①因该方法建立在假想市场基础上，未必与现实市场情况相吻合，存在假设偏差；②当研究者向受访者提供错误或过少的信息，可能会产生信息偏差；③当受访者对有些问题的回答有隐瞒或夸大时，就出现了策略性偏差；④研究者建议的支付意愿或受偿意愿的起价点通常有主观性，产

---

[1] 查尔斯·D. 科尔斯塔德：《环境经济学》，中国人民大学出版社2011年版，第310—319页。

生起价点偏差；⑤支付意愿和受偿意愿通常不一致。

5.2 国内外稻作多功能价值评估方法

稻作多样性功能的评价研究自上世纪90年代就已经在亚洲水稻生产国和地区开始，日本、韩国和中国的研究取得了较大进展，典型案例所采用的评估方法见表5-1。从该表可以看出：（1）不同区域采用的评估指标有差异；（2）即使是同一区域，研究者不同所采用的评估指标也不尽相同；（3）研究者主要关注稻作的正外部性功能或产出；（4）可能是方法上的便利和优势，研究者首选替代成本法，其次是条件价值法和旅行成本法。评价指标和评价方法的差异存在，表明（1）研究者对稻作功能的认识可能不同；（2）对稻作多功能价值评估方法没有达成一致共识；（3）开展不同区域稻作价值的比较存在困难。

虽然在文献中都没有解释为什么采用这些评价指标和评价方法，而不是其他，可经验告诉我们，研究者主观偏好、不同区域稻作功能表现的差异和某些重要参数的可获得性等，可能是决定采用什么样指标和方法的主要影响因子。

表5-1 国内外稻作外部性价值评估案例采用的指标与方法

研究区域	评估指标	评估方法	研究者
日本	防洪、地下水补注、防止土壤冲蚀、防止塌陷、有机废弃物处理、气温调节、休闲	替代成本法和旅行费用法	Science Council of Japan[1]
日本	防洪、补注地下水、水环境保护、防止土壤冲蚀、有机资源利用、景观、休闲娱乐、野生生物保护	条件价值法	Aizaki et al.[2]

---

[1] SCJ (Science Council of Japan), "Evaluating the multi-functions of agriculture and forests related to the global environment and human beings", *Report in response to an inquiry from the Minister of Agriculture, Forestry and Fisheries*, Science Council of Japan, 2001, pp. 112.

[2] Aizaki, H., Sato, K. and Osari, H., "Contingent valuation approach in measuring the multi-functionality of agriculture and rural areas in Japan", *Paddy and Water Environment*, vol. 4, no. 4, 2006, pp. 217-222.

续表

研究区域	评估指标	评估方法	研究者
日本	N 去除	替代成本法	Shiratani et al. ①
韩国	防洪、保护水资源、水质净化、防止土壤冲蚀、去除有机废弃物、净化空气、气温调节、景观、休闲娱乐	替代成本法、条件价值法、旅行费用法	Seo ②
韩国	调洪、水资源涵养、净化水质、控制土壤侵蚀、净化空气、防暑降温、生态系统保护和自然景观维持、扰动生态系统成本、甲烷排放、农用化学品污染	替代成本法、条件价值法	Kim et al. ③
印度尼西亚	调洪、涵养水源、防止侵蚀、有机废弃物处理、温度调节、富丽乡村	替代成本法、旅游费用法	Agus et al. ④
中国台湾	保水、保土	条件价值法	Chang and Ying ⑤
中国台湾	粮食安全与景观价值	条件价值法	曾伟君和李欣恩 ⑥
中国台湾	地下水补注	替代成本法	Liu et al. ⑦

---

① Shiratani, E., Kiri, H. and Hajime T., "Economic valuation of the agricultural impact on nitrogen in the water environment by a newly proposed replacement cost method", *Japan Agricultural Research Quarterly*, vol. 42, no. 4, 2008, pp. 285–289.

② Seo, D. K., "Social and economic evaluation of multi-functionali role of paddy farming: research on sustainability and multifunctionality of paddy farming", Report of Korea-Japan Corporative Project, 2003, pp. 70–74.

③ Kim, J. S. and Kim, D. K., "The Multifunctionality of Paddy Farming in Korea", *Paddy and Water Environment*, Vol. 4, no. 4, 2006, pp. 169–179.

④ Agus, F., Irawan, I., Suganda, H., Wahyunto, W., Setiyanto, A. & Kundarto, M., "Environmental Multifunctionality of Indonesian Agriculture", *Paddy and Water Environment*, Vol. 4, no. 4, 2006, pp. 181–188.

⑤ Chang, K. and Ying, Y. H., "External benefits of preserving agricultural land: Taiwan's rice fields", *The Social Science Journal*, Vol. 42, no. 2, 2005, pp. 285–293.

⑥ 曾伟君、李欣恩:《台湾水稻田之粮食安全及景观价值》, 载《农业经济半年刊》2005 年第 78 卷, 第 39—79 页。

⑦ Liu, C. W., Tan, C. C. and Huang, C. C., "Determination of the magnitudes and values for groundwater recharge from Taiwan's paddy field", *Paddy and Water Environment*, Vol. 3, no. 2, 2005, pp. 121–126.

续表

研究区域	评估指标	评估方法	研究者
中国台湾	稻谷经济价值、防暑降温、温室气体调节（吸收CO_2、排放CH_4）、释放O_2、BOD去除、调洪、地下水补注、减少地层下陷、休闲	市场价值法、替代成本法、旅游费用法	Liu et al.①
中国台湾	调洪、涵养水源、防止土壤侵蚀、防止地层塌陷、净化空气、净化水质、防暑降温、健康娱乐	替代成本法、条件价值法、旅游费用法	Huang et al.②
中国台湾	生产效益、粮食安全、文化遗产和农村发展、休闲景观、环境保护	条件价值法和网络分析法（Analytic Network Process）相结合	Chiueh③
中国湖南	农用化学品污染	替代成本法	向平安等④
中国上海	初级产品、温室气体调节、O_2调节、土壤有机质积累、N素转化、水调节、环境净化	市场价值法、替代成本法	肖玉和谢高地⑤
中国浙江	产品供给、氧气供给、吸收二氧化碳、温室气体排放、培肥土壤、调节温度、涵养水源	替代成本法	李凤博等⑥

---

① Liu, C. W., Zhang, S. W., Yao, H. P., Lin, K. H., and Lin, W. T., "Appraisal of Affordable Green Subsidy of Rice Paddy in Taiwan", *Paddy and Water Environment*, Vol. 8, no. 3, 2010, pp. 207 – 216.

② Huang, C. C., Tsai, M. H., Lin, W. T., Ho, Y. F. and Tan, C. H., "Multifunctionality of Paddy Fields in Taiwan", *Paddy and Water Environment*, vol. 4, no. 4, 2006, pp. 199 – 204.

③ Chiueh, Y. W., "Environmental multifunctionality of paddy fields in Taiwan—a conjunction evaluation method of contingent valuation method and analytic network procedures", *Environment and Natural Resources Research*, vol. 2, no. 4, 2012, pp. 114 – 127.

④ 向平安、周燕、江巨鳌、郑华、燕惠民、黄璜：《洞庭湖区氮肥外部成本及稻田氮素经济生态最佳投入研究》，《中国农业科学》2006年第39卷第12期，第2531—2537页。

⑤ 肖玉、谢高地：《上海市郊稻田生态系统服务综合评价》，《资源科学》2009年第31卷第1期，第38—47页。

⑥ 李凤博、徐春春、周锡跃、方福平：《稻田生态补偿理论与模式研究》，《农业现代化研究》2009年第30卷第1期，第102—105页。

5.3 稻作多功能性评价方法构建

稻作多样性产出既有市场物品，又有非市场物品，它们具有联合生产的特征。对多样性产出的价值开展评估，难点在于厘清水稻生产与其他各项非市场功能之间的物理量化关系。由于区域差异、技术问题和稻作生态系统机理研究进展等因素影响，这些物理关系并未完全知晓，可能造成评价上的精确性问题。另外，水稻生产活动所涉及的生态环境和社会功能广泛，人们对某些功能还未有所认识，开展一个全面完整的价值评估工作是难以做到的。鉴于以上认识，本文仅讨论已知的稻作主要功能的价值。在各项功能评价中，先量化功能与投入的关系，然后以替代成本法为基础，评估各项非市场功能所隐含的经济价值。

5.3.1 经济品生产

水稻生产有两种经济品产出——稻谷和秸秆。稻谷是典型的市场物品，其价值可以通过市场价格来反映。在过去，市场未能反映秸秆的经济价值，主要被用来还田以改善土壤肥力。随着秸秆经济价值不断被挖掘出来，原本没有市场价格的秸秆现在有了价格标签。因此，稻谷和秸秆的经济价值都可采用市场价值法进行计算。

$$MV_r = MV_{ur} + MV_{st} \qquad 5.1$$

$$MV_{ur} = P_{ur} \times MQ_{ur} - C_{ur} \qquad 5.2$$

$$MV_{st} = P_{st} \times MQ_{st} \qquad 5.3$$

式 5.1 – 式 5.3 中，MV_r：单位面积水稻生产经济品价值（元·hm^{-2}）；MV_{ur}：单位面积稻谷经济价值（元·hm^{-2}）；MV_{st}：单位面积秸秆经济价值（元·hm^{-2}）；P_{ur}：稻谷价格（元·t^{-1}）；MQ_{ur}：单位面积稻谷产量（t·hm^{-2}）；C_{ur}：单位面积稻谷生产成本（元·hm^{-2}）；P_{st}：秸秆价格（元·t^{-1}）；MQ_{st}：单位面积秸秆产量（t·hm^{-2}）。

5.3.2 涵养水源

与其他作物生产比较，水稻耕作期间的独特管理措施是稻田长时间保持灌水。除必要的蒸发和蒸腾外，部分田间水通过渗透到达地下水层，其余或伏流或回归江河，为下游利用。因此，稻作具有安定河流和地下水补注两项涵养水资源功能，可表示为：

$$Q_{fw} = Q_{rw} + Q_{gw} \qquad 5.4$$

Q_{fw}、Q_{rw} 和 Q_{gw} 分别表示水资源涵养量（Amount of fostering water resources）（m³）、江河安定水量（Amount of return river flow）（m³）和地下水补注量（Amount of groundwater recharge）（m³）。

地下水补注量主要与稻田面积、土壤渗透率和耕作灌水天数相关，它们之间的物理量化关系可用下式表述。

$$Q_{gw} = I \div 1000 \times A \times D_f \qquad 5.5$$

式中 I：土壤入渗率（mm·d⁻¹）；A：种植面积（10000m²）；D_f：灌水天数（d）。

江河安定水量与田间灌水深度、灌水天数、田间蒸散量、种植面积和水还原江河比例有关，量化关系可表述为。

$$Q_{rw} = (D_{fw} - E_w) \div 100 \times A \times D_f \times R_w \qquad 5.6$$

D_{fw} 表示田间灌水深度（mm·d⁻¹）；E_w 表示蒸散量（mm·d⁻¹）；R_w 表示水还原江河的比例。

由于水资源涵养功能是非市场公共物品，不能由市场机制反映其价值，我们采用 SCM 进行估算。安定江河功能相当于建造水库蓄水以维持水量稳定功能，可以地表水资源费（水库折旧和维持运行成本）替代安定江河水量的单位功能价值。地下水补注功能可视为地下水开采的折旧和维持运行成本，可用地下水资源费替代该项功能的单位价值。

$$MV_{fw} = Q_{rw} \times C_{rw} + Q_{gw} \times C_{gw} \qquad 5.7$$

C_{rw} 指地表水资源成本（元·m⁻³），C_{gw} 指地下水资源成本（元·m⁻³）。

水稻土是不同类型成土母质在人类生产活动（泡田、翻耕、排水烤田、轮作施肥等）影响下，经过水耕熟化过程形成的特殊土壤类型。按水分状况分为侧渗、爽水、囊水、漏水和滞水等五类水稻土，不同类型水稻土的水分渗漏率有差异。据马立珊等①对五类水稻土渗漏试验,稻田平均渗漏水量为 0.89mm·d^{-1}。中稻和一季晚稻稻田灌水天数一般为 120~150d,双季早稻、晚稻稻田灌水时间为 90~100d。保守估算,北方、南方②稻田平均灌水天数分别为 120 天和 100 天。水稻生长期间需要充足水分,稻田平均灌水深度约 6cm。根据卢其尧和林振耀③采用水量平衡与热量平衡的气候学方法计算中国水稻本田生长期(移栽~成熟)蒸散量的研究结果,推算出双季早稻、双季晚稻、南方中稻和北方一季稻稻田的蒸散量约 4.7mm·d^{-1}、4.7mm·d^{-1}、5mm·d^{-1} 和 6.1mm·d^{-1},我们按 5mm·d^{-1} 估算。田间渗漏水回归江河的量一般在 60% 左右。④ 各省份地表水资源成本和地下水资源成本参照国家发展和改革委员会、财政部、水利部制定的最低收费标准。⑤

5.3.3 净化水质

水稻田犹如天然净化装置,不但有吸收分解污染物的生物净化过程,而且有沉淀、吸附污染物的物理净化过程,也有氧化分解和还原分解的化学净化过程。稻田对污水净化的作用过程复杂,水质净化能力一般通过灌溉水的污染物流入浓度和流出浓度的比较来考察。台湾的研究主要评价稻田对 BOD 的去除效果⑥,但忽略了其他污染物;韩国的研究将稻谷和稻草的 N、P 含量视为水质净化效果,以及将污水处理效率看作 100%⑦,似有

---

① 马立珊、汪祖强、张水铭、马杏法、张桂英:《苏南太湖水系农业面源污染及其控制对策研究》,《环境科学学报》,1997 年第 17 卷第 1 期,第 39—47 页。
② 南方,本文取其中间值,即中稻和一季晚稻稻田灌水 130d,双季早稻、晚稻稻田灌水 95d。
③ 卢其尧、林振耀:《我国水稻田蒸散量与灌溉量的初步研究》,《南京大学学报(自然科学版)》1980 年第 1 期,第 145—159 页。
④ Kim, J. S. and Kim, D. K., "The Multifunctionality of Paddy Farming in Korea", *Paddy and Water Environment*, Vol. 4, no. 4, 2006, pp. 169 - 179; Huang, C. C., Tsai, M. H., Lin, W. T., Ho, Y. F. and Tan, C. H., "Multifunctionality of Paddy Fields in Taiwan", *Paddy and Water Environment*, vol. 4, no. 4, 2006, pp. 199 - 204.
⑤ 国家发展和改革委员会、财政部、水利部《关于水资源费征收标准有关问题的通知》(发改价格〔2013〕29 号)。
⑥ 林英杰:《关渡自然公园水稻田生态经营之环境与教育经济效益分析》,国立台湾大学生物环境系统工程学研究所硕士学位论文,2002 年。
⑦ 同④。

不妥。稻田的水质净化能力有两种，一是潜在能力，二是现实所产生的效果。潜在能力与稻田总面积有关，实际表现与污灌面积和去除效果相关。试验表明，污水进入稻田后 5~7d，悬浮物降低 75%~94%，BOD 降低 72%~97%，氨氮降低 85% 以上，磷降低 98% 以上。每公顷稻田每季可净化 7500~12000m³ 污水。① 本书采取保守估计，仅考虑稻田净化水质的实际表现，用下式来估算。

$$MV_{wp} = Q_{si} \times R_p \times C_{wp} \qquad 5.8$$

式中，MV_{wp}：单位面积稻田净化水质的价值（元·hm⁻²）；Q_{si}：污灌量（m³）；R_p：污染物去除效率（%）；C_{wp}：污水处理成本（元·m³）。

水稻生产用水由降雨和灌溉两部分组成。灌溉定额是指每单位面积稻田需要补充灌溉的水量，即（稻需水量 - 有效降雨量）+ 插秧前整地泡田用水量。中国北方地区降雨量相对少，稻田生态系统的蒸腾、蒸发和渗漏量大，因此灌溉定额高于南方。据测算中国稻区灌溉定额：南方一季稻约 300~420mm、南方双季稻约 600~860mm、北方一季稻约 400~1500mm，因南方双季稻由早稻和晚稻组成，分开来看可发现南方每季稻的灌溉定额差异不大。稻田部分灌溉水为污水，包括来自生活、工业和养殖等产生的废水，约为灌溉总面积的 7.3%。② 我们假设南方稻区和北方稻区污灌的比重相似，这样转换成污灌量约占灌溉总量的 7.3%。本文将灌溉定额取中间值，并计算污灌量，结果南方、北方每季稻分别约合 260m³·hm⁻²、690m³·hm⁻²。稻田净化水质的价值参照污水处理厂的处理成本。污水处理厂的处理成本包括：折旧、财务费用和运行成本，污水处理成本约 0.6 元·m³。③

5.3.4 蓄水调洪

　　稻田四周筑有田埂，以蓄存雨水或灌溉水供水稻生长所需。田埂好比

---

　　① 马永胜、赵冉、孙光、付勇智：《人工湿地对稻田排水净化效果的研究》，《东北农业大学学报》2009 年第 40 卷第 7 期，第 45—48 页。

　　② 刘润堂、许建中：《我国污水灌溉现状、问题及其对策》，《中国水利》2002 年第 2 期，第 123—125 页。

　　③ 原培胜：《污水处理厂处理成本分析》，《环境工程》2008 年第 26 卷第 2 期，第 55—57 页。

防洪堤坝，围埂田恰似小型水库，蓄积水的容量大，具备蓄调洪水、预防减轻洪涝灾害的功能。稻田调洪量主要与田埂高度、田间灌水深度和稻田面积相关。水稻植株高度对稻田蓄洪也有影响，株高30cm、60cm和100cm所对应的蓄水体积分别为96%、88%和70%。[①] 与其他土地利用方式比较，水稻田、旱稻田、旱地和草地蓄水能力分别为270mm、70mm、60mm和10mm[②]，稻田的防洪功效是旱田的4倍、城市区域的15倍。[③] 假设水稻栽培期间，稻株高30cm、60cm和100cm各占栽培天数的1/3，水稻田蓄洪量可以下式估算：

$$Q_{sf} = \sum \frac{1}{3} \times [(H_r - D_{fw}) \div 100 \times V_w] \qquad 5.9$$

式中，Q_{sf}：水稻田蓄洪量（m）；H_r：田埂平均高度（cm）；V_w：蓄水体积百分比（%）。

单位面积水稻田蓄水调洪的经济效益可由5.10式计算：

$$MV_{sw} = Q_{sf} \times 10000 \times C_r \qquad 5.10$$

式中，MV_{sw}：单位面积调洪效益（元·hm^{-2}）；C_r：防洪水库运行维护与折旧成本（元·m^{-3}）。中国1988~1991年水库建设投资测算蓄水成本为0.67元·m^{-3}。[④]

5.3.5 防止土壤侵蚀

经常灌水且有水稻植被覆盖的稻田的土壤侵蚀微不足道，其防止侵蚀保护土壤的功能可以与森林媲美。[⑤] 如果稻田被转变为旱地或城市用地，

---

① 张仓荣：《水田调洪功能量化分析与减灾效益之经济评估》，《水田三生功能分析及经济效益评估计划成果报告》，台北，2007。
② Kim, J. S. and Kim, D. K., "The Multifunctionality of Paddy Farming in Korea", *Paddy and Water Environment*, Vol. 4, no. 4, 2006, pp. 169–179.
③ Nishimura, N., "Environment and Human Living", *Farm Japan*, vol. 25, no. 6, 1991, pp. 20–25.
④ 薛达元：《生物多样性经济价值评估：长白山自然保护区案例研究》，中国环境科学出版社1997年版。
⑤ Agus, F., Vadari, T., Sukristiyonubowo, Hermianto, B., Bricquet, J. P. and Maglinao, A., "Catchment size and land management systems affect water and sediment yields", In *Proceedings of the 12th international soil conservation organization (ISCO) conference*, Beijing, 2002, pp. 469–475.

它的土壤渗透性将大为降低,会增加地表径流和暴露土壤的侵蚀,其土壤损失至少与一年生旱作农田一样高。稻田防止土壤侵蚀的功能可用下式计算:

$$Q_{ep} = (E_{uf} - E_{pf}) \times A \times SDR \qquad 5.11$$

式中,Q_{ep}:每年稻田土壤侵蚀减少量(t·hm^{-2});E_{uf}:每年旱田土壤损失(t·hm^{-2});E_{pf}:每年稻田土壤损失(t·hm^{-2});SDR:泥沙输移比(Sediment delivery ratio),本文设定为 0.1。[1] 不同土地利用类型,其输移比不同,农田为 0.16、林地为 0.14、草地为 0.06、建设用地为 0.22、裸地为 0.04。高明[2]应用$^{137}C_s$技术示踪红壤地区旱耕地和水稻田的土壤侵蚀,利用杨浩质量平衡模型得到 50 年以来的土壤侵蚀速率分别为:非耕地 2953t·hm^{-2}·yr^{-1}>旱耕地 960t·hm^{-2}·yr^{-1}>水稻田 840t·hm^{-2}·yr^{-1}。

水稻田防止土壤侵蚀的经济效益为:

$$V_{ep} = Q_{ep} \times C_{ep} \qquad 5.12$$

式中,MV_{ep}:稻田防止土壤侵蚀的经济效益;M_c:疏浚成本,按 6 元·m^{-3}计算。[3]

5.3.6 降温凉化

水稻栽培期间经常灌水,田间水分蒸发可调节周围空气温度。在炎热夏季,稻田蒸发潜热对周围区域起降温凉化作用,可视为冷房效应。谭智宏[4]应用卫星影像资料分析桃园、宜兰和新竹三地稻田调节气温的效果,结果显

---

[1] Agus, F., Irawan, I., Suganda, H., Wahyunto, W., Setiyanto, A. & Kundarto, M., "Environmental Multifunctionality of Indonesian Agriculture", *Paddy and Water Environment*, Vol. 4, no. 4, 2006, pp. 181 – 188; 吴楠、高吉喜、苏德毕力格、落遵兰、Driss Eannaanay、Guillermo F. Mendoza、李岱青、田美荣:《不同土地利用/覆盖情景下生态系统减轻水库泥沙淤积的服务能力与经济价值模拟》,《生态学报》2009 年第 29 卷第 11 期,第 5912—5922 页。

[2] 高明、刘磊、杨九东、钱娟、杨浩:《应用技术研究江西余县小流域不同耕地上的土壤侵蚀》,《农业环境科学学报》2007 年第 26 卷第 3 期,第 929—933 页。

[3] 苏冠群:《"疏"出一个大市场来》,《中国水利报》2007 年 6 月 12 日。

[4] 谭智宏、林庆杰:《水田于农业及都会区域温度和缓功能评估》,《水田永续经营与环境机能研讨会论文集》,台北,2005 年,第 19—32 页。

示稻田区域气温较三地区域平均气温低 3.12℃,较城市区域气温低 7.15℃。Agus[①]研究表明稻田区域气温比都市区域气温低 2℃。吴富春[②]模拟分析结果表明,夏季每公顷稻田休耕蓄水、种植水稻(灌水)、休耕不蓄水(土壤湿润)和休耕不蓄水(土壤干燥)的降温功效比为 4:1:0.27:0.11。

可将水稻种植产生的降温凉化功效视为南方稻田区域居民夏季空调致冷能耗的减少,并假设①稻田区域居民家庭每户运行 2kW·h^{-1}空调,每天开机 6h;②南方早稻田降温功能发挥 30d,中稻田和一季晚稻降温 60d,双季晚稻田降温 30d;③稻田区域比当地平均气温低 2℃左右;④空调致冷每调低 1 度,耗电量增加 6%(据估计,空调制冷时,室内温度每调低 1度耗电量大约会增加 5% ~ 8%,反之则会减少 5% ~ 8%)。那么,稻田夏季降温凉化功能可表示为:

$$Q_{es} = H_r \times D_c \times H_c \times E_{iv} \qquad 5.13$$

式中,Q_{es}:电能的节省量;H_r:稻田区域农户数,按稻田面积占耕地面积比例来代表稻田区域农户数占该地区总农户数的比例;D_c 表示降温天数,每季稻按 30d 计算;H_c 表示每天开机时间,按 6 小时计算;E_{iv} 表示稻田降温效果转化为空调降温所需能耗增加值,按降温 2℃效果计算,能耗将增加 0.25kW·h^{-1}。

将电能节省量与电价乘积,可估算稻田降温凉化功能产生的经济效益。

$$V_{ep} = Q_{es} \times P_e \qquad 5.14$$

V_{ep} 表示稻田降温凉化的经济价值,P_e 表示农村居民生活电价,估计为每度 0.58 元左右。

5.3.7 净化空气

氧气是大多数生物赖以生存的必需元素。随着工业化和人类活动影响

[①] Agus, F., Mulyani, A., "Judicious use of land resources for sustaining Indonesian rice self-sufficiency", Presented at international rice conference, 12 – 14 September 2005, Denpasar, Bali, Indonesia.

[②] 吴富春:《水田生态环境及微气候模式》,《推广水田生态环境保护及地下水涵养补注计划成果报告》,台北:农业委员会,2003。

的加剧，空气污染日趋严重，导致人类和其他生物疾病增多，地球生态系统在遭受严重危害。种植水稻在白天进行的光合作用，有助于降低空气CO_2含量，同时释放O_2，起到净化空气质量的功能。根据植物光合作用反应方程，可计算CO_2固定和O_2释放的物理量。

$$6CO_2 + 12H_2O \rightarrow C_6H_{12}O_6 + 6O_2 + 6H_2O \qquad 5.15$$

从光合作用反应式可推出，每生产1g干物质可固定1.63g CO_2，释放1.19gO_2。那么，可由稻作生态系统干物质生产量估算其光合作用过程固定的CO_2量和释放O_2的量。

$$MQ_{CO_2} = MQ_{dr} \times 1.63 \qquad 5.16$$

$$MQ_{O_2} = MQ_{dr} \times 1.19 \qquad 5.17$$

Q_{CO_2}指单位面积CO_2固定量（$t \cdot hm^{-2}$），Q_{dr}指单位面积产生的干物质量（$t \cdot hm^{-2}$），Q_{O_2}指单位面积光合作用释放的O_2量（$t \cdot hm^{-2}$）。利用水稻产量与其经济系数，可以计算水稻干物质量。水稻经济系数为0.5左右。这样，上式可变为：

$$MQ_{CO_2} = MQ_{ur} \times 3.26 \qquad 5.18$$

$$MQ_{O_2} = MQ_{ur} \times 2.38 \qquad 5.19$$

评估生态系统O_2释放的经济价值，通常采用造林成本法和工业制氧影子价格法；固定CO_2的经济价值常采用造林成本法和碳税法。应用工业制氧价格法和碳税法计算出来的数值通常高于造林成本法的估算，故采用造林成本法来评估稻作生态系统净化空气的经济效益。据分析，中国森林生态系统释放O_2的造林成本为0.36元·kg^{-1}，固定CO_2的造林成本为1.32元·kg^{-1}。[①]那么，单位面积稻作生态系统净化空气的经济价值可按下式计算：

$$MV_{CO_2} = MQ_{CO_2} \times 1320 \qquad 5.20$$

$$MV_{O_2} = MQ_{O_2} \times 360 \qquad 5.21$$

$$MV_{ap} = MV_{CO_2} + MV_{O_2} \qquad 5.22$$

MV_{CO_2}、MV_{O_2}和MV_{ap}分别表示单位面积稻作生态系统固定CO_2的经济价值、O_2释放的经济价值和净化空气的经济价值。

---

① 李文华：《生态系统服务功能价值评估的理论、方法与应用》，中国人民大学出版社2008年版，第277页。

5.3.8 景观文化[①]

水稻生产不仅孕育了独特的稻作文化，而且稻田提供美丽的乡村景观，是城市居民休闲娱乐的好去处。可采用旅行成本法，将城镇居民到稻田生态系统休闲产生的旅行费用视作其景观休闲价值。根据城镇居民农业观光费用和稻田观光占农业观光的比例，来估算稻田生态系统休闲娱乐功能价值，计算方法如下：

$$V_h = Q_v \times C_p \times R_p \qquad 5.23$$

V_h：稻田景观休闲价值；Q_v：每年国内休闲观光人次；C_p：每次每人休闲平均成本；R_p：稻田面积占所有休闲地面积比例。

5.3.9 保护生物多样性

采用条件价值法中的支付意愿调查法，根据调查数据进行加权平均来估算稻作生态系统对生物多样性保育的价值，计算方法如下：

$$V_b(WTP) = \sum_{i=1}^{n} F_{bi} B_{bi} \qquad 5.24$$

V_b 表示保护生物多样价值（亿元）；F_{bi} 表示各段投标人数的分布频率；B_{bi} 表示投标数额。

5.3.10 维护粮食安全

超过半数的中国人以稻米为主食，而作为世界上人口最多的国家，不可能依赖进口来解决稻米供给问题。中国人的稻米供给基本上需要依靠自给自足来解决。那么，维持足够数量的耕地以种植水稻对粮食安全来说是必需的。采用支付意愿调查法，根据调查数据进行加权平均来估算稻作生态系统粮食安全价值，计算方法如下：

$$V_s(WTP) = \sum_{i=1}^{n} F_{si} B_{si} \qquad 5.25$$

[①] 第4章研究结果表明，稻作景观休闲功能权重较小，而且第3章研究认为景观与文化功能有正相关关系，故可将这两项功能或产出合并为一项。

V_s 表示粮食安全价值（亿元）；F_{si} 表示各段投标人数的分布频率；B_{si} 表示投标数额。

5.3.11 温室气体排放

水稻种植期间，稻田大部分时间灌水而形成的厌氧环境，使得土壤有机物质厌氧发酵而产生温室气体CH_4。据估算，美国 1990 年温室气体排放引起气候变化所带来的环境成本为 610 亿～740 亿美元，按照当时价格，相当于美国 GDP 的 1.1%～1.5%。世界其他地区的影响成本研究表明，在发达国家可以得到类似的 GDP 百分比，而在发展中国家则可达到 GDP 的 5%。[1] 可以采用类比法来估算中国稻田 CH_4 排放的外部成本。计算方法如下：

$$C_g = R_1 \times R_2 \times R_3 \times GDP_{1990} \div A_{1990} \times A \qquad 4.26$$

C_g 是温室气体排放成本（亿元）；R_1、R_2、R_3 分别是发展中国家温室气体排放引起气候变化占 GDP 的比例（%）、排放的 CH_4 对气候变化贡献率（%）、稻田排放的 CH_4 占温室气体总排放量比例（%）；GDP_{1990} 为 1990 年中国 GDP（亿元）；A_{1990} 为 1990 年中国稻田播种面积。

5.3.12 化肥面源污染

农用化学品污染主要是指农药和化肥的施用对人体健康、农田生物、河流及渔业等造成的损害。据向平安等[2]估算，水稻生产因氮肥造成的环境经济损失分别约为 490 元·t^{-1}。可根据氮肥施用量及其外部成本估算稻田面源污染的环境损失，计算方法如下：

$$C_f = Q_{fp} \times A \times L_f \qquad 4.27$$

C_f：化肥污染成本（亿元）；Q_{fp}：单位面积稻田氮肥施用量（t）；L_f：纯氮外部成本（元·t^{-1}）。

---

[1] Houghton, J.：《全球变暖》，气象出版社 1996 年版，第 165—167 页。
[2] 向平安、黄璜、燕惠民、周燕、郑华、黄兴国：《湖南洞庭湖区水稻生产的环境成本评估》，《应用生态学报》2005 年第 16 卷第 11 期，第 2187—2193 页。

5.4 数据来源

相关水稻生产投入产出数据源自历年《中国农村统计年鉴》；乡村住户数来自《新中国农业60年统计资料》和各省（市、区）历年统计年鉴；2000~2012年旅游业数据来自历年《中国旅游业统计公报》。

保护生物多样性功能和维护粮食安全功能的价值是采用支付意愿法获得。通过问卷设计、发放、收集和数据统计等步骤来完成价值评估工作。调查对象是全国六个水稻主产区水稻种植较为集中的省份的城镇居民。① 调查采用问卷随机分发的形式，将问卷分发给调查人员所在地的城镇居民，采取面对面访谈的形式对调查对象进行访问，以便被访者对调查内容有更多的理解，保证填写质量和方便回收。2012年4月至2012年11月向19个省（自治区、直辖市）城镇居民发放调查问卷1000份，共收回有效问卷881份。通过加权平均计算，保护生物多样性功能和维护粮食安全的支付意愿期望值分别约为人均60元·yr^{-1}和67元·yr^{-1}。

5.5 评估结果与分析

5.5.1 稻作各项功能价值

本文评估了稻作面积较大②的21个省（市、区）的稻作多功能价值（图5.1~图5.21）。将单项功能价值加总，得到各省（市、区）稻作多功能价值（图5.22和图5.23）和全国稻作多功能价值（图5.24）。从不同年份和不同省份来看，1980年稻作多功能价值由大到小的省份排序为湖南、广东、江西、四川、江苏、广西、湖北、浙江、

---

① 选择城镇居民作为调查对象，源自城市反哺农村的思想。
② 除青海省以外，中国大陆其他省、直辖市或自治区都有水稻种植，但各地稻作面积差异大。考虑到小面积稻作对经济和环境的影响甚微，本文仅对2012年播种面积大于100×$10^3 hm^2$省份的稻作多功能价值开展评估。

安徽、福建、云南、贵州、河南、辽宁、上海、吉林、黑龙江、山东、陕西，而2012年的顺序变为湖南、江西、黑龙江、江苏、安徽、广西、湖北、四川、广东、云南、浙江、福建、吉林、重庆、贵州、辽宁、河南、海南、山东、陕西、上海。1980年和2012年各省份稻作面积的大小排序与其多功能价值排序一致，这表明不同地区稻作多功能价值的变化与稻作面积变化紧密相关，其多功能价值与稻作面积成正比关系，稻作面积大其多功能总价值亦大。研究认为稻作多功能价值具有如下基本特征：（1）稻作外部性价值远大于其市场物品生产价值；（2）稻作正外部性影响远高于其负外部性影响；（3）稻作的市场物品生产功能的价值并非最大，净化空气功能的价值大于市场物品生产价值；（4）涵养水源、净化水质、蓄水调洪、土壤保育等正外部性价值与稻作面积呈正相关关系，而化肥面源污染和温室气体排放对人类福祉的影响与稻作面积呈负相关关系；（5）维护粮食安全、维持生物多样性和景观文化①的功能价值呈递增趋势，这与各地人口递增和经济收入增长有关；（6）净化空气功能价值呈现波动性变化，这与不同年份稻作的生物量变化相关；（7）调节气温功能价值②也表现波动性变化，与稻作面积和地区人口变化有关；（8）稻作化肥面源污染对人类福祉损害的影响高于温室气体排放。

  本书对各项功能价值评估没有按可比价进行调整，故评估的稻作多功能价值不适于不同年份间的比较。如果扣除价格因素变动的影响，同一年份稻作面积越大其功能价值也越大。

---

① 因2000年以前的有关统计数据难以获得，以及中国的乡村旅游在本世纪以前所占旅游份额小，故文中对稻作景观文化功能的价值评估的起始年份为2000年。
② 考虑到南北方夏日气温的差异，本文将稻作的夏日降温凉化功能限于南方稻区，此项功能在北方稻区未做评估。

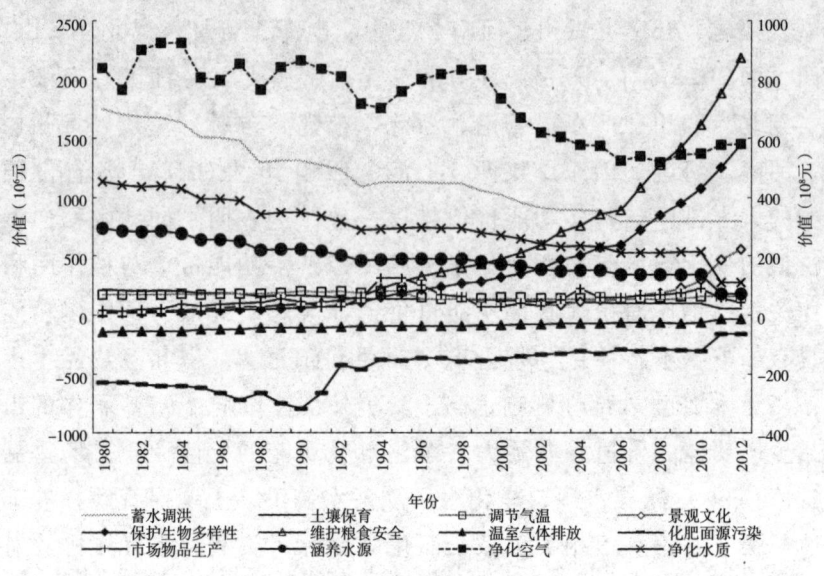

图 5-1　广东省稻作多功能价值

注：图中市场物品生产、涵养水源、净化空气的价值单元为 10^8 元，其他功能价值的单位为 10^6 元

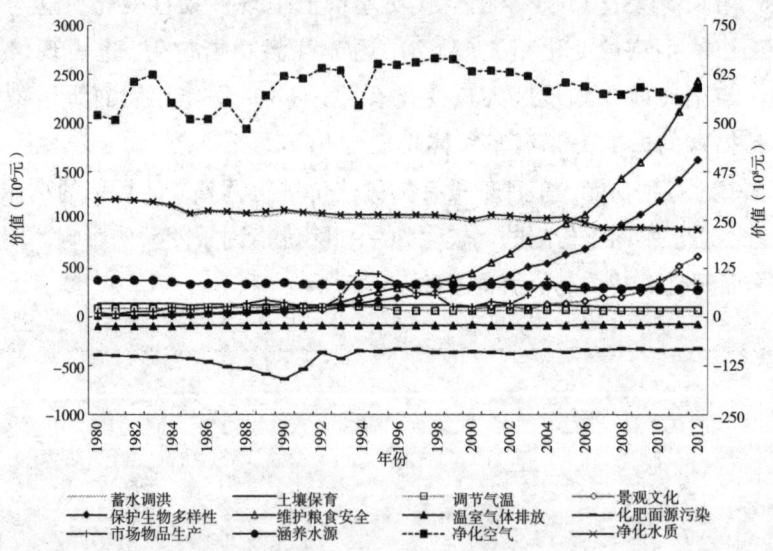

图 5-2　广西省稻作多功能价值

注：图中市场物品生产、涵养水源、净化空气的价值单元为 10^8 元，其他功能价值的单位为 10^6 元

5　多样性产出价值量化

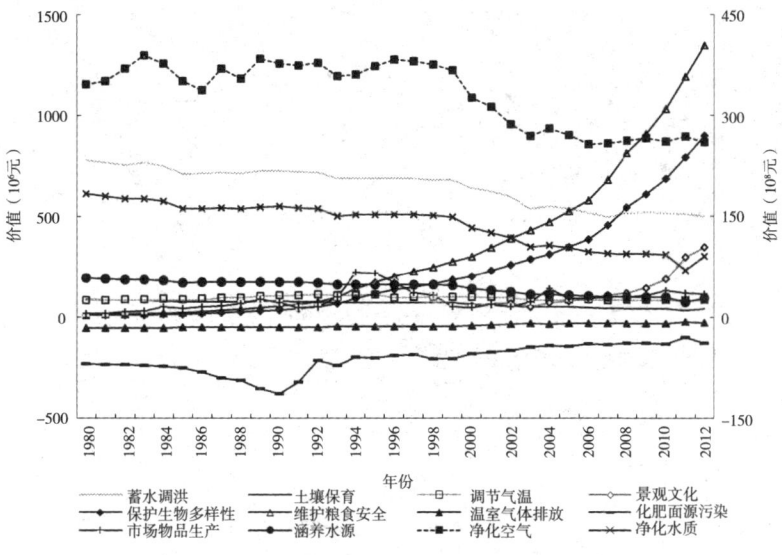

图 5-3　福建省稻作多功能价值

注：图中市场物品生产、涵养水源、净化空气的价值单元为 10^8 元，其他功能价值的单位为 10^6 元

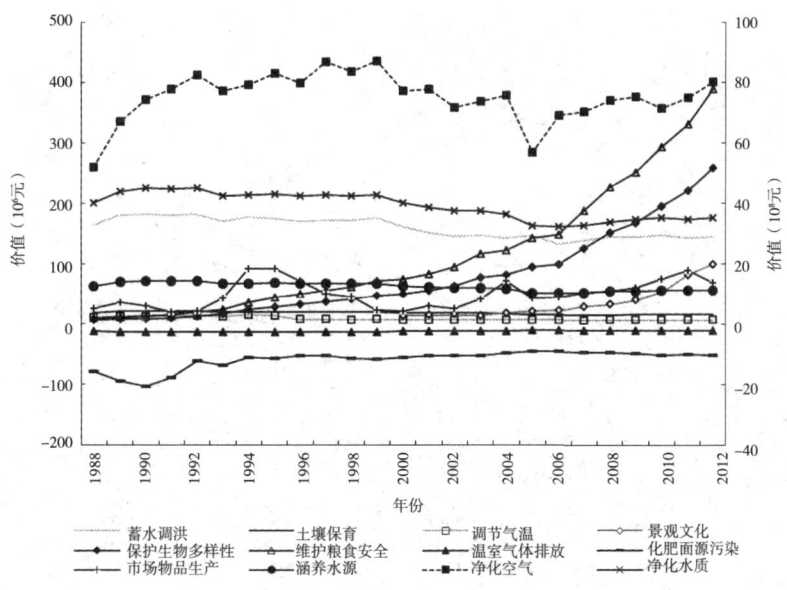

图 5-4　海南省稻作多功能价值

注：图中市场物品生产、涵养水源、净化空气的价值单元为 10^8 元，其他功能价值的单位为 10^6 元

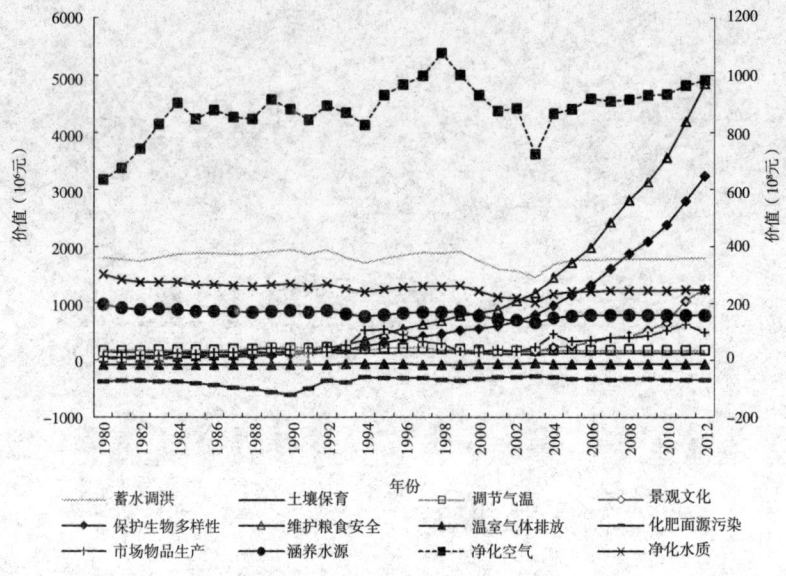

图 5-5 江苏省稻作多功能价值

注：图中市场物品生产、涵养水源、净化空气的价值单元为 10^8 元，其他功能价值的单位为 10^6 元

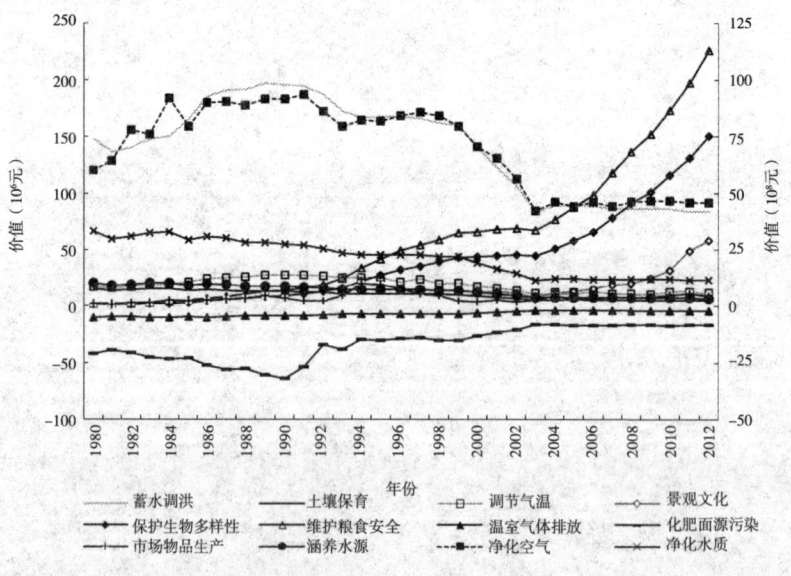

图 5-6 上海市稻作多功能价值

注：图中市场物品生产、涵养水源、净化空气的价值单元为 10^8 元，其他功能价值的单位为 10^6 元

5　多样性产出价值量化

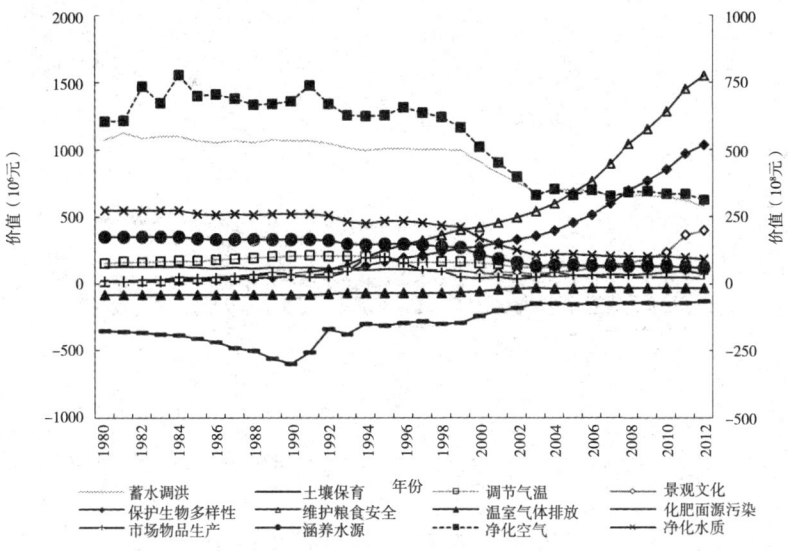

图 5-7　浙江省稻作多功能价值

注：图中市场物品生产、涵养水源、净化空气的价值单元为 10^8 元，其他功能价值的单位为 10^6 元

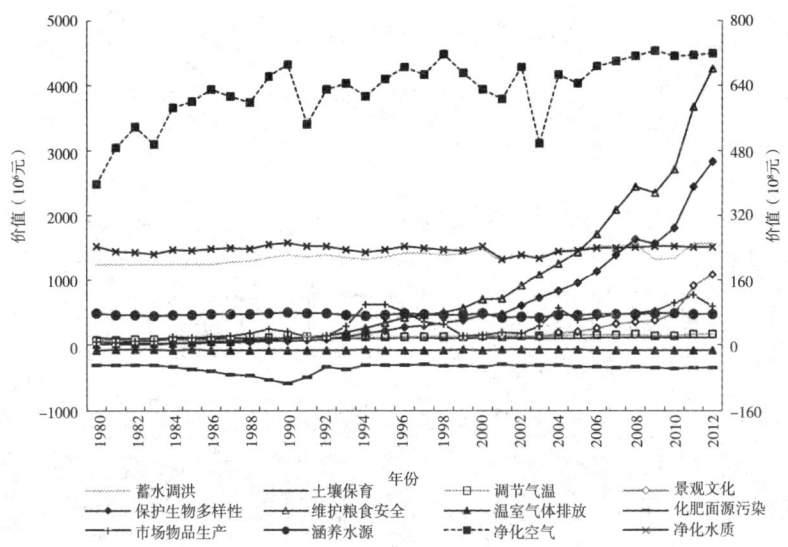

图 5-8　安徽省稻作多功能价值

注：图中市场物品生产、涵养水源、净化空气的价值单元为 10^8 元，其他功能价值的单位为 10^6 元

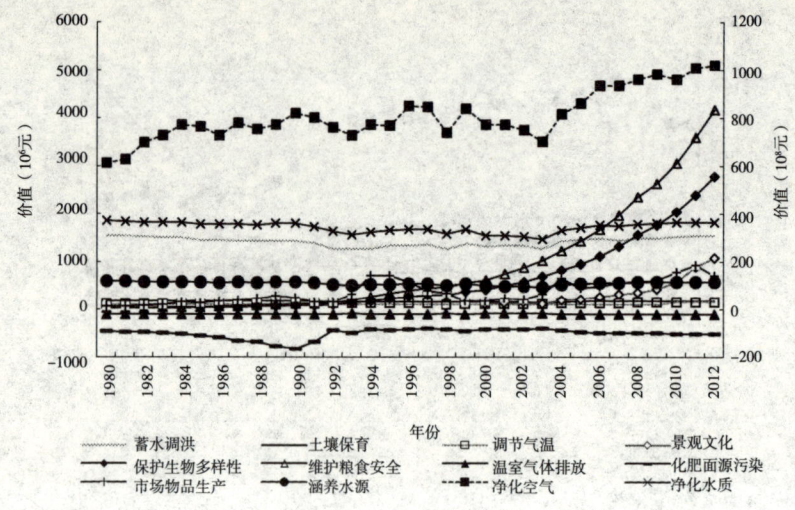

图 5-9　江西省稻作多功能价值

注：图中市场物品生产、涵养水源、净化空气的价值单元为 10^8 元，其他功能价值的单位为 10^6 元

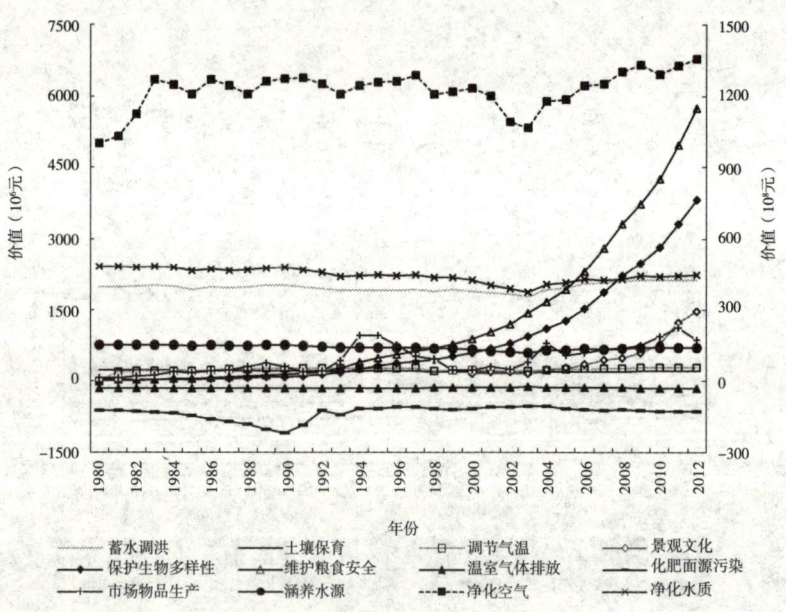

图 5-10　湖南省稻作多功能价值

注：图中市场物品生产、涵养水源、净化空气的价值单元为 10^8 元，其他功能价值的单位为 10^6 元

5 多样性产出价值量化

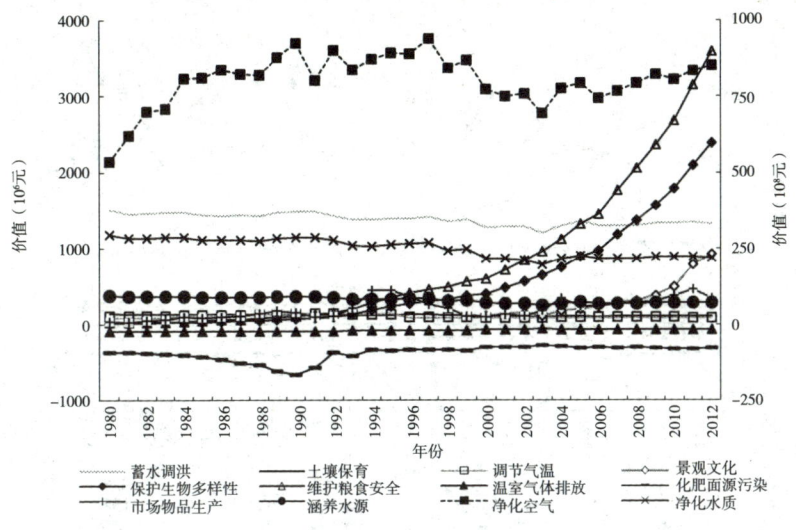

图 5-11 湖北省稻作多功能价值

注：图中市场物品生产、涵养水源、净化空气的价值单元为 10^8 元，其他功能价值的单位为 10^6 元

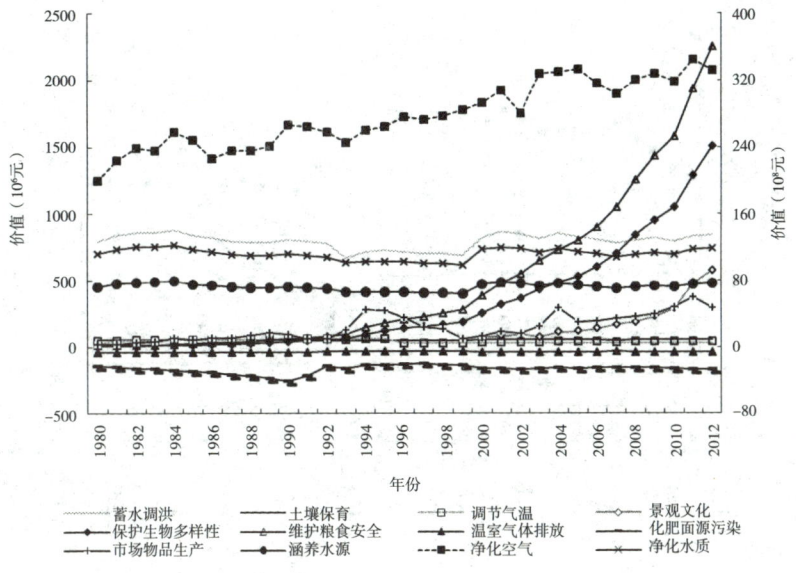

图 5-12 云南省稻作多功能价值

注：图中市场物品生产、涵养水源、净化空气的价值单元为 10^8 元，其他功能价值的单位为 10^6 元

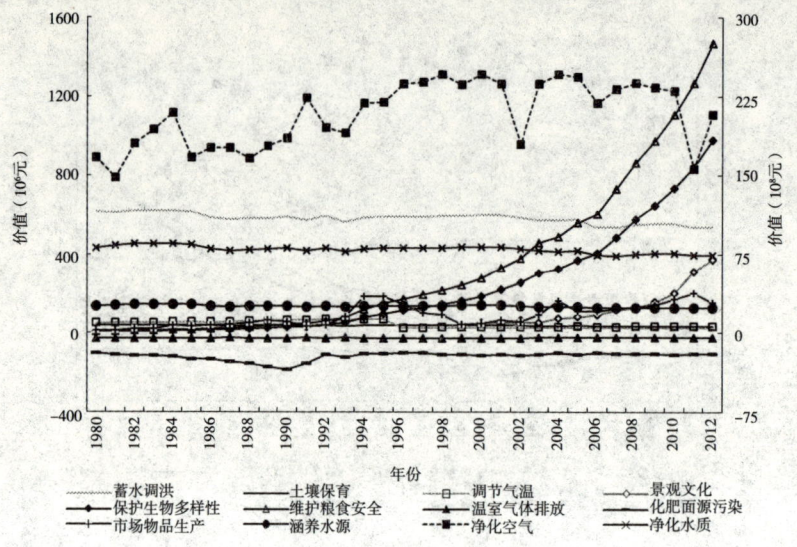

图 5-13 贵州省稻作多功能价值

注：图中市场物品生产、涵养水源、净化空气的价值单元为 10^8 元，其他功能价值的单位为 10^6 元

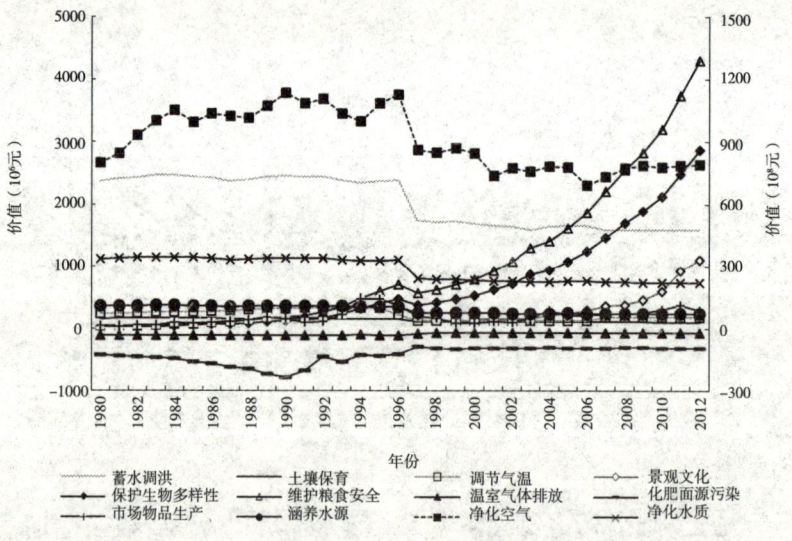

图 5-14 四川省稻作多功能价值

注：图中市场物品生产、涵养水源、净化空气的价值单元为 10^8 元，其他功能价值的单位为 10^6 元

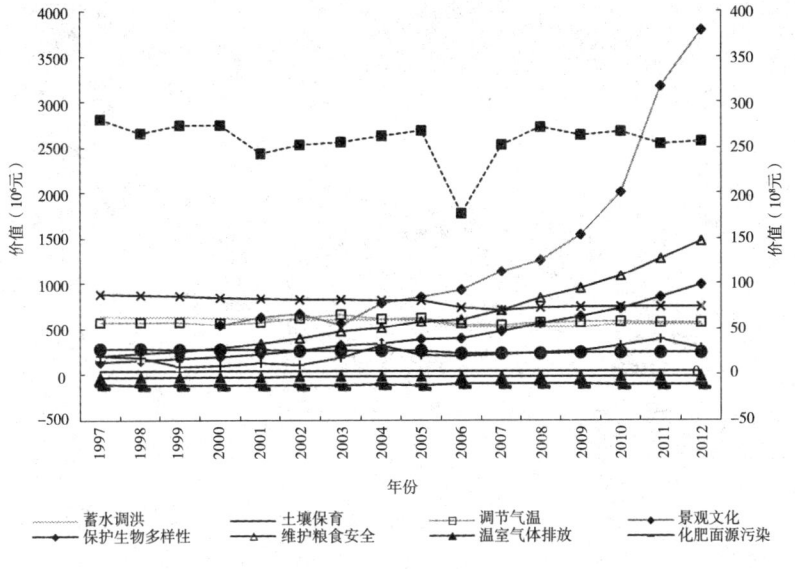

图 5-15　重庆市稻作多功能价值

注：图中市场物品生产、涵养水源、净化空气的价值单元为 10^8 元，其他功能价值的单位为 10^6 元

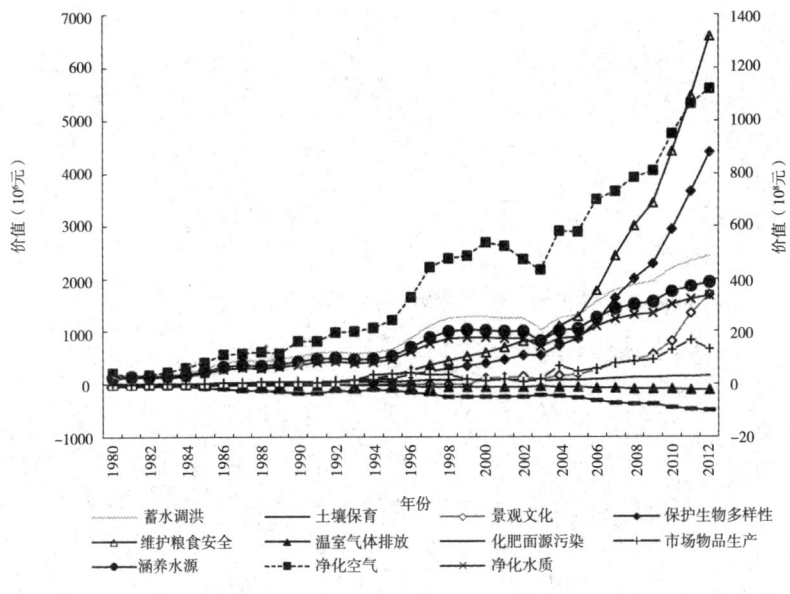

图 5-16　黑龙江省稻作多功能价值

注：图中市场物品生产、涵养水源、净化空气的价值单元为 10^8 元，其他功能价值的单位为 10^6 元

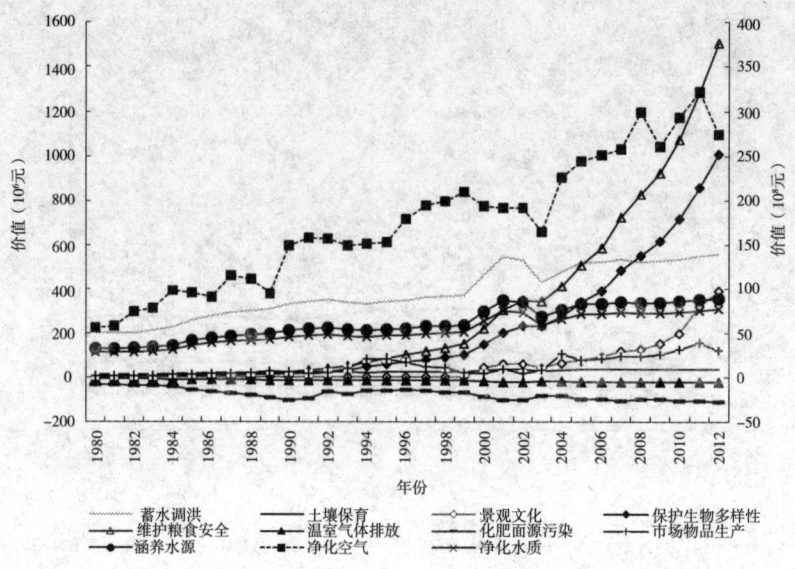

图 5-17 吉林省稻作多功能价值

注：图中市场物品生产、涵养水源、净化空气的价值单元为 10^8 元，其他功能价值的单位为 10^6 元

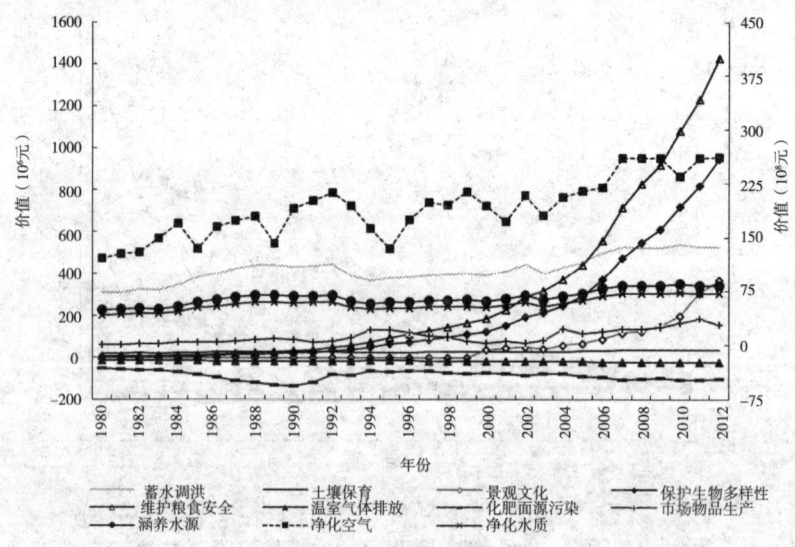

图 5-18 辽宁省稻作多功能价值

注：图中市场物品生产、涵养水源、净化空气的价值单元为 10^8 元，其他功能价值的单位为 10^6 元

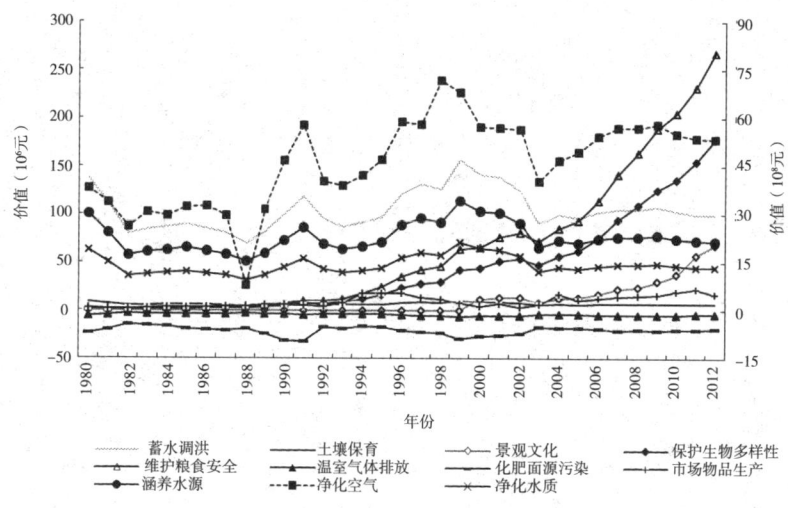

图 5-19 山东省稻作多功能价值

注：图中市场物品生产、涵养水源、净化空气的价值单元为 10^8 元，其他功能价值的单位为 10^6 元

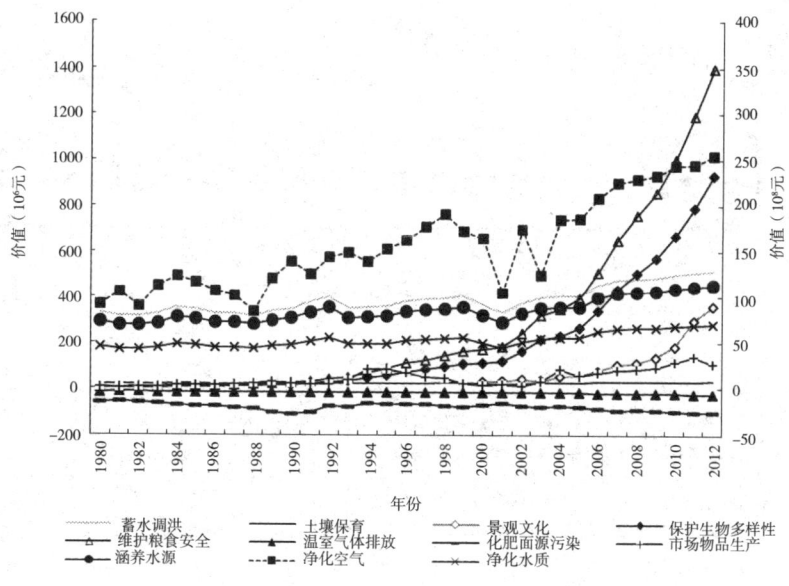

图 5-20 河南省稻作多功能价值

注：图中市场物品生产、涵养水源、净化空气的价值单元为 10^8 元，其他功能价值的单位为 10^6 元

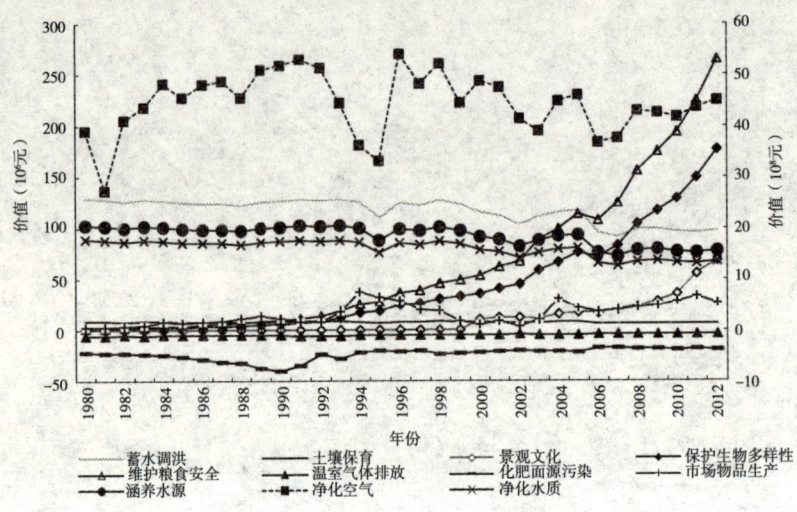

图 5-21 陕西省稻作多功能价值

注:图中市场物品生产、涵养水源、净化空气的价值单元为 10^8 元,其他功能价值的单位为 10^6 元

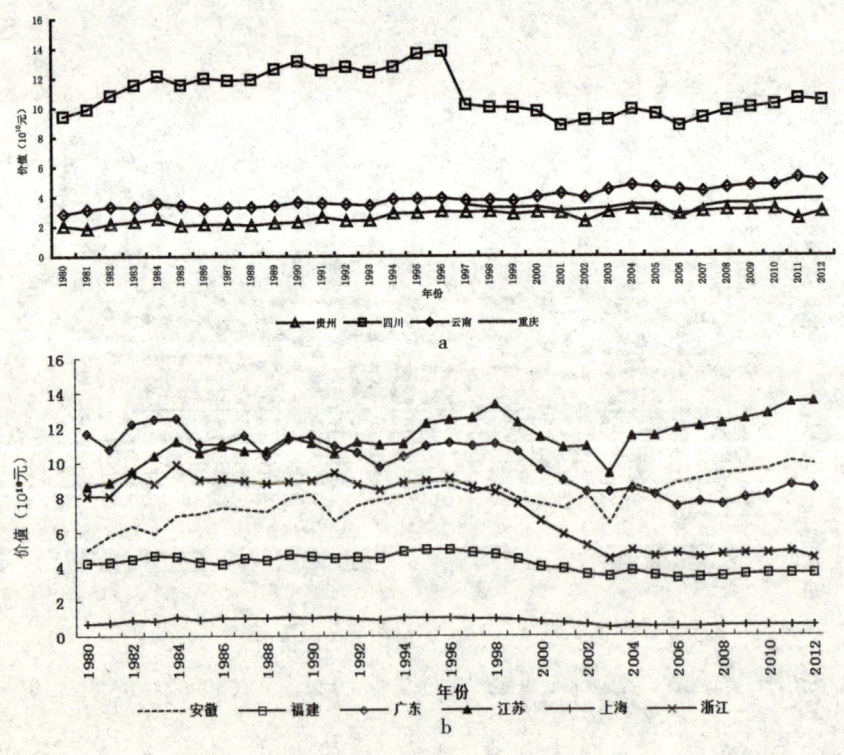

图 5-22 南方稻作农业多功能价值(一)

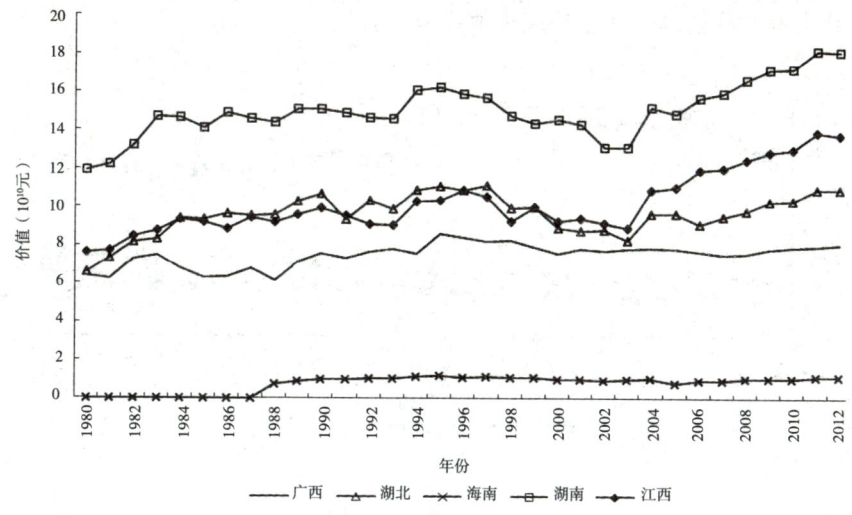

图 5-22 南方稻作农业多功能价值（二）

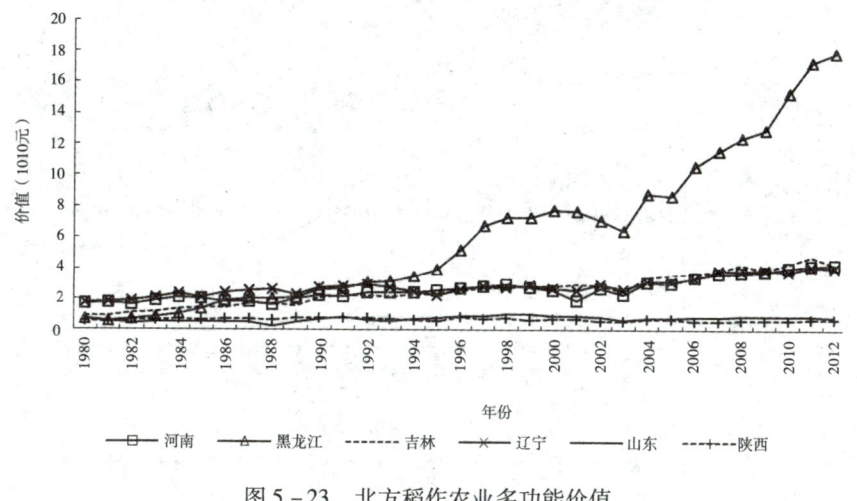

图 5-23 北方稻作农业多功能价值

5.5.2 稻作外部性价值

剔除市场物品生产价值后，剩余的就是稻作外部性价值。考察各省份稻作外部性价值（图 5.24 和图 5.25），湖南稻作的外部性价值最大，这归因于其稻作面积亦最大。各地稻作的外部性价值图与其多功能价值图的形状基本一致，这表明稻作的市场物品生产价值占多功能价值的份额小。这一结果也可从全国稻作多功能价值构成图看出（图5.26）。

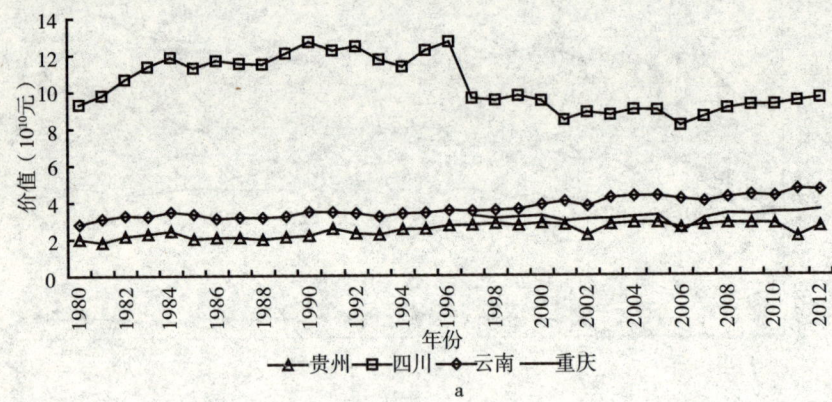

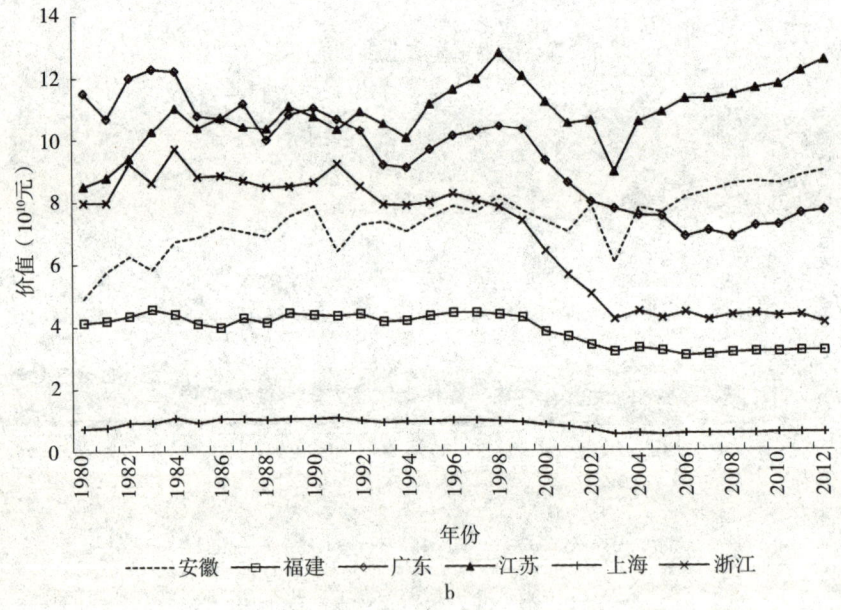

图5-24 南方稻作外部性价值

5.5.3 稻作单位面积外部性价值

1980年各省份稻作单位面积多功能价值在1.8×10^4元·hm^{-2}与3.2×10^4元·hm^{-2}之间变动，2012年在3.1×10^4元·hm^{-2}与5.6×10^4元·hm^{-2}之间变动，同年份的最小值约是最高值的1/2，1980年与2012年单位面

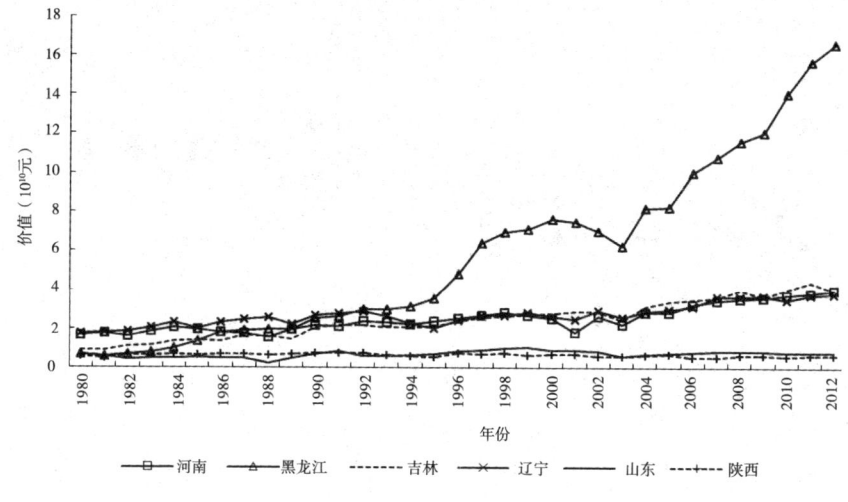

图 5-25　北方稻作外部性价值

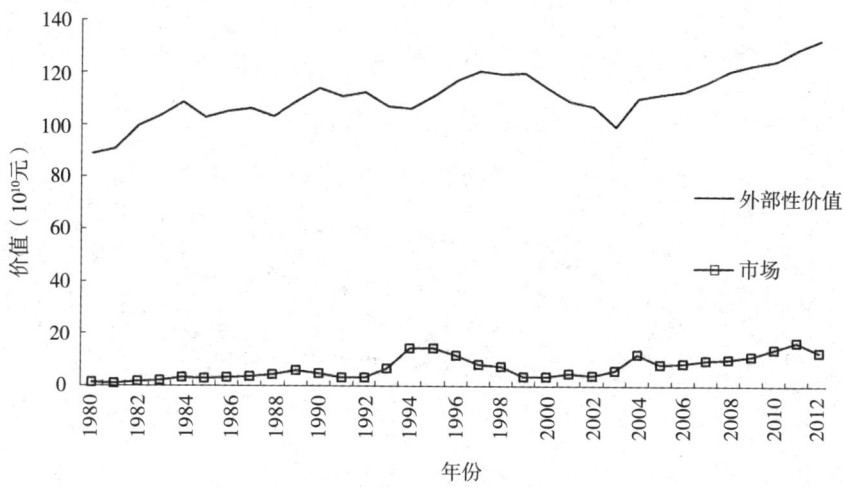

图 5-26　全国稻作多功能价值

积最小值与最大值的比例基本一致（图 5.27 和图 5.28）。南方稻作单位面积多功能价值低于北方，这主要是北方地区地下水资源价格明显高于南方，使得北方单位面积稻作涵养水源的价值显著高于南方。1980 年和 2012 年全国稻作单位面积多功能价值分别约是 2.7×10^4 元·hm^{-2} 和 4.4×10^4 元·hm^{-2}（图 5.29）。如果采用可比价格进行估算，同一省份不同年份的稻作单位面积多功能价值可能变化不大。

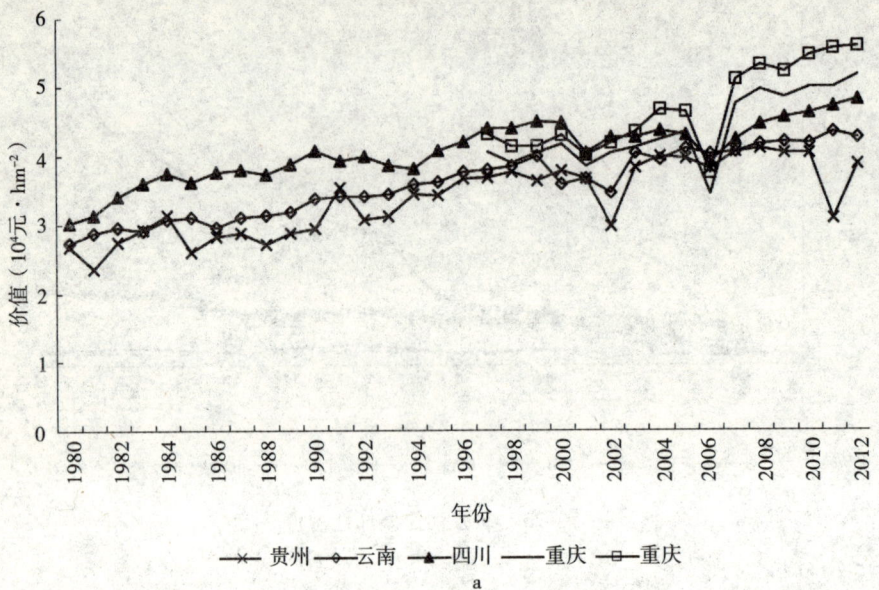

a

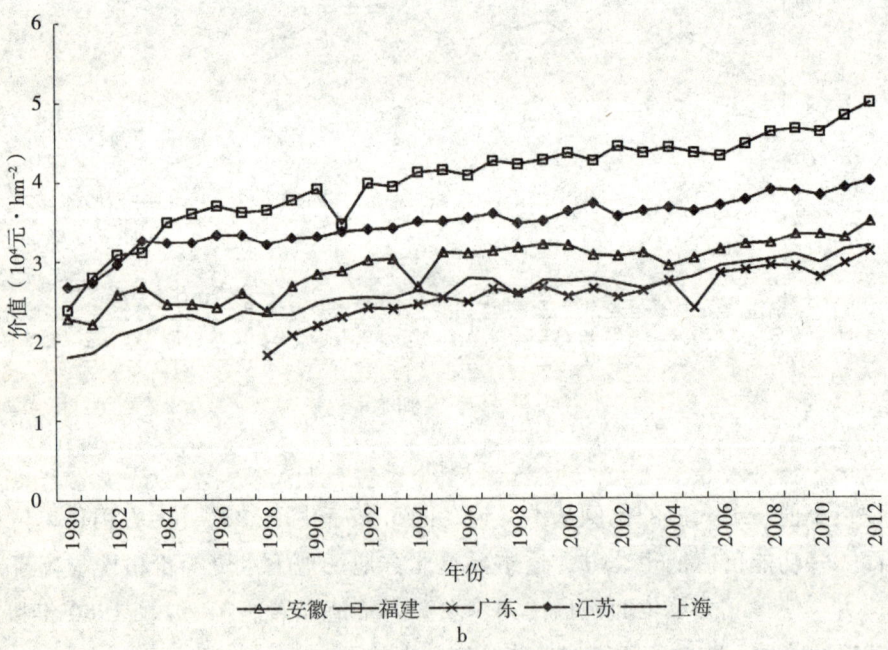

b

图 5-27 南方稻作单位面积外部性价值（一）

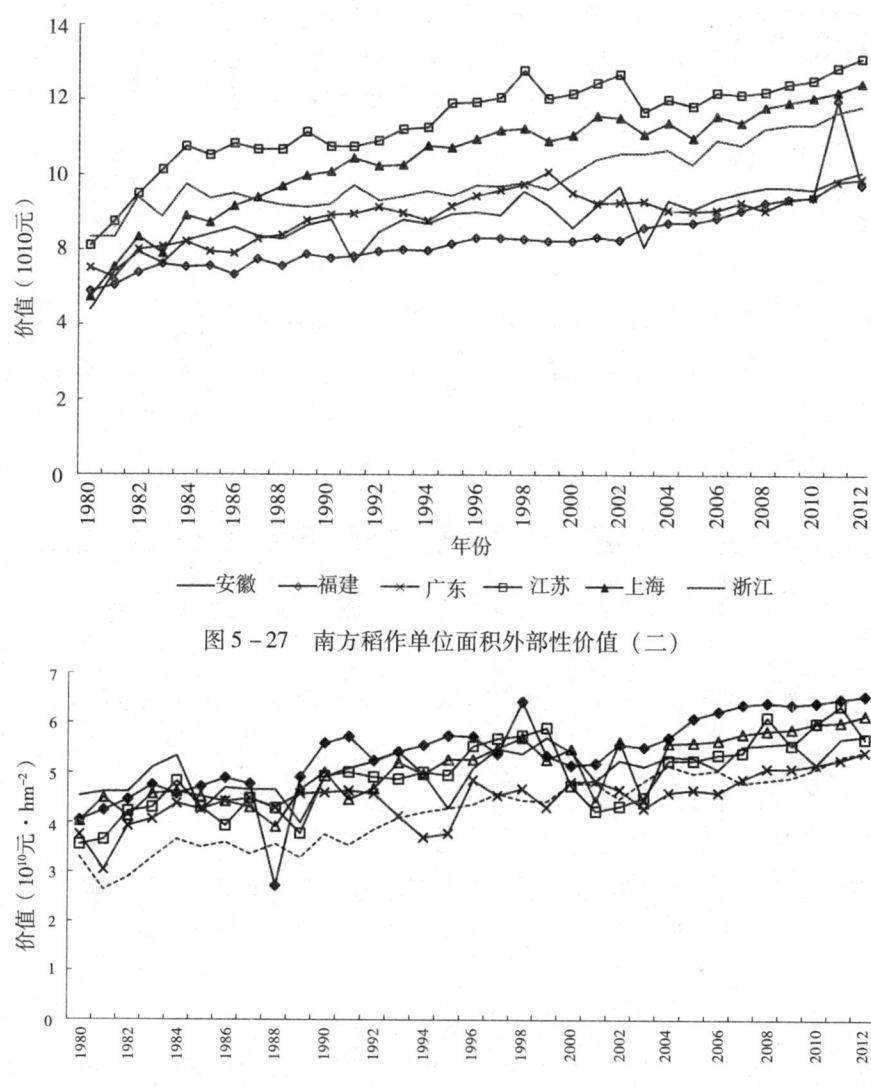

图 5-27 南方稻作单位面积外部性价值（二）

图 5-28 北方稻作单位面积外部性价值

5.5.4 与中国台湾、韩国、日本和印尼案例比较

根据文献分析结果，本文选取 6 个评价频率较高的稻作生态系统服务功能指标，与中国台湾、韩国、日本、印尼和中国另 5 个区域的稻作多功能性价值进行结果比较分析。

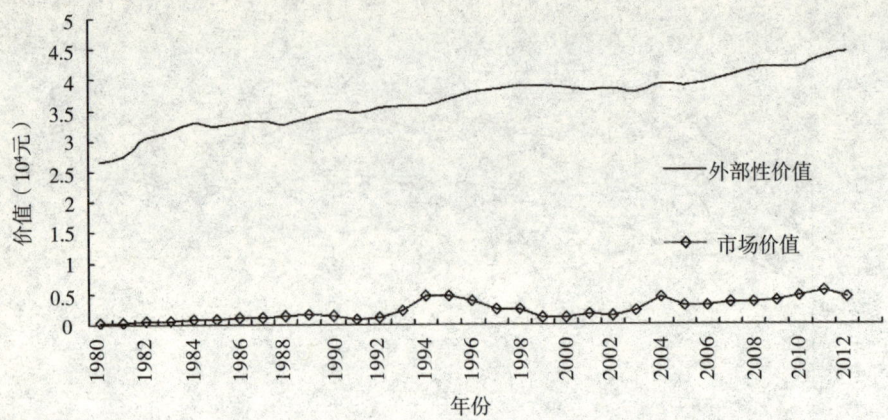

图 5-29　全国稻作农业单位面积多功能价值

表 5-2　不同区域稻作单位面积多功能价值（单位：US＄·hm^{-2}）

功能类型	研究地区				
	中国台湾①	韩国②	日本③	印尼④	中国大陆＊＊
蓄水防洪	1171	1051	5714	116	103
涵养水源	1508	1065	2558	328	728
净化空气	590	1404	20	—＊	4145
水质净化	9	486	9	5	14
土壤保育	1303	621	565	0.2	7
调节气温	2893	1023	21	27	11
总和	7474	5650	8887	476.2	5008

＊ "—"表示未评估；＊＊因中国台湾、印尼、韩国和日本的数据为 2006 年前评估价值，故中国区域是以本文 2006 年的全国平均评估价值进行比较，人民币以 2006 年 12 月 28 日中国人民银行汇率 1 美元折合 7.8 元换算成美元。

从表 5-2 可以看出：（1）稻作的蓄水调洪、涵养水源、水质净化、土壤保育、调节气温和净化空气等生态环境功能已获得学者们认同，已成

---

① Huang, C. C., Tsai, M. H., Lin, W. T., Ho, Y. F. and Tan, C. H., "Multifunctionality of Paddy Fields in Taiwan", *Paddy and Water Environment*, vol. 4, no. 4, 2006, pp. 199–204.

② Suh, D. K., "Social and economic evaluation of the multi-functional roles of paddy farming", Extension Bulletin – Food & Fertilizer Technology Center, No. 511, 2002.

③ Yoshida, K., "An Economic Evaluation of the Multifunctional Roles of Agriculture and Rural Areas in Japan", Technical Bulletin – Food and Fertilizer Technology Center, No. 154, 2001.

④ Agus, F., Irawan, I., Suganda, H., Wahyunto, W., Setiyanto, A. & Kundarto, M., "Environmental Multifunctionality of Indonesian Agriculture", *Paddy and Water Environment*, Vol. 4, no. 4, 2006, pp. 181–188.

为亚洲区域稻作多功能价值评估研究的重要内容;(2)出现各区域对同一功能所赋予价值量不同的可能原因有:研究者对功能类型价值内涵的认识和理解、评估方法和评估参照尺度等评价因素的选择存在差异,以及稻作的区域性差异;(3)区域经济发展水平高的区域,其稻作单位面积的生态环境功能价值也较高。

5.5.5 与机会生态系统比较

假设现有稻作生态系统消失,必然会有其他生态系统取而代之。稻作生态系统是为满足人类的粮食需求和稻农获利而建立的人工生态系统,稻米供给过剩或稻农利益受损都有可能减少稻作生态系统面积。如果发生这种情况,稻作生态系统最有可能被转作或城建占用或荒弃。稻作生态系统如果被机会生态系统替代,其多功能价值将发生变化,本书对常见的转作、城建占用和荒弃三种情形进行分析。

情形1—转作。稻田转作是常见的情形,通常是将稻田用于生产水果、蔬菜或其他经济作物。大多数经济作物生产不需要长期渍水,如此一来,稻田蓄水调洪、涵养水源、水质净化、降温凉化功能将大大降低,可视为丧失。土壤侵蚀速率增加,土壤保育功能将减弱。经济作物也具有净化空气功能,可假定该项无变化。农业生产都有景观功能,但价值孰大孰小可能难以确定,本文视经济作物生产与稻作生产的景观功能无变化。经济作物生产与稻作对生物多样性的影响存在差异,据日本灌溉研究所研究[1],大宫郊区的稻田生物约1600种,而同一地区的旱田仅100种左右,是稻田生物种类的1/16。稻作维护粮食安全的功能是显著的,经济作物生产在这一功能上难以与之匹敌,可视为零。考虑负外部性影响,稻作排放甲烷温室气体,经济作物几乎不排放;经济作物生产的化肥使用量约为稻作的2.5倍[2],其面源污染影响大于稻作。

---

[1] Kim, J. S. and Kim, D. K., "The Multifunctionality of Paddy Farming in Korea", *Paddy and Water Environment*, Vol. 4, no. 4, 2006, pp. 169 – 179。

[2] 2012年全国水稻生产的化肥用量为320kg·hm^{-2},烤烟、甘蔗、桑蚕茧、苹果、柑、桔和蔬菜的化肥用量分别为529 kg·hm^{-2}、873 kg·hm^{-2}、605 kg·hm^{-2}、903 kg·hm^{-2}、997 kg·hm^{-2}、927 kg·hm^{-2}和698 kg·hm^{-2}。数据来自国家发展和改革委员会价格司编著、由中国统计出版社出版的《全国农产品成本收益资料汇编2013》。

情形2——城建占用。这种情况主要发生在城市周围，是城市扩张的结果。稻田变成水泥地，这不仅意味着稻田生态系统的多样性功能损失殆尽，而且还会破坏土壤结构。当然，不再从事水稻生产也就不会产生化肥面源污染和甲烷排放。城建用地的多功能价值可视为零。

情形3——荒芜。在经济落后，劳动力外出务工多的山区农村，这种情形发生较常见。稻田荒弃后，不仅随季节变化的稻田美景不再，而且田埂失修会令稻田涵养水源、蓄水调洪、水质净化、降温凉化的功能丧失。其保护生物多样性功能的价值相当于旱地，显性的维护粮食安全功能价值降为零（其潜在价值存在）。考虑到稻田荒芜后，田间长满杂草，其吸收CO_2和释放O_2的功能依旧存在，故其净化空气的功能受到影响较小。稻田荒芜后，原来的化肥面源污染和甲烷等温室气体排放的影响也随之消失。

综上所述，可将稻作、经济作物、城建和荒芜四种生态系统的外部性功能变化列入表5－3。

表5－3 稻作、经济作物、城建和荒芜四种生态系统的外部性功能比较

	稻作	经济作物	城建	荒芜
蓄水调洪	+	−	−	−
涵养水源	+	−	−	−
水质净化	+	−	−	−
降温凉化	+	−	−	−
净化空气	+	+	−	+
土壤保育	+	(+)	−	−
景观文化	+	+	−	−
保护生物多样性	+	(+)	−	(+)
维护粮食安全	+	−	−	−
化肥面源污染	+	+	−	−
甲烷排放	+	−	−	−

注：表中"+"表示具有功能，"（+）"表示功能弱化，"−"表示功能丧失。

本文以2012年为例，评估以上四种生态系统的外部性价值，结果

见表 5-4。

表 5-4 稻作、经济作物、城建和荒芜四种生态系统的多功能价值（单位：元·hm^{-2}）

	稻作	经济作物	城建	荒芜
蓄水调洪	795	0	0	0
涵养水源	5651	0	0	0
水质净化	107	0	0	0
降温凉化	72	0	0	0
净化空气	34209	34209	0	34209
土壤保育	50	0	0	0
景观文化	551	551	0	0
保护生物多样性	1134	71	0	71
维护粮食安全	1697	0	0	0
化肥面源污染	-154	-385	0	0
甲烷气体排放	-34	0	0	0
总计	44078	34446	0	34280

注：因土壤保育功能计算式是以旱地为参照对象，故此处经济作物生产的土壤保育功能价值为 0。

从表 5-4 可知，如果稻田转作或城建占用或荒芜，其每年的外部性价值将分别损失 9632 元·hm^{-2}、44077 元·hm^{-2} 和 9798 元·hm^{-2}。稻田种植经济作物与稻田荒芜的外部性价值损失差异小，但荒芜后其外部性价值损失稍大。

5.6 讨论

（1）本书根据国内外对稻作多样性功能的研究成果，选取了学者们比较认同的主要功能作为稻作多功能性评价指标。除了本书评估的指标外，还有诸如土壤固碳、科研教育、就业保障等生态功能和社会功能未纳入评价，因此，本书对稻作多功能效益评价结果只是一些主要功能的价值评估。一些指标未纳入分析主要是因为学者们对这些功能的认识有争议，还未获得一致认同，例如对稻田是碳源还是碳汇存在不同看法。全面评价稻作功能，实非易事，需要评价方法的完善，以及对功能的全面清晰的认识，只有具备这些条件方能开展系统全面的评价。

（2）本书主要采用较为普遍使用的替代成本法作为估算方法，对稻作的市场经济效益和外部效益进行了评价。由于目前国内外对外部效益的评价方法还无标准可循，现有的每一种评价方法都存在不同的缺陷，本书所主要采用的替代成本法也不例外。替代成本法因替代物品（方案）的选择易受研究者主观因素影响，往往会因替代对象的不同选择，造成评价结果存在较大差异问题。但是，替代成本法容易计算的优势是其他方法所不具备的，而且替代物品的选择通常存在多种选择方案，在实践中受到多数研究者的偏爱。如果替代物品的选择得当，其评价结果还是容易获得社会的接受。本书在选择替代方案时虽力求客观，但难免受到替代的可获性和可操作性困扰，对非市场服务评价结果不能像市场物品那样可以价格精确反映，只能是大致的估算。本文对稻作非市场服务评价过程中发现，即使根据国内外不同案例所选取的具体方法相同，但采用的评估参数不同，也会使评估结果差异明显。这些现象表明，非市场物品和服务的价值评价具有较强的主观性，研究者对方法的偏好可能影响评价结果的客观度。

（3）从评估结果来看，气温调节功能价值却呈现持平或有小幅度上升的态势，而在物理量上气温调节功能应随着播种面积减少而降低，出现这一现象，与该功能价值评价方法有关。本书采用的方法有农户数量这一参数，近些年来研究区域农村人口和农户数量在增加，也就使得享用气温调节功能的人数有所增加，人们对气温调节功能的总效用评价将上升。因此，如果从效用理论来理解该评价结果，是说得过去的。

（4）在开展服务功能价值量化工作中，限于评估参数的难以获得，以至于有些参数使用的是全国平均值，可能影响了结果的精确性，但是大致事实应该是得到了反映。

（5）以往对生态系统多功能性或生态系统服务的评价研究，都没有考虑设置机会生态系统作为比较参照，类似于在经济核算时未考虑机会成本。本书认为一种生态系统的存在，必然是以牺牲另一种生态系统为代价，故在评价生态系统服务功能或多功能性时，应该核算其机会成本。生态系统服务价值与其机会成本之差才是某种生态系统对人类福祉的贡献。

5.7 小结

本文在分析国内外稻作多功能价值评估案例基础上，建立了中国稻作多功能价值评估体系，并对 21 个省份的稻作开展了多功能价值的时间序列评估。评价结果表明：

（1）稻作的外部性价值远大于其市场物品价值，约是市场物品价值的 2 倍或是市场物品生产所获净利润的 10 倍左右；（2）稻作正外部性影响远高于其负外部性影响；（3）涵养水源、净化水质、蓄水调洪、土壤保育、净化空气和调节气温等正外部性价值与稻作面积呈正相关关系，维护粮食安全、维持生物多样性和景观文化的功能价值与各地人口递增和经济增长呈正相关关系，负外部性价值与稻作面积呈负相关关系；（4）研究者对功能认识、评估方法和评估参数的不同，以及稻作功能的区域差异，是稻作多功能价值的不同研究出现结果差异的主要影响因素；（5）与稻田转作或城建占用或荒芜相比较，稻作外部性价值分别要高 9632 元·hm^{-2}、44077 元·hm^{-2} 和 9797 元·hm^{-2}。

稻作外部性价值高于其机会生态系统的外部性价值，这是稻作对人类福祉的贡献，然而，这些价值并未在市场得到体现，存在市场失灵。纠正市场扭曲，将外部性内在化，需要政府进行干预。建议政府对稻作进行生态补偿，以激励稻农继续从事稻作生产和开展可持续经营。鉴于目前中国政府对征用稻田没有顾及稻田生态系统服务功能损失的事实，建议政府对建设占用稻田的行为收取 44000 元·hm^{-2}·yr^{-1} 的生态补偿费，以减少经济开发活动对稻田生态系统的损害。

6 投入产出的热力学分析

多功能价值量化评估结果表明,稻作的非市场价值超过了其市场价值。因非市场价值评估技术的主观性存在,其评估结果可能受到一些质疑。揭示性偏好法是利用可观察到的市场现象来评价非市场产出,常会因替代选择不同使结果产生较大差异。陈述性偏好法常因主观性使其结果的有效性和可靠性受质疑。如何客观评价农业生态系统的投入产出仍然需要进一步探讨。本章应用基于热力学基础的能值分析方法,以湖南这一中国主要水稻生产区为例,进一步评价稻作生态系统的投入与产出,并将研究结果与上一章的量化评估结果进行比较。

6.1 能值分析基本原理

经济学家通常用市场货币价值来衡量财富和效率,但市场难以反映自然环境对人类福祉的贡献,故货币价值对真实财富和效率的衡量存在缺陷。科学家们一直在寻找能衡量和比较真实财富的方法。生态系统的组成及其功能都涉及能量的流动、转换和储存,故能量可以衡量生态系统和生态经济系统各种功能和作用。但是不同类别和来源的能量具有质的差别,难以进行比较,常使能量分析限于困境。[①]

能值分析方法(Emergy analysis)是由 H. T. Odum 于 20 世纪 80 年代创立的生态系统定量分析方法。Odum(1987)将能值(Emergy)定义为一流动或储存的能量所包含另一类别能量的数量,称为该能量的能值。因任何能量均始于太阳能,太阳能值(Solar emergy)适宜衡量某一能量的能

[①] 蓝盛芳、钦佩、陆宏芳:《生态经济系统能值分析》,化学工业出版社 2002 年版,第 2 页。

值,其单位为太阳能焦耳(Sej)。将不同类别和等级的能量转换成能值,以能值为基准,可以衡量和比较不同能量的真实价值及其在生态经济系统中的贡献。将能量转换为能值是通过能值转换率(Solar transformity)得以实现。能值转换率是表示不同能量的能质,即单位能量或物质包含的太阳能值的数量。能量的能质越高,其能值转换率也越高,表明该能量的等级越高。生态经济系统的能量流,是从数量多能质低的等级向能质高数量少的等级转化流动,故能值转化率随着能量等级的提升而增加。以Odum为首的科学家从地球作用的角度出发,已经换算出生态系统主要能量类别的太阳能值转化率。为了探讨各种能流在系统中的贡献,可以将能值转换成宏观经济价值即能值与能值/货币比率(系统的全年能值投入总量除以当年货币循环量)的比值来分析。能值分析可以将能量流、物质流和货币流进行换算,并可以建立反映生态经济效率的综合指标体系,比如能值投资率、净能值产出率和环境负载率等。

能值分析以能值来衡量自然与人类社会所创造的财富,是连接生态学与经济学的桥梁,为人们客观认识世界提供了新思路和新方法。能值理论的问世,引起了国际学术界的高度关注,各国学者纷纷运用能值分析方法对各类生态系统开展研究。以往运用能值分析法对稻作生态系统的研究主要集中在系统的结构效率、生态经济效益和可持续性等方面。阮忠信等[1]运用能值方法对比分析了台湾与哥伦比亚的四个不同耕作类型的水稻生产的生态经济价值。席运官和钦佩[2]开展了稻鸭共作有机农业模式与稻麦常规生产模式的比较研究,发现稻鸭共作有机农业模式更具生态和经济效益。杨海龙等[3]对贵州省从江县小黄村糯禾—鱼、糯禾单作、杂交稻—鱼、杂交稻单做两个系统、四个处理的农业资源投入的能值流及构建的能值指标进行了对比分析,认为稻鱼生态系统更具可持续竞争力。以往的研究并

---

[1] 阮忠信、罗雅铃、谭智宏:《应用能值分析方法评估台湾水田多样性功能之价值》,《2008水田文化与科学研究成果发表会》第35—50页。

[2] 席运官、钦佩:《稻鸭共作有机农业模式的能值评估》,《应用生态学报》2006年第17卷第2期,第237—242页。

[3] 杨海龙、吕耀、闵庆文、张丹、焦文珺、何露、刘珊、孙业红:《稻鱼共生系统与水稻单作系统的能值对比——以贵州省从江县小黄村为例》,《资源科学》2009年第31卷第1期,第48—55页。

未将稻作生态系统的非市场服务纳入能值分析，仅对自然和生产要素投入与经济产出进行了能值分析。本章尝试将稻作非市场服务纳入能值分析范围。

6.2 研究区域与方法

6.2.1 研究地区

湖南位于长江中游江南地带，地处 $108°47'E \sim 114°15'E$，$24°38'N \sim 30°08'N$，全省面积 $2118 \times 10^4 hm^2$，其中耕地面积 $379 \times 10^4 hm^2$。湖南地处大陆性亚热带季风湿润气候，光、热、水资源丰富，年日照时数为 $1300 \sim 1800h$，太阳辐射量为 $86 \sim 109 kcal \cdot cm^{-2}$，年平均气温在 $16 \sim 18℃$ 之间，年平均降水量在 $1200 \sim 1700mm$ 之间。适宜水稻种植的气候资源和悠久的栽培历史，让湖南成为了中国最主要的水稻生产省份，其稻谷产量约占全国总产量的13%。自改革开放以来，湖南稻作面积从1980年的 $4412.3 \times 10^3 hm^2$ 下降到2012年的 $4095.1 \times 10^3 hm^2$。究其原因，可能与稻作经济比较效益下降有关。[①]

6.2.2 研究方法

（1）资料收集

通过文献汇整和调查来收集与湖南稻作生态系统相关的自然环境和经济等各种资料。本文经济投入和产出的原始数据来源于《2013 湖南统计年鉴》[②] 和《全国农产品成本收益资料汇编2013》。[③]

（2）绘制系统能量图

稻作生态系统的能量输入包括可更新环境资源、不可更新环境资源、工业辅助能和有机能等，能量输出形式除稻谷和秸秆等市场产品外，还提

---

① 将在第七章分析。
② 湖南省统计局：《2013 湖南统计年鉴》，中国统计出版社2013年版。
③ 国家发展和改革委员会：《全国农产品成本收益资料汇编2013》，中国统计出版社2013年版。

供非市场服务,主要包括水调节、气体调节、气温调节、保护生物多样性、景观和面源污染,这些非市场服务既有正外部性影响,也有负外部性影响。应用能量系统语言绘制包括系统主要组分、组分关系、能物流、货币流等流向的能量系统图。图 6.1 为常见的稻作生态系统的能量图。矩形大方框表示系统边界和范围,系统的左边为自然对系统的投入,主要是太阳、雨、风;系统上方为人类社会对系统的不可更新工业辅助能的投入,主要包括化肥、农药、农膜和机械,及可更新有机能的投入,主要包括畜力、种子和劳力;系统右边为系统的产出,主要包括市场物品和非市场服务。

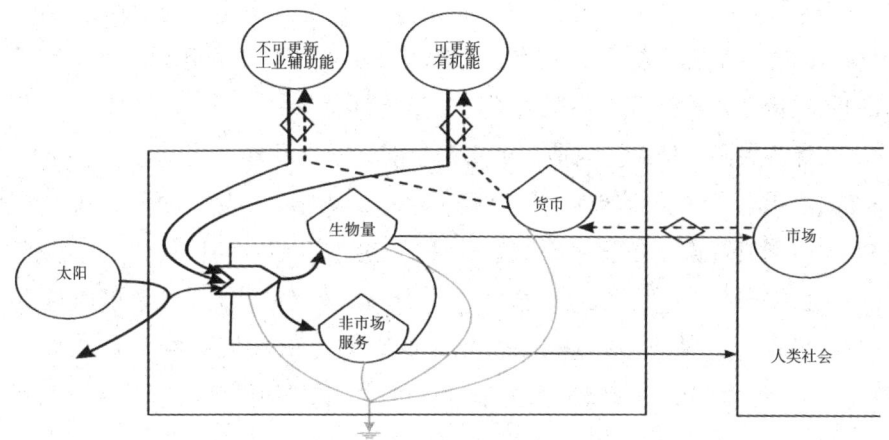

图 6.1　稻作农业系统图

(3) 编制能值分析表

首先,根据能量系统图列出系统主要能量输入和输出项目。然后,计算各类资源能量流的原始数据,能量、物品和货币流分别以 J、kg 和 ¥ 为单位。再将各类别能量和物质转化成共同的能值单位,计算其相应的能值-货币价值。能值分析表包括项目名称、原始数据、太阳能转换率、太阳能值和能值货币价值等五项内容。太阳能、风能、雨水化学能、雨水势能、地球循环能、表土净损失能和产品的能量计算方法如下:

① 太阳能 = 水稻种植面积 × 太阳平均辐射量

② 风能 = 风力平均高度 × 密度 × 涡流扩散系数 × 风速梯度变化率 × 水稻种植面积

③ 雨水化学能 = 水稻种植面积 × 年降雨量 × 密度 × 吉布斯自由能

④ 雨水势能 = 水稻种植面积 × 年降雨量 × 平均海拔 × 密度 × 重力加速度

⑤ 地球循环能 = 水稻种植面积 × 热通量

⑥ 表土层净损失能 = 水稻种植面积 × 侵蚀率 × 流失土壤中有机质含量 × 有机质能量

⑦ 市场物品能量 = 能量折算系数 × 年产量（或投入量）

稻谷、畜力、农膜、农业机械动力的能量折算来自朱玉林[①]研究成果，劳动力的能量折算系数参照蓝盛芳和钦佩研究结果[②]，农用电、秸秆和甲烷的能量折算系数出自《中国能源统计年鉴2013》。[③]

在计算太阳能值时，风能、雨水化学能、雨水化学势能、表土层净损失能、农用电、地球旋转能、复合肥、氮肥、磷肥、钾肥、农药、水和甲烷的太阳能值转换率数据来自蓝盛芳等[④]，劳力、稻谷和秸秆的太阳能值转换率数据来自Lan[⑤]，农膜、畜力、种子和农业机械动力的太阳能值转换率数据来自朱玉林[⑥]，氧气和二氧化碳的太阳能值转换率数据来自李海涛[⑦]，污水的太阳能值转换率数据来自李敏。[⑧] 本文的能值基准是9.44E + 24sej。[⑨] 2012年美元兑换人民币的汇率为6.3。

[①] 朱玉林：《基于能值的湖南农业生态系统可持续发展研究》，中南林业科技大学博士学位论文，2010年。

[②] 蓝盛芳、钦佩、陆宏芳：《生态经济系统能值分析》，化学工业出版社2002年版。

[③] 国家统计局能源统计司：《中国能源统计年鉴2013》，中国统计出版社2013年版。

[④] 同②。

[⑤] Lan, S. F., Odum, H. T and Liu, X., "Emergy flow and emergy analysis of the agroecosystems of China", *Ecology Science*, vol. 17, no. 1, 1998, pp. 32 – 39.

[⑥] 同①。

[⑦] 李海涛、许学工、肖笃宁：《基于能值理论的生态资本价值——以阜康市天山北坡中段森林区生态系统为例》，《生态学报》2005年第25卷第6期，第1383—1390页。

[⑧] 李敏、张小洪、李远伟、张鸿、赵敏、邓仕槐：《基于能值的污水处理系统环境影响分析》，《应用生态学报》第2013年第24卷第2期，第488—496页。

[⑨] Odum H T, "Brown M T, Brandt - Williams S. 2000", *Introduction and Global Budget. Folio # 1. Handbook of Emergy Evaluation.* Center for Environmental Policy, University of Florida, Gainesville.

6 投入产出的热力学分析

本章对稻作生态系统的非市场产出的能值核算方法如下。

① 水调节

a. 蓄水调洪。因有田埂结构，稻田恰似小型水库，具有蓄水调洪功能。稻田调洪量主要与田埂高度、田间灌水深度和稻田面积相关。水稻植株高度对稻田蓄洪也有影响，株高30cm、60cm 和100cm 所对应的蓄水体积分别为96%、88%和70%。[①] 假设水稻栽培期间，稻株高30cm、60cm 和100cm 各占栽培天数的1/3，水稻田蓄洪量（m^3）= Σ1/3 [（田埂平均高度 − 田间灌水深度）×稻田面积×蓄水体积百分比]。稻田田埂平均高度约26cm，田间日常平均水深为4.5cm。水的密度为1E+6g·m^{-3}，吉布斯自由能为4.94J·g^{-1}。

稻田蓄水调洪功能的能值（sej）= 稻田蓄洪量（m^3）×水的密度（g·m^{-3}）×吉布斯自由能（J·g^{-1}）×水的能值转换率（sej·J^{-1}）。

b. 涵养水源。与其他作物生产比较，水稻耕作期间的独特管理措施是稻田长时间保持灌水。除必要的蒸发和蒸腾外，部分田间水通过渗透到达地下水层，其余或伏流或回归江河，为下游利用。因此，稻作具有安定河流和地下水补注两项涵养水资源功能。地下水补注量 = 稻田土壤水分的入渗率×水稻种植面积×稻田淹水的生育天数。稻田土壤水分的入渗率为0.00089m·d^{-1}[②]，稻田淹水的生育天数按100d 估算。江河安定水量 =（田间灌水深度 − 蒸散量）×水稻种植面积×稻田淹水的生育天数×田间水回归江河比例。稻田蒸散量为0.005m·d^{-1}[③]，田间水回归江河比例为60%。

涵养水源功能能值（sej）= 涵养的水量（m^3）×水的密度（g·m^{-3}）×吉布斯自由能（J·g^{-1}）×水的能值转换率（sej·J^{-1}）。

c. 净化水质。中国南方稻区的灌溉定额一季稻约300~420mm，双季稻约600~860mm。稻田部分灌溉水为污水，包括来自生活、工业和养殖

[①] 张仓荣：《水田调洪功能之量化分析与减灾效益之经济评估》，《水田三生功能分析及经济效益评估计划成果报告》，台北：行政院农业委员会，2007年。

[②] 马立珊、汪祖强、张水铭、马杏法、张桂英：《苏南太湖水系农业面源污染及其控制对策研究》，《环境科学学报》1997年第17卷第1期，第39—47页。

[③] 卢其尧、林振耀：《我国水稻田蒸散量与灌溉量的初步研究》，《南京大学学报（自然科学版）》1980年第1期，第145—159页。

等产生的废水,约为灌溉总面积的 7.3%。[①] 本章将灌溉定额取中间值,每季稻田污灌量约合 $260m^3 \cdot hm^{-2}$。净化水质的总量 = 稻田种植面积×单位面积污灌量×污染物去除率。污染物去除率约为 70%。

净化水质功能的能值 = 净化水质的总量 (m^3) ×水的密度 ($g \cdot m^{-3}$) ×吉布斯自由能 ($J \cdot g^{-1}$) ×污水的能值转换率 ($sej \cdot J^{-1}$)。

② 气体调节

a. 固碳释氧。水稻植株通过光合作用吸收 CO_2 释放出 O_2,起到净化空气的作用。二氧化碳固定量 = 水稻干物质量×1.19×1.357。释放氧的量 = 水稻干物质量×1.19。水稻的干物质量 = 稻谷产量/水稻经济系数。水稻经济系数为 0.45~0.55,取中间值 0.5。[②]

净化空气功能能值 = 释放氧的量 (g) ×氧的能值转换率 ($sej \cdot g^{-1}$) +固定二氧化碳的量 (g) ×二氧化碳的能值转换率 ($sej \cdot g^{-1}$)。

b. 排放 CH_4。稻田 CH_4 排放是农业甲烷排放的主要排放源之一,稻田甲烷的排放量为 $1.3 kghm^{-2} d^{-1}$。[③] 本文按稻田排放甲烷的天数为 100d 估算。那么稻田的甲烷排放量 (kg) = 100×1.3×稻田种植面积。

甲烷排放的能值 = 稻田的甲烷排放量 (m^3) ×甲烷的能量折算系数 ($J \cdot m^{-3}$) ×甲烷的能值转换率 ($sej \cdot J^{-1}$)。

③ 降温防暑

根据 Yoshida 研究,水稻种植期间的稻区气温比周围城镇低约2℃,那么可将稻区的降温效果看成是农村家庭节省空调降温的效益[④],本文假设夏季需降温效果的天数为 30d 左右,每天需降温时间为 6h。据估计,空调制冷时,室内温度每调低1度耗电量大约会增加 5%~8%。假设农户空调的功率平均为 $2kw \cdot h^{-1}$,按降温2℃效果计算,稻作生态系统的降温效应

---

① 刘润堂、许建中:《我国污水灌溉现状、问题及其对策》,《中国水利》2002 年第 10 期,第 123—125 页。

② 秦钟、章家恩、骆世明:《稻鸭共作系统生态服务功能价值的评估研究》,《资源科学》2010 年第 32 卷第 5 期,第 864—872 页。

③ 李迎春、林而达、甄晓林:《农业温室气体清单方法研究最新进展》,《地球科学进展》2007 年第 22 卷第 10 期,第 92—96 页。

④ Yoshida, K. "An Economic Evaluation of The Multifunctional Role of Agriculture and Rural Areas in Japan", Technical bulletin 5, 2001, pp. 1–9.

大约是节约电能 0.25kw·h⁻¹。因此农村家庭节省空调降温的用电量（kwh） = 湖南稻田面积占耕地面积比例 × 本省农户数 × 30 × 6 × 0.25。

气温调节能值（sej） = 农村家庭节省空调降温的用电量（kwh） × 电的能量折算系数（J·kwh⁻¹） × 电的能值转换率（sej·J⁻¹）

④ 土壤保育

与旱地比较，稻田土壤的流失较低，旱耕地的流失速度每年约 960t·hm⁻²，而水稻田约 840t·hm⁻²。① 农田泥沙输移比约 0.1。② 可将土壤流失减少视为稻田的土壤保育功能。

稻田土壤保育的能值 = （旱耕地的土壤流失速度 – 水稻田的土壤流失速度）（t·hm⁻²） × 泥沙输移比 × 稻田面积（hm²） × 土壤能值转换率（sej·g –1）

⑤ 提供栖息地和景观

稻田及其设施为一些野生动物提供栖息地，而且稻作生态系统随着季节的更替形成优美的景观，使人心情愉悦。这两项功能难以用替代成本法评价，本文采用当量因子法进行估算。生态服务价值当量因子是指生态系统产生的生态服务的相对贡献大小的潜在能力，定义为1hm² 农田生产粮食的平均产量。农田生物多样性保护的当量因子为 0.71，景观愉悦的当量因子为 0.01。③ 那么，提供栖息地的能值 = 稻谷产量（t） × 0.71 × 稻谷能量折算系数（J·t⁻¹） × 稻谷能值转换率（sej·J –1），景观功能的能值 = 稻谷产量（t） × 0.01 × 稻谷能量折算系数（J·t⁻¹） × 稻谷能值转换率（sej·J⁻¹）。

⑥ 化肥面源污染

为了提高水稻的产量，稻农通常会使用化肥，而化肥的大量使用会对土壤、水体和气体造成污染。2010 年湖南稻田化肥施用量达到 265.2kg·

---

① 高明、刘磊、杨九东、钱娟、杨浩：《应用技术研究江西余县小流域不同耕地上的土壤侵蚀》，《农业环境科学学报》2007 年第 26 卷第 3 期，第 929—933 页。

② Agus, F., Irawan, I., Suganda, H., Wahyunto, W., Setiyanto, A. & Kundarto, M., "Environmental Multifunctionality of Indonesian Agriculture", *Paddy and Water Environment*, Vol. 4, no. 4, 2006, pp. 181 – 188；吴楠、高吉喜、苏德毕力格、落遵兰、Driss Eannaanay、Guillermo F. Mendoza、李岱青、田美荣：《不同土地利用/覆盖情景下生态系统减轻水库泥沙淤积的服务能力与经济价值模拟》，《生态学报》2009 年第 29 卷第 11 期，第 5912—5922 页。

③ 谢高地、鲁春霞、冷允法、郑度、李双成：《青藏高原生态资产的价值评估》，《自然资源学报》2003 年第 18 卷第 2 期，第 189—196 期。

hm^{-2}，已超过国际公认的化肥施用安全上限 $225kg \cdot hm^{-2}$。[①] 稻田化肥环境污染的能值计算主要是对氮肥施用过程中产生的温室气体 NH_3、N_2O、NO_x 以及使地表水富营养化的硝态氮进行计算。

化肥污染的能值 = $\sum$ [氮肥污染物剂量（kg）×单位污染物剂量引致的生命损害年数（$yr \cdot kg^{-1}$）×单位劳动力的年能值消费量（sej）。对于氮肥污染物产生剂量方面，NH_3、N_2O、NO_x 分别按照占施氮量的 5%、0.167% 和 0.15% 计算[②]，径流损失中硝态氮比例按 0.67 估算。[③] NH_3、N_2O、NO_x 及硝态氮单位污染物剂量引致的生命损害年数分别为 $5.10E-5$、$4.00E-6$、$6.79E-5$ 和 $3.05E-5$。[④] 单位劳动力的年能值消费量取 $9.35E+13sej$。[⑤]

(4) 分析能值指标

在运用能值分析各类系统时，可以获得一系列能值综合指标。这些指标既可以综合反映生态系统的结构、功能与效率，又可以反映环境资源的价值及人类社会经济的发展状况。本文主要考察非市场产出的能值核算对评价结果的影响，故选取能值产出率（Emergy yield ratio, EYR）和可持续指标（Emergy sustainability index, ESI）来评估系统的产出效率。

① 能值产出率（EYR）为系统产出能值与经济反馈（输入）能值之

[①] Norse, D., "Fertilizers and World Food Demand Implications for Environmental Stress", In IFA – FAO Conference, *Global Food Security and The Role Sustainable Fertilization*, Rome, 2003, pp. 1 – 13；王如松、周传斌：《中国生态卫生建设的潜力、挑战与对策》，《生态学杂志》2008 年第 27 卷第 7 期, 第 1200—1206 页。

[②] Crutzen, R. J., "Atmospheric interactions in homogeneous gas reactions of C, N and S containing compounds", In Bolin B, Cook R B (eds), *The Major BiogeochemicalCycles and Their Interactions*, New York: *Wiley and Sons*, 1983, pp. 67~112; Bouwman, A. F., "Soils and the Greenhouse Effect", New York: Wiley and Sons, 1990, pp. 575; Dong, Y. S., Scharffe, D., Domroes M, Qi, Y. and Zhang, S., "N_2O emissions from agricultural soils in the North China Plain: The effect of chemical nitrogen fertilizer and organic manure", *Journal of Environmental Science*, vol. 12, no. 4, 2000, pp. 463 – 468; Xiong, Z. Q., Xin, G. X. and Zhu, Z. L., "Nitrousoxide and methane emissions as affected by water, soil and nitrogen", *Pedosphere*, vol. 17, no. 2, 2007, pp. 146 – 155.

[③] Legg, J. O. and Meisinger, J. J., "Soil nitrogen budgets" In Stevenson, E. J. (eds), *Nitrogen in Agricultural Soils*, American Society of Agronomy, Crop Science Society of America, Soil Science Society of America, Madison W. I., 1982, pp. 503 – 566.

[④] 赖力、黄贤金、王辉、董元华、肖思思：《中国化肥施用的环境成本估算》，《土壤学报》2009 年第 46 卷第 1 期, 第 63—69 页。

[⑤] Odum, H. T., "Environmental accounting: emergy and environmental decision making", New York: John Wiley and Sons, 1996.

比，是衡量系统产出对经济贡献大小的指标，能值产出率越高，表明系统生产出来的产品能值（产出能值）越高，即系统的生产效率越高。[①]

② 基于能值分析的可持续发展指数（ESI）为净能值产出率（EYR）和环境负载率（Environmental Load Ratio，ELR）之比，表示系统的能值可持续利用程度，其数值越大代表该系统对来自自然系统中可更新资源的需求比例较高，其可持续性越高。[②] 环境负载率是系统不可更新资源投入能值总量与系统能值投入总量之比。

6.3 结果与分析

6.3.1 能值的投入产出

2012年湖南稻作生态系统的总能值投入为 2.55E+22sej，总能值产出为 6.55E+22sej（表6-1）。在投入结构中，自然资源对该系统的能值投入为 2.05E+21sej，占总能值投入的 8.4%，人类社会对该系统的能值投入为 2.34E+22sej，占总能值投入的 91.76%。这表明湖南稻作生态系统属于开放程度较高的系统，受人类社会投入的影响较大。人类社会对系统的能值投入分为不可更新的工业辅助能和可更新的有机能，分别占系统总能值投入的 39.8%、52%。不可更新的工业辅助能的能值投入中，按比重大小排序，依次为化肥、农药、农业机械动力、农膜。化肥的能值投入占总能值投入的 12.9%，表明湖南稻作对化肥的依赖度较高。可更新的有机能的能值投入中，按比重大小排序，依次为劳动力、畜力、种子。劳动力的能值投入占总能值投入的 51%，这是因为湖南的水稻生产过程很少使用大型机械，主要还是以人力耕作为主，整地、育苗、插秧、施肥、田间管理等生产环节都需要投入劳动力。

在产出构成中，市场物品的太阳能值是 2.33E+22sej，非市场服务的太阳能值是 4.22E+22sej。非市场产出中，正外部性产出的太阳能值约为 4.15E+22sej，负外部性产出的太阳能值约为 7.55E+20sej，正外部性远

---

① 蓝盛芳、钦佩、陆宏芳：《生态经济系统能值分析》，化学工业出版社2002年版。
② 阮忠信、罗雅铃、谭智宏：《应用能值分析方法评估台湾水田多样性功能之价值》，《2008水田文化与科学研究成果发表会》第35—50页。

高于负外部性影响。能值产出结果表明，稻作生态系统非市场服务的太阳能值是市场物品能值的近 1.81 倍。如果不考虑其非市场产出，稻作生态系统对人类福祉的贡献就会被低估。

6.3.2 能值指标分析

① 能值产出率。能值产出率反映的是系统能值投资的回报率，即每单位人类社会系统的能值投入能够换得多少能值产出。2012 年湖南稻作生态系统包含非市场产出和不包含非市场产出的能值产出率分别是 2.8 和 1.0（表 6-2）。很显然，包含非市场产出的能值产出率要高于不包含非市场产出的能值产出率。已往的能值分析中，能值产出率通常不核算非市场产出的影响。如果不考虑稻作的非市场产出，意味着人类社会投入 1EM¥ 仅获得 1.0EM¥ 收益。而如果增加考量稻作的非市场产出项目，则 1EM¥ 投入的收益是 2.8EM¥，是前者 1.0EM¥ 收益的 2.8 倍。可见，因市场不能反映稻作非市场产出造成的市场失灵，低估了稻作的生态经济效益和对人类福祉的贡献。

② 基于能值分析的可持续发展指标。可持续发展指标反映的是系统的可持续发展状况，是能值产出率与环境负载率（Environment Load Ratio，ELR）之比。环境负载率是系统不可更新资源能值投入总量与可更新资源能值投入总量的比例。从可持续发展指标的表达式可以看出，在投入能值不变的情况下，决定可持续发展指标大小的是能值产出。以前的有关能值分析文献，在计算可持续发展指数时未考量系统非市场产出的影响，有可能低估或高估可持续发展度。随着全球资源环境日益恶化，人们逐渐认识到非市场产出价值评估的重要意义和必要性。[①] 2012 年湖南稻作生态系统

[①] Stapleton, L. M., Young, S. D. and Crout, N. M. J., "Have missing markets for ecological goods and services affected modelling of terrestrial C and N fluxes?", *Ecological Modelling*, vol. 179, no. 4, pp. 569 - 574; Sakuyama, T., "A decade of debate over non - trade concerns and agricultural trade liberalisation: convergences, remaining conflicts and a way forward", International Journal of Agricultural Resources, *Governance and Ecology*, vol. 4, no. 3 / 4, pp. 203 - 215; Agus, F., Irawan, I., Suganda, H., Wahyunto, W., Setiyanto, A. & Kundarto, M., "Environmental Multifunctionality of Indonesian Agriculture", *Paddy and Water Environment*, Vol. 4, no. 4, 2006, pp. 181 - 188; Yoshida, K. "An Economic Evaluation of The Multifunctional Role of Agriculture and Rural Areas in Japan", Technical bulletin 5, 2001, pp. 1 - 9.

包含非市场产出和不包含非市场产出的可持续发展指标分别是 3.4 和 1.2（表 6-2），前者是后者的近 2.83 倍。可持续发展指标高，反映出湖南稻作生态系统的能值产出高和对可更新资源需求高的特征。

表 6-1 2012 年湖南稻作生态系统能值投入与产出

项目	原始数据	太阳能值转换率（sej/J 或 g）	太阳能值（sej）	能值货币价值
能值投入				
可更新环境资源投入				
太阳（J）	6.07E+19	1	6.07E+19	1.25E+07
风（J）	8.42E+11	1.50E+03	1.26E+15	2.61E+02
雨水化学能（J）	1.10E+17	1.80E+04	1.98E+21	4.10E+08
雨水势能（J）	7.45E+16	1.00E+04	7.45E+20	1.54E+08
小计			1.98E+21	4.10E+08
不可更新环境资源投入				
表土层净损失能（J）	2.33E+15	7.40E+04	1.72E+20	3.56E+07
人类社会的能值投入				
复合肥（g）	5.44E+11	2.80E+09	1.52E+21	3.15E+08
氮肥（g）	4.23E+11	3.80E+09	1.61E+21	3.32E+08
磷肥（g）	3.27E+10	3.90E+09	1.28E+20	2.64E+07
钾肥（g）	5.87E+10	1.10E+09	6.46E+19	1.33E+07
农膜（J）	2.77E+08	3.80E+08	1.05E+17	2.18E+04
农药（g）	5.92E+10	1.60E+09	9.47E+19	1.96E+07
农业机械动力（J）	8.99E+13	7.50E+07	6.74E+21	1.39E+09
畜力（J）	9.68E+14	1.46E+05	1.41E+20	2.92E+07
种子（J）	3.00E+15	3.59E+04	1.08E+20	2.23E+07
劳力（J）	3.41E+16	3.80E+05	1.30E+22	2.68E+09
小计			2.34E+22	4.83E+09
能值产出				
稻谷（J）	4.26E+17	3.59E+04	1.53E+22	3.16E+09
秸秆（J）	2.97E+17	2.70E+04	8.02E+21	1.66E+09

续表

项目	原始数据	太阳能值转换率（sej/J 或 g）	太阳能值（sej）	能值货币价值
蓄水调洪（J）	3.69E+16	41068	1.52E+21	3.13E+08
涵养水源（J）	5.04E+17	41068	2.07E+22	4.28E+09
净化水质（J）	3.68E+15	8.60E+05	3.16E+21	6.54E+08
排放 CH_4（J）	−1.57E+16	4.80E+04	−7.54E+20	−1.56E+08
固碳释氧（g）			6.41E+21	1.32E+09
提供栖息地（J）	3.03E+17	35900	1.09E+22	2.25E+09
景观（J）	4.26E+15	35900	1.53E+20	3.16E+07
降温防暑（J）	1.24E+15	8.00E+04	9.92E+19	2.05E+07
化肥面源污染（J）			−9.13E+17	−1.89E+05
总投入			2.55E+22	5.27E+09
总产出			6.55E+22	1.35E+10

* 因甲烷排放和化肥污染都贡献于地球生态系统破坏，有损人类福祉，故本文将其能值产出和能值货币符号标为"−"。

表 6−2　湖南稻作生态系统主要能值指标（2012 年）

能值指标	表达式	数值
可更新环境资源	R	1.98E+21
不可更新环境资源	N	1.72E+20
工业辅助能值	F	1.02E+22
有机能值投入	R_1	1.32E+22
总能值投入	T	2.55E+22
总能值产出	Y	6.55E+22
	Y_1 *	2.33E+22
能值产出率 Emergy yield ratio（EYR）	Y/(F+R1)	2.8
能值产出率 Emergy yield ratio（EYR_1）	Y_1/(F+R1) **	1.0
环境负载率 Environment load ratio（ELR）	(F+N)/(R+R_1)	0.82
可持续发展指标 Emergy sustainability index（ESI）	EYR/ELR	3.43
可持续发展指标 Emergy sustainability index（ESI_1）	EYR_1/ELR ***	1.22

* 不包含非市场产出的能值产出；** 不包含非市场产出的能值产出率；*** 不包含非市场产出的可持续发展指数。

6.3.3 与成本—收益衡量方法比较

传统的成本—收益的经济分析仅考虑农户的私人投入和私人收益，没有核算非市场投入和产出。而以往的能值分析虽然将自然投入纳入分析，却没有核算非市场产出。本文将非市场产出纳入了能值分析范围。上述三种分析方法的研究结果是：如果仅考虑私人投入产出，2012年湖南稻谷生产成本为 2.07 元·kg^{-1}，收益是 2.64 元·kg^{-1}，利润是 0.57 元·kg^{-1}，利润率是 27.54%；若增加自然投入的考量，稻谷生产成本是 1.26EM¥·kg^{-1}，收益是 1.15EM¥·kg^{-1}，利润是 0.11EM¥·kg^{-1}，利润率是 8.73%；若再将非市场产出纳入考量，则稻谷生产成本是 1.26EM¥·kg^{-1}，收益是 3.23EM¥·kg^{-1}，利润是 1.97EM¥·kg^{-1}，利润率是 156%。对比结果表明，不考虑非市场的自然投入，就会高估稻作生态系统的净利润，若不将非市场产出纳入考量，就会低估稻作生态系统对人类福祉的贡献。

6.4 小结

稻作生态系统的能值分析显示，非市场服务的太阳能值约是市场物品的太阳能值的 1.8 倍。如果增加考量稻作的非市场产出，则 1EM¥ 投入的产出效益将从 1EM¥ 增加到 2.8EM¥。考量非市场产出的湖南稻作的能值可持续发展指标是 3.4，而不考量则仅 1.2。若将非市场产出纳入，湖南稻谷生产的能值利润率是 156%，不考量则低于 10%。研究表明，湖南稻作对人们福祉的贡献不局限于粮食供给，其非市场服务对人们福祉的贡献是显著的。不考量稻作的多功能性，就会低估其对人类福祉的贡献。

如果采用上一章的非市场价值评估方法进行估算，2012 年湖南稻作的非市场服务总价值为 1633.93 亿元，市场物品产值为 823.62 亿元，非市场服务价值是市场物品产值的 2 倍。而采用能值分析法的计算结果是，非市场服务的能值货币价值是市场物品能值货币价值的 1.8 倍。以上分析表明：上一章量化的稻作非市场价值与市场价值与低于能值分析法评估结果非常接近，没有高估稻作非市场价值。而且，本章没有对稻作的维护粮食安全功能开展能值评价，否则，非市场价值会更大，分析结果可能与上一章结果更趋于一致。无论是应用非市场价值评估方法还是能值分析法，评估结果都表明：稻作的外部性价值明显高于其市场价值。

  因稻作非市场产出既具有公共物品性质，又具有外部性，人们对于正外部性产出无需付费而负外部性未获得补偿，那么，其产出的多少与稻农经济收入无关，未能影响他们的生产决策。同时，非市场的自然投入也未纳入稻农经济账户，其使用量与稻农成本无关，难以激励稻农珍惜和保护自然环境。私人利润远低于其社会利润，稻作的非市场服务贡献并未得到补偿，可能是湖南稻作面积减少的两个主要原因。建议中国政府采取合理补偿措施，既认可稻作非市场产出对人们福祉的贡献，又促进稻作生态化经营。

7 中国稻作经济与政策支持

水稻栽培起源于距今约10000年前的中国长江流域[①],在中国广为栽种后逐渐向世界广泛传播。如今,日本、韩国、朝鲜、东南亚、南亚、欧洲南部、美国、中美洲、大洋洲和非洲部分地区都有水稻栽培,水稻已发展为人类三大粮食作物之一,约一半的世界人口食用稻米。鉴于稻米对人类文明的贡献,2002年12月16日,联合国大会宣布2004年是"国际稻米年"。为单一作物设立国际年,在联合国大会史无前例。"国际稻米年"的设立旨在促进改善稻谷生产和获得这一重要粮食作物的途径。发展可持续的稻谷系统将减少饥饿与贫困,促进环境保护,并为以稻米为生命的今世及后代创造更好的生活。[②]

中国是世界人口最多、水稻栽培历史最悠久的国家,稻作在中国历史上起着举足轻重的作用。"赋出天下,江南居十九""苏湖熟,天下足""湖广熟,天下足"等说法,就表明了长江中下游地区水稻生产对古代中国粮食安全和国家财政收入的重要性。自北宋以后,水稻成为占据中国主导地位的粮食作物,并形成了一套精耕细作的种植制度。随着人口不断增长,扩大种植面积发展水稻生产以满足消费需求和增加农民收入,成为了不同历史时代的中国政府所共同高度关注和重视的事情,历史上的围湖造田、垦荒造田等现象都是有力的佐证。中国政府自2004

---

① Molina, J., Sikora, M., Garud, N., Flowers, J. M., Rubinstein, S., Reynolds, A., Huang, P., Jackson, S., Schaal, B. A., Bustamante, C. D. Boyko, A. R. and Purugganan, M. D., "Molecular Evidence for A Single Evolutionary Origin of Domesticated Rice", *Proceedings of the National Academy of Sciences of the United States of America*, vol. 108, no. 20, 8351-8356.

② 国际稻米年秘书处,联合国粮食及农业组织,2003,国际稻米年概念报告,http://www.fao.org/rice2004/zh/concept.htm。

年起降低农业税①，2006年中国政府废止了《农业税条例》②，从而结束已延续2600年的农业税，农民税负大幅减轻。而且从2004年起，中国政府开始对粮食生产进行专项补贴，以激励粮食生产和增加粮农收入。然而，改革开放以来，稻田的转作、休耕和建设占用等现象却屡见不鲜，而且近年来中国稻米进口量亦呈增加趋势。本章的主要目标是解释这些现象，并提出政策建议。本章首先利用历年中国水稻生产的经济数据，来分析中国水稻种植面积与分布的变化情况；然后从供给与需求、成本与收益、国内支持政策等方面来剖析中国水稻种植面积变化的原因。

7.1 中国稻作面积与分布

历经数千年的传播与驯化，水稻在中国分布已十分广泛，除青海省以外的各省、自治区和直辖市都有水稻种植。梅方权等③根据对各地自然生态条件、社会经济条件和水稻种植特点等方面综合分析结果，将中国水稻种植划分为华南稻区、华中稻区、西南稻区、华北稻区、东北稻区和西北稻区共6个稻作区（见表7-1）。

表7-1 中国水稻种植区划

稻作区	主要省份	主要熟制
华南	福建、广东、广西、海南和台湾	双季稻
华中	江苏、上海、浙江、安徽、江西、湖南和湖北	以双季稻为主，部分一季稻
西南	云南、贵州、四川、重庆和西藏	以一季稻为主，部分双季稻
华北	北京、天津、河北、山西、内蒙古、山东和河南	一季稻
东北	黑龙江、吉林和辽宁	一季稻
西北	新疆、宁夏、甘肃、陕西	一季稻

* 梅方权等所做的中国稻作区划分中有的省份不止涉及1个稻作区，为方便起见本文略做调整，将每个省份只归入1个稻区。

---

① 2004年3月5日，时任国务院总理温家宝在第十届全国人民代表大会第二次会议上所做的《政府工作报告》中提出："从今年起，逐步降低农业税税率，平均每年降低1个百分点以上，五年内取消农业税。"

② 2005年12月29日，第十届全国人民代表大会常务委员会第十九次会议决定：第一届全国人民代表大会常务委员会第九十六次会议于1958年6月3日通过的《中华人民共和国农业税条例》自2006年1月1日起废止。

③ 梅方权、吴宪章、姚长溪、李路平、王磊、陈秋云：《中国水稻种植区划》，《中国水稻科学》1988年第2卷第3期，第97—110页。

新中国成立后，中国水稻播种总面积发生了大的变化，大体表现为先增加后下降再缓慢增加的特征（图 7.1）。中国水稻播种面积从 1949 年的 25708.5×10³km² 增加到 1975 年的 35729×10³km²，然后下降到 2003 年的 26507.9×10³km²，再缓慢恢复增加到 2012 年的 30137.1×10³km²。中国水稻播种面积在改革开放前总体表现为增加，但 1957 年至 1962 年却经历了急剧下降，1962 年水稻播种面积下降到 26934.5×10³km²。

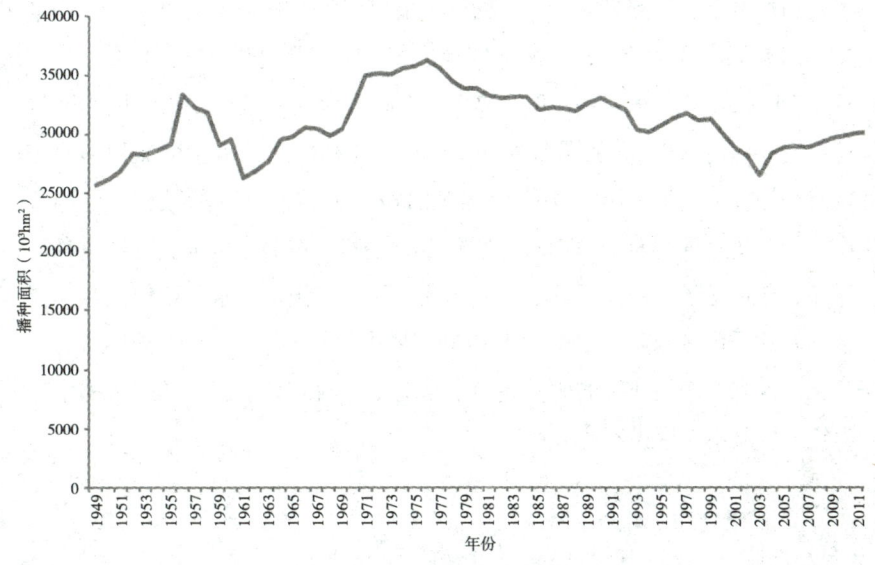

图 7.1　1949－2012 年中国稻作面积

各稻作区的播种面积也发生了不同程度的变化（图 7.2）。改革开放后①，华南稻作区②的播种面积从 1980 年的 8614.5×10³km² 持续下降至 2012 年的 5159×10³km²，减少了 3455.5×10³km²，约 40.1%。华中稻作区的播种面积总体表现为下降，从 1980 年的 18339.5×10³km² 减少到 2012 年的 14848.3×10³km²，下降约 19.0%。西南稻作区 1980 年、2012 年的播种面积分别为 4886.1×10³km²、4417.5×10³km²，略有下降，变化不大。华北稻作区播种面积

---

①　改革开放前，中国实行计划经济模式，生产活动不受市场调控，难以用市场经济理论观点进行分析。中国的改革开放始于 1978 年，为方便，本文以 1980 年为基点，探讨改革开放后的稻作。

②　鉴于数据资料难以获取，本文未将台湾水稻生产情况纳入分析。

从 1980 年的 878.2×10³km² 上升至 2012 年的 963.1×10³km²，微小增加。东北稻作区播种面积从 1980 年的 848.8×10³km² 增加到 2012 年的 4432.8×10³km²，增加了 3584×10³km²，约增加 4.2 倍。西北稻作区播种面积从 1980 年的 311.3×10³km² 下降到 2012 年的 282.4×10³km²，稍微减少，约 9%。除东北稻作区和华北稻作区外，其余 4 个稻作区播种面积总体表现为下降，其中华南稻作区播种面积下降幅度最大，其次是华中稻作区。从各稻作区 1980 年和 2012 年播种面积占全国份额来看，华南稻作区由 25.4% 下降到了 17.1%；华中稻作区从 54.1% 下降到 49.3%；西南稻作区从 14.4% 上升到 15.1%；华北稻作区从 2.6% 上升到 3.2%；东北稻作区从 2.5% 快速增加到 14.7%；西北稻作区基本保持不变，约占 0.9%。从图 7.2 可知，除东北稻作区大幅度增加和华北稻作区略有增加外，其他稻作区 2012 年播种面积都比 1980 年有所减少，全国水稻生产区域变化呈现明显的"南减北增"变化趋势。按对全国水稻生产贡献度大小排序，分别是华中稻作区、华南稻作区、西南稻作区、东北稻作区、华北稻作区和西北稻作区。东北稻作区从 1980 年所占份额的第六位跃升至第五位，与华南稻作区和西南稻作区的比重差距不断缩小。西北和华北地区的水稻生产相对稳定，但其占全国份额比较小。

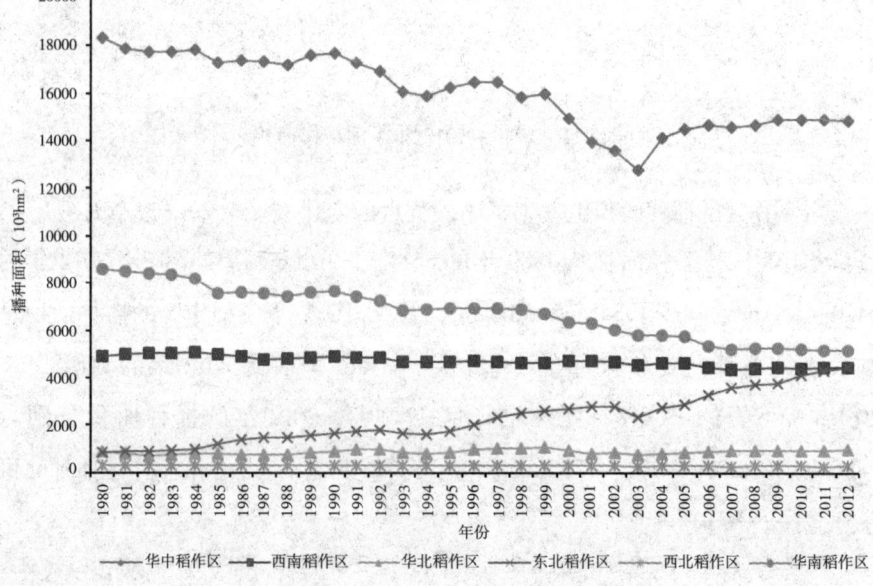

图 7.2　六个稻作区水稻播种面积

华南稻作区在 1980 年~2012 年的 33 年间（图 7.3），广东省水稻播种面积下降幅度最大，从 1980 年的 4163.7×10³km² 转变为 2012 年的 1949.4×10³km²，减少了 2214.3×10³km²，约减少 53.2%。其次是福建省播种面积减少了 858.9×10³km²，下降了 50.1%。广西壮族自治区播种面积减少数量排第三位，2012 年与 1980 年相比减少 706.7×10³km²，比例约减少 25.6%。1988 年~2012 年的 24 年间，海南省①水稻播种面积比较稳定，仅下降 43.3×10³km²。

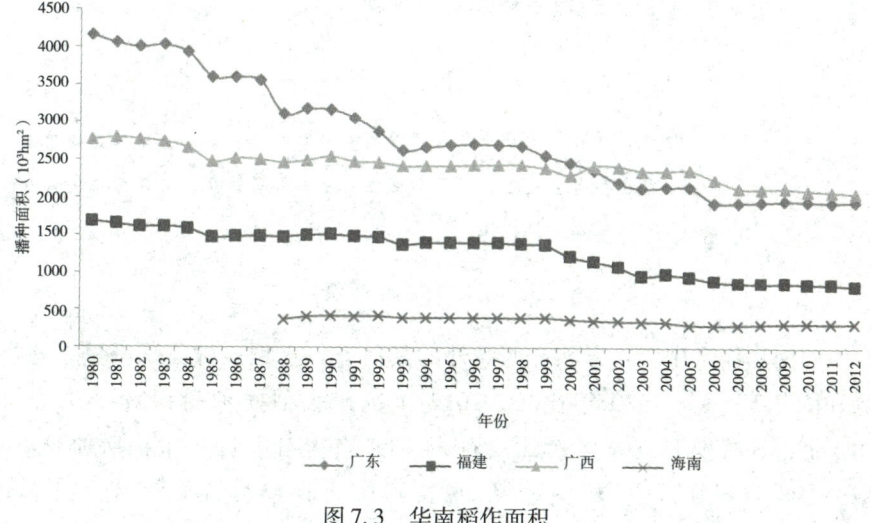

图 7.3 华南稻作面积

华中稻作区涉及 7 个省份，按播种面积大小排序，在 1980 年依次是湖南、江西、江苏、湖北、浙江、安徽和上海（图 7.4）。1995 年后次序开始发生变化，浙江省水稻播种面积小于安徽省，2000 年起湖北水稻播种面积也开始小于安徽省，湖北和浙江两省水稻播种面积分别从原来的第四、第五位下降至第五、第六位，而安徽省水稻播种面积由原来的第六位转变为第四位。这并非安徽省水稻播种面积增加所致，而是浙江和湖北两省水稻播种面积减幅大的缘故。在这 7 个省份中，水稻播种面积减少最多的省份是浙江，其次是湖北，第三是江苏。如果比较 2012 年与 1980 年的播种

---

① 1988 年 4 月 13 日，第七届全国人民代表大会第一次会议通过设立海南省和海南经济特区的议案，故海南省稻作面积从 1988 年开始统计。

面积，按减少幅度排序则是：浙江减少66.9%，上海减少65.5%，湖北减少25.5%，江苏减少18.9%，湖南减少7.2%，江西减少1.6%，安徽减少1.0%。

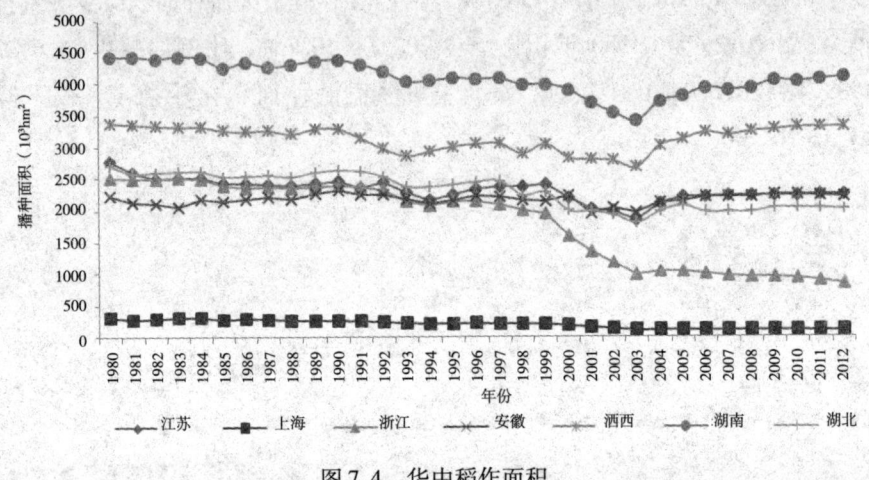

图7.4 华中稻作面积

西南稻作区中，除云南和西藏外的其他省份水稻播种面积都呈下降态势（图7.5）。与1980年比较，2012年贵州水稻播种面积减少$91.5 \times 10^3 km^2$，约减少11.8%。拿2012年与1997年相比，四川水稻播种面积①减少$198.3 \times 10^3 km^2$，约减少9.0%；重庆水稻播种面积减少$112.6 \times 10^3 km^2$，约减少14.1%。云南稻作面积在1980~1999年持续减少，2000年增加到$1073.6 \times 10^3 km^2$后，基本处于平稳状态。西藏稻作面积非常小，1980~2012年间变化小，每年总播种面积约$1 \times 10^3 km^2$。

比较华北稻作区2012年与1980年的水稻播种面积，北京、天津、河北、山西和山东分别减少$50 \times 10^3 km^2$、$49.6 \times 10^3 km^2$、$59.4 \times 10^3 km^2$、$11.2 \times 10^3 km^2$和$48.6 \times 10^3 km^2$；而内蒙古和河南分别增加$74.4 \times 10^3 km^2$和$231.3 \times 10^3 km^2$（图7.6）。如按减少幅度排序，则分别是：北京减幅95.8%，山西减幅91.8%，天津减幅77.3%，河北减幅40.9%，山东减幅28.2%。内蒙古和河南水稻播种面积的增幅分别是499.3%和55.5%。华北稻作区各省份水稻播种面积变化幅度较大，但就全国范围来看，绝对量变化不大。

---

① 1997年重庆直辖市成立，这就是在图7.5中显示该年四川稻作面积急剧下降的缘故。

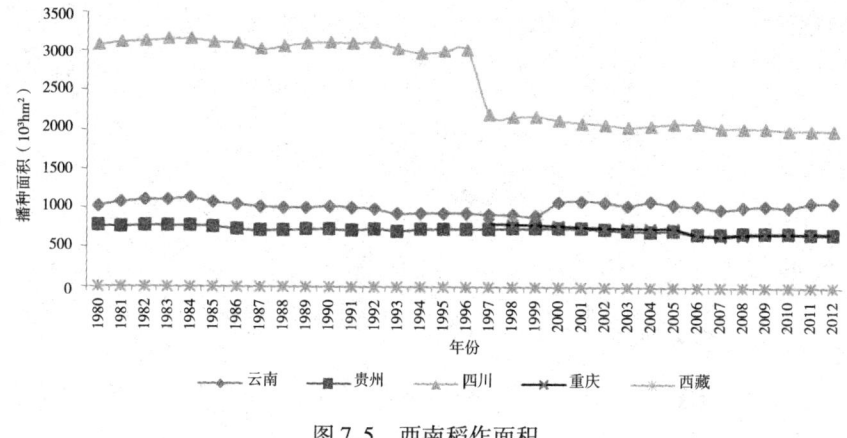

图 7.5 西南稻作面积

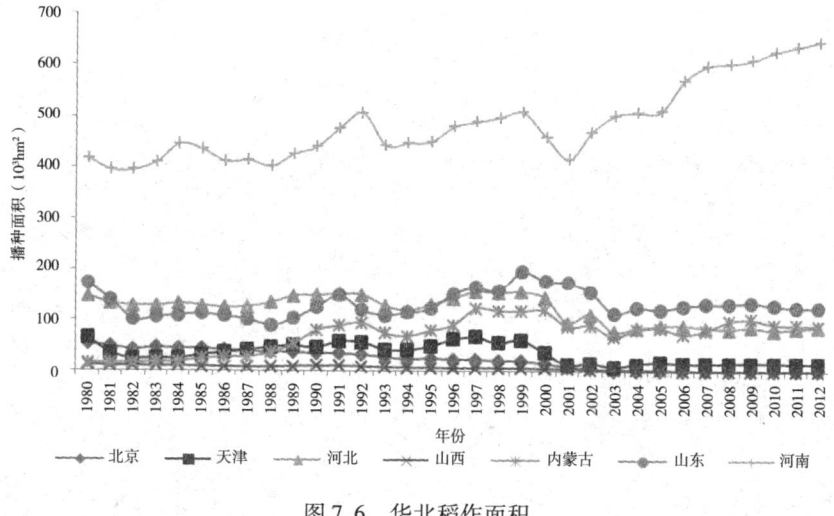

图 7.6 华北稻作面积

自改革开放以后,东北稻作区播种面积持续增加(图 7.7)。黑龙江增加最多,达 $2859.4 \times 10^3 km^2$,增幅也最大,有 13.6 倍。其次是吉林,增加 $448.5 \times 10^3 km^2$,增长 1.8 倍。辽宁也增加 $276.1 \times 10^3 km^2$,增长 71.6%。与 1980 年比较,东北稻作区是 6 个稻作区中各省份水稻播种面积都表现增长的唯一区域。

西北稻作区是 6 个稻作区中播种面积最小的区域。1980~2012 年,新疆和陕西水稻播种面积有所下降,分别减少了 $29.2 \times 10^3 km^2$ 和 $39.2 \times 10^3 km^2$;甘肃基本保持不变;宁夏略有增长,增加了 $37.9 \times 10^3 km^2$(图 7.8)。

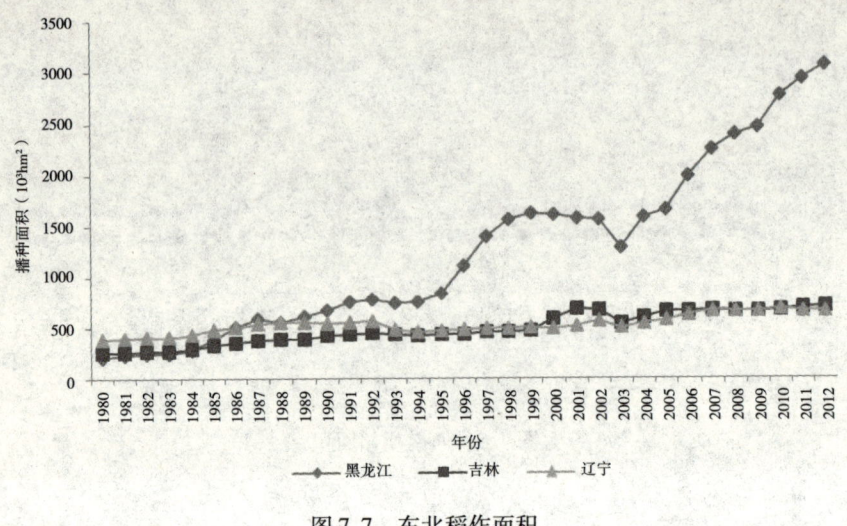

图 7.7 东北稻作面积

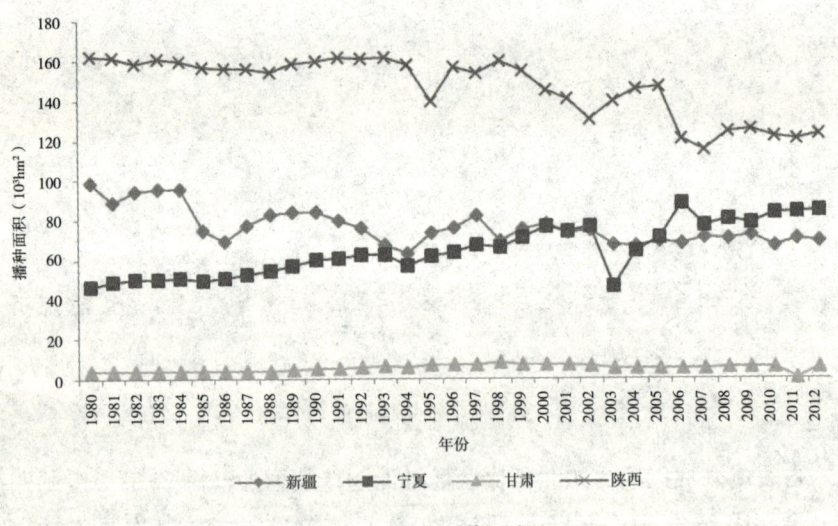

图 7.8 西北稻作面积

1980~2012年，虽然中国稻作面积下降了 $3741.4 \times 10^3 km^2$，但自2003年后稻作面积开始恢复，截至2012年增加了 $3629.2 \times 10^3 km^2$。其中，华中、华北、东北和西北稻作面积分别恢复（增加）了 $3689.2 \times 10^3 km^2$、$193.2 \times 10^3 km^2$、$2100.3 \times 10^3 km^2$ 和 $24.2 \times 10^3 km^2$，然而，华南和西南稻作面积仍旧呈下降态势，分别减少了 $633.6 \times 10^3 km^2$ 和 $137.4 \times 10^3 km^2$。

综上所述，自改革开放以来，中国水稻播种面积和布局都发生了较大变化：华中稻作区和华南稻作区水稻播种面积下降幅度大，分别减少 $3491.2 \times 10^3 km^2$ 和 $3455.5 \times 10^3 km^2$；东北稻作区则出现较大幅度的增长，增加了 $3584 \times 10^3 km^2$；1980 年～2012 年各稻作区播种面积所占全国比重的变化，揭示了中国水稻生产格局呈"南减北增"的趋势；2003 年后，中国稻作面积不再下降并有所恢复。

另外，从水稻熟制来看，南方各省份都有种植水稻的自然条件，部分省份适宜种植双季稻，北方仅能种植一季稻。双季稻主要分布在华中和华南稻作区，西南稻作区较少。改革开放后，南方双季稻种植面积逐渐减少，如今主要以中稻和一季晚稻为主，就是通常所说的"双改单"现象。1980 年早稻和双季晚稻的播种面积为 $22278 \times 10^3 km^2$，而 2012 年仅为 $12118.4 \times 10^3 km^2$，下降了 45.6%（图 7.9）。种植早稻的省份表现出播种面积下降，江苏、上海、重庆和贵州如今都不再种植早稻（图 7.10）。与 1980 年相比，2012 年全国早稻播种面积下降约 48%。与早稻生产趋势类似，全国双季晚稻播种面积也呈现整体大幅度下降，2012 年全国晚稻播种面积比 1980 年减少 $4815 \times 10^3 km^2$，约下降 43%（图 7.11）。江苏、上海、重庆和贵州都不再种植双季晚稻。只有江西双季晚稻播种面积略有增加，增长量不足 $100 \times 10^3 km^2$。"双改单"现象在华南和华中稻作区已是普遍现象，这可能是引致中国南方水稻种植面积下降的直接证据。

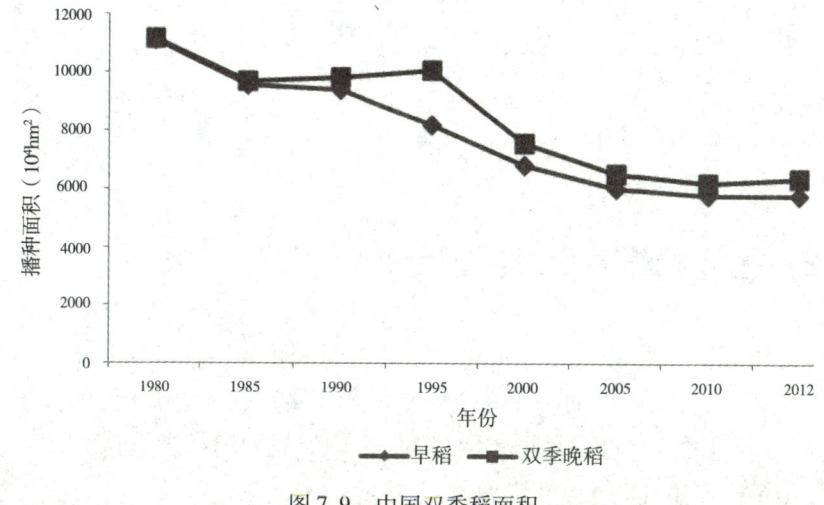

图 7.9　中国双季稻面积

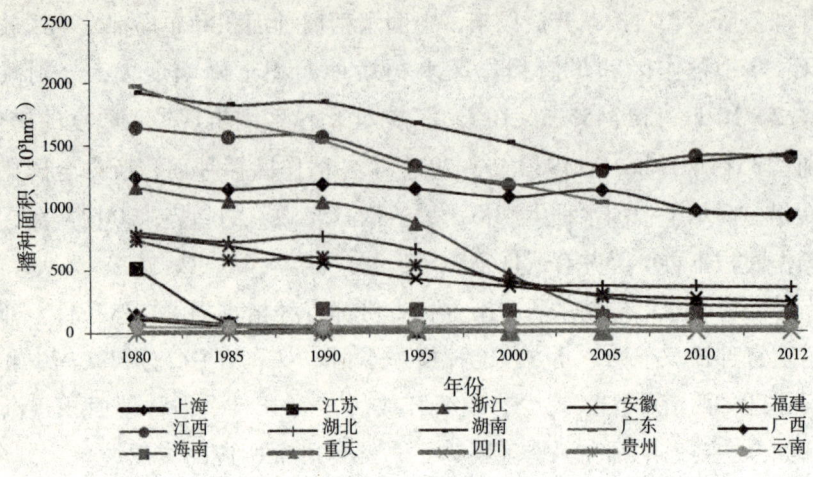

图 7.10　各省（市、区）早稻面积

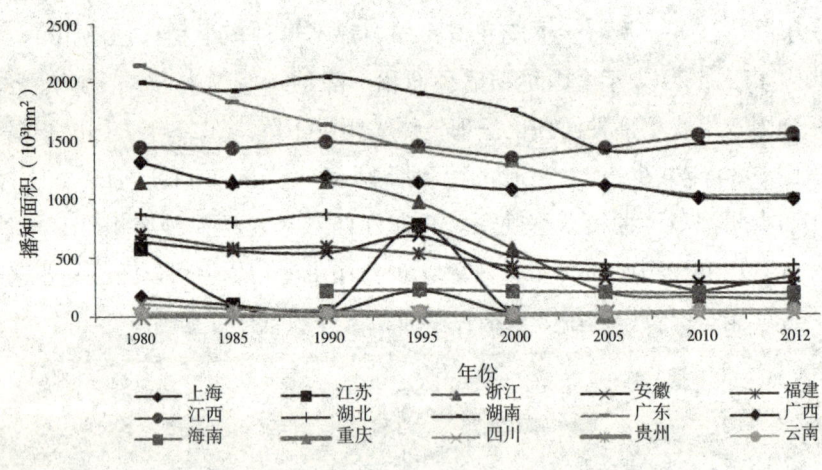

图 7.11　各省（市、区）双季晚稻面积

7.2　稻作面积变化的原因分析

为什么中国水稻生产格局会产生重大的变化，出现"南减北增"和"双改单"现象？一般而言，农业生产主要受生产技术、生产规模、比较效益、消费偏好和政策激励等因素影响。本章试图从这几个方面入手，分析中国稻作面积及分布变化的原因。

7.2.1 生产技术

自新中国成立以来，中国水稻栽培育种技术研发和农用化学品工业取得了巨大进步，特别是以杂交水稻为代表的高产品种大面积推广种植和化肥的广泛使用，为水稻高产稳产奠定了基础。中国水稻单产已从1949年的1892kg·hm^{-2}提高到2012年的6777kg·hm^{-2}，水稻总产由4864.5×10^{4}t增长到20423.6×10^{4}t（图7.12），分别增长了2.6倍和3.2倍。从需求情况来分析，自进入本世纪以来，中国稻谷消费经历了下降而后又恢复的过程，2001年的稻谷消费量是19810×10^{4}t，2006年下降至17740×10^{4}t，2012年又增加到19510×10^{4}t（图7.12）。水稻产量的大幅度增长，特别是2003~2012年的9连增，为满足了国内消费者的数量需求提供了坚实基础。

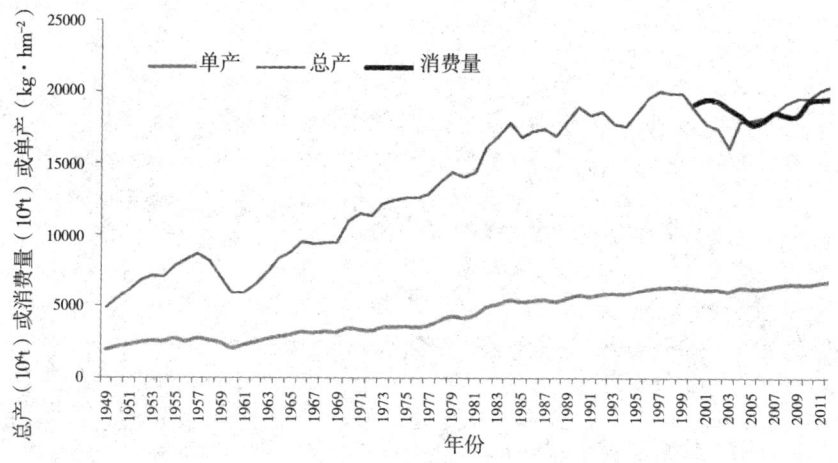

图7.12 中国稻谷产量与消费量

与改革开放初期相比，各稻作区和大多数省份稻谷单产基本上表现为波动性增长（图7.13—图7.19），仅西藏明显表现为下降，山西比较平稳。

从总产量来看，各稻作区产量表现有增有减（图7.20）。华南稻作区稻谷总产量整体上表现下降趋势（图7.21），这主要与播种面积大幅度减少紧密相关。与1980年比较，华中稻作区江苏、安徽、江西、湖南和湖北

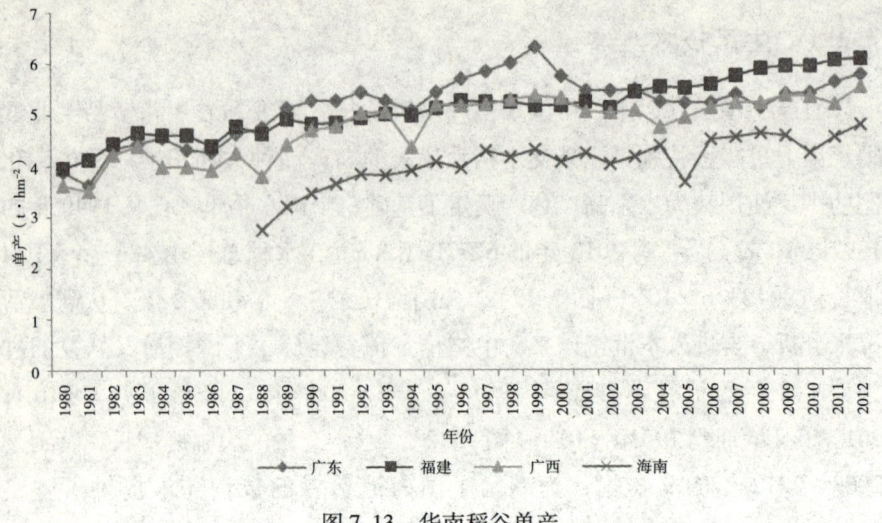

图 7.13 华南稻谷单产

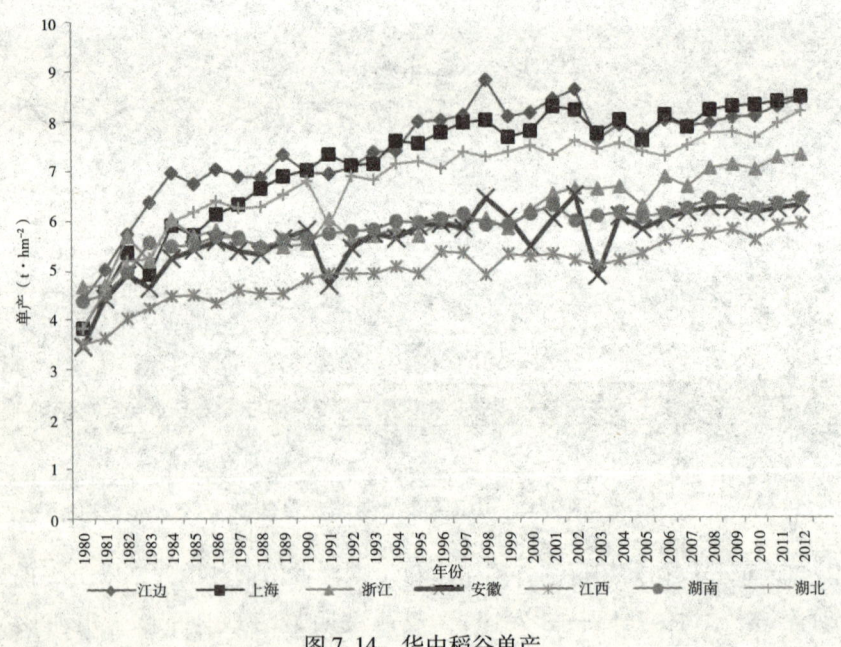

图 7.14 华中稻谷单产

稻谷总产有所增加，而浙江和上海呈递减趋势，虽然近些年该稻作区稻谷总产有所增加，但自 1984 年以来基本保持不变（图 7.22）。1995 年前西南稻作区稻谷产量表现为增长，随后呈稳定不变状态（图 7.23）。华北稻

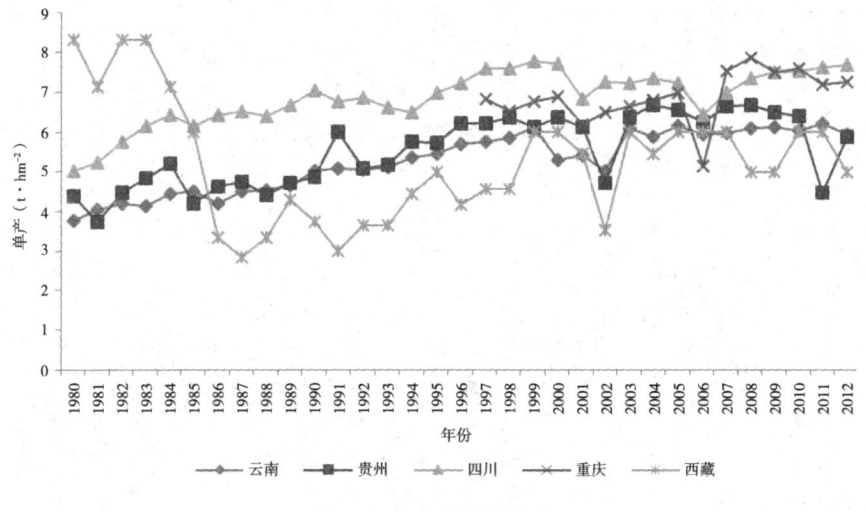

图 7.15 西南稻谷单产

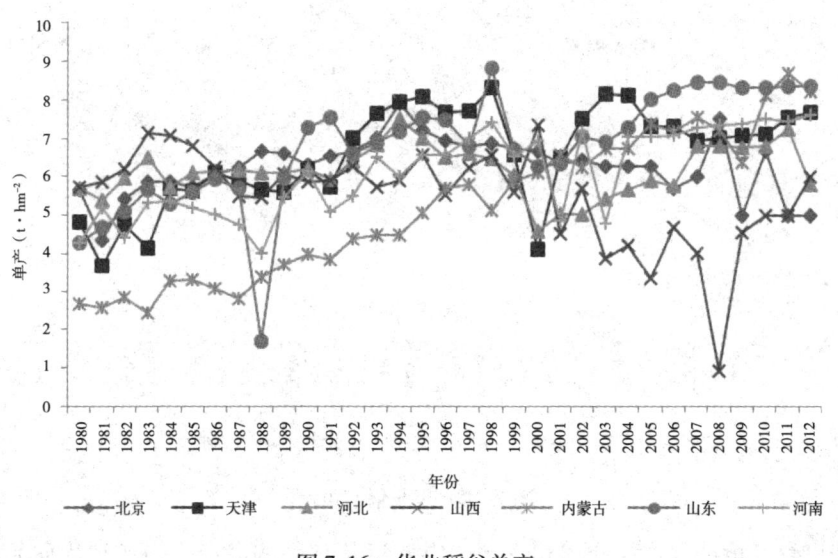

图 7.16 华北稻谷单产

作区中的北京、天津、河北和山西稻谷总产量呈递减趋势，河南和内蒙古却表现为增长趋势，山东表现为先增长后缓慢下降态势（图 7.24）。东北稻作区稻谷总产量明显呈现出增长特征，特别是黑龙江 2012 年稻谷总产与 1980 年相比翻了五番（图 7.25）。就水稻种植的自然条件而言，东北地区明显劣于南方。但是科技进步的力量突破了传统局限，20 世纪 80 年代以来

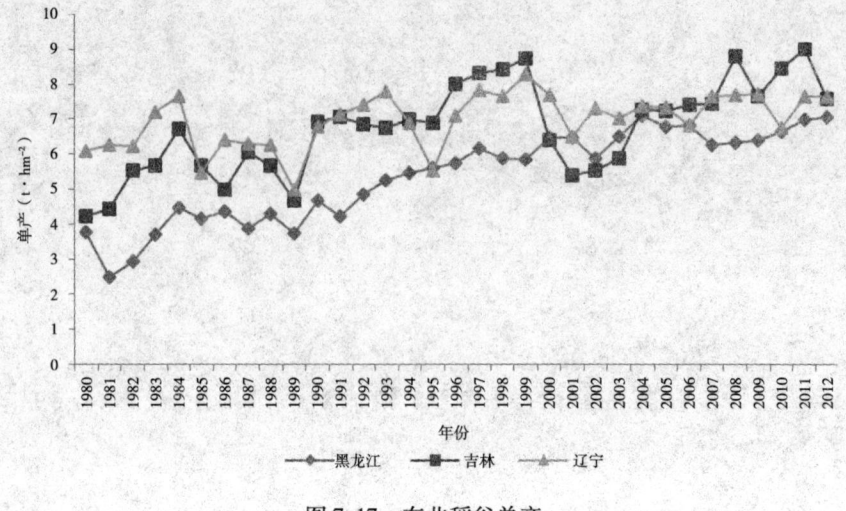

图 7.17　东北稻谷单产

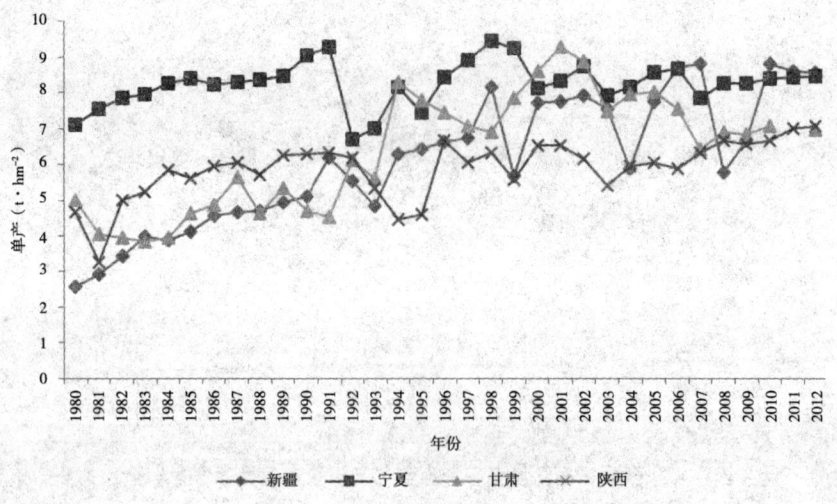

图 7.18　西北稻谷单产

的旱育稀植技术广泛应用和一批适应低温长日照的高产、稳产和优质品种选育推广成功,以及白浆土、盐碱土旱田改水田种植水稻,变低产田为高产田,为东北水稻种植的大发展创造了有利条件。① 西北稻作区稻谷总产表现为增长特征(图 7.26),但与华北稻作区类似,占全国份额比较小。

---

① 孙岩松:《我国东北水稻种植快速发展的原因分析和思考》,《中国稻米》2008 年第 5 期,第 9—11 页。

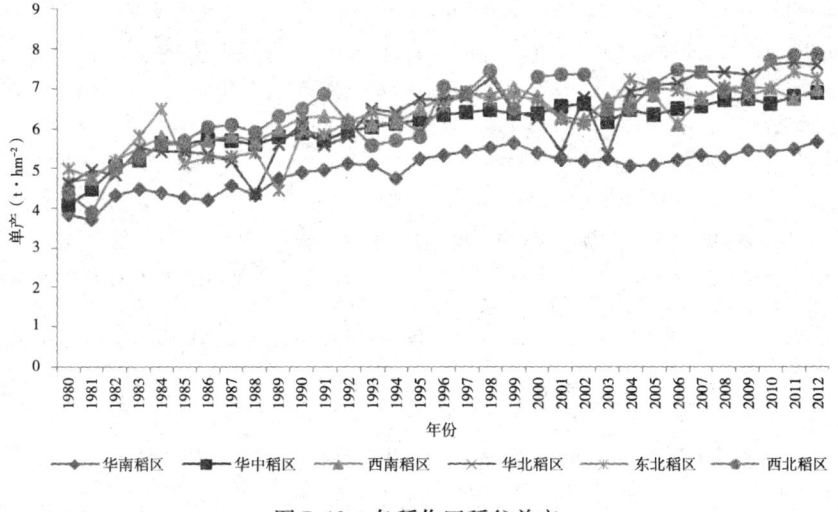

图 7.19　各稻作区稻谷单产

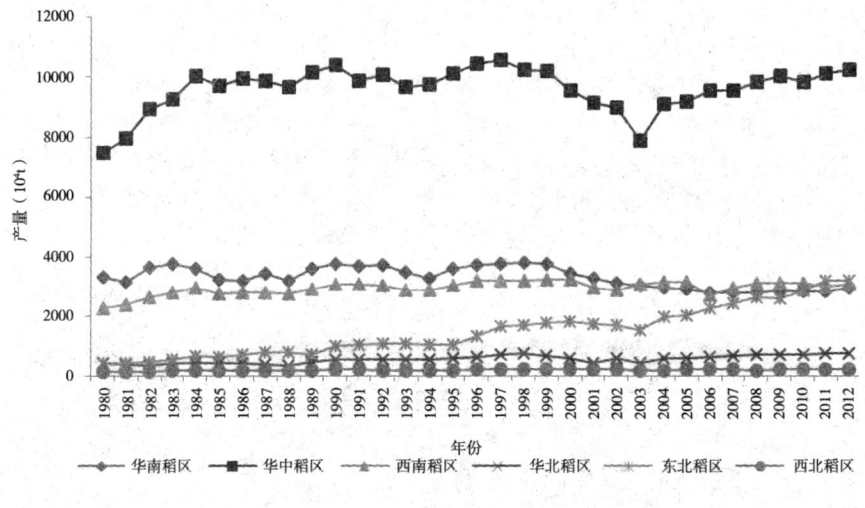

图 7.20　各稻作区稻谷产量

稻米是 60% 中国人的生活必需品，可以将其视为无需求弹性商品，农户增产未必增收，曾经多次出现过的"卖粮难"现象就是佐证。技术进步引致单位面积产量大幅度增长为南方水稻种植面积减少和"双改单"提供了条件。

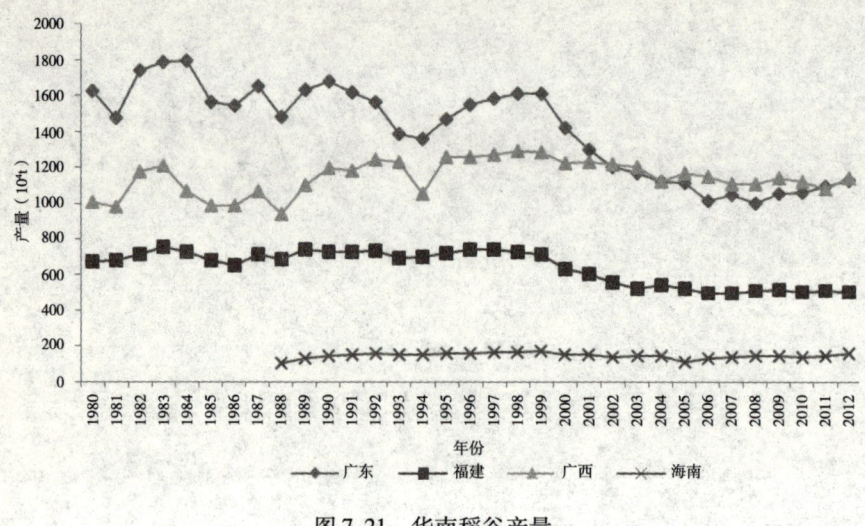

图 7.21 华南稻谷产量

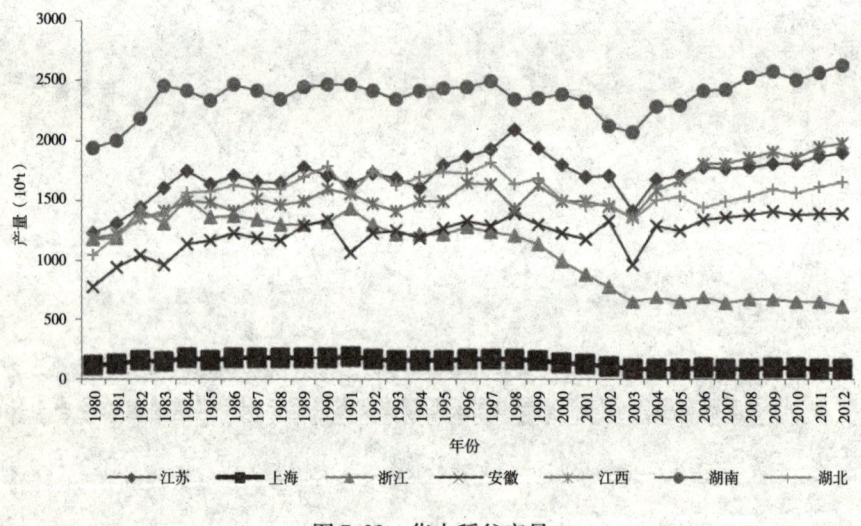

图 7.22 华中稻谷产量

7.2.2 规模效应

从上世纪80年代以来，南方耕地资源整体呈减少趋势，特别是沿海发达地区人均耕地资源明显减少，而东北地区整体表现为增长态势（图7.27）。从各稻作区农村人均耕地面积来看，华北稻作区的大部分省份的农村人均耕地面积小于0.16hm^{2}的全国平均水平，但内蒙古却呈增长趋势，

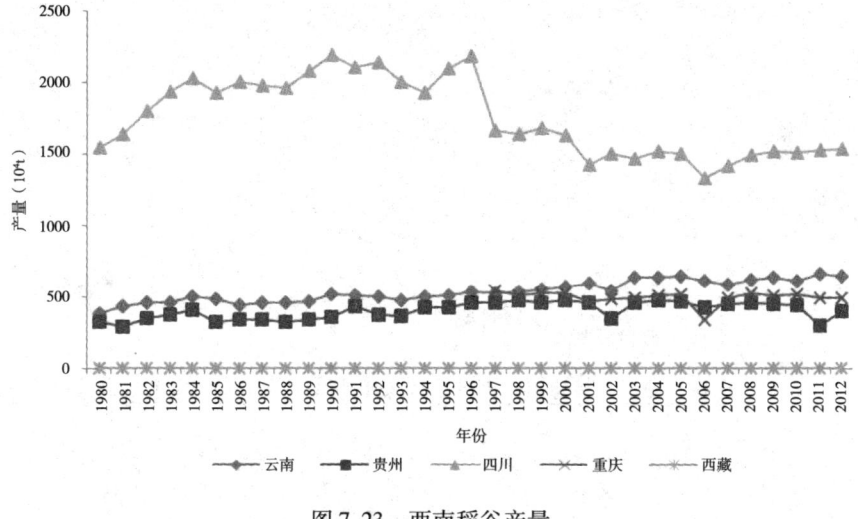

图 7.23 西南稻谷产量

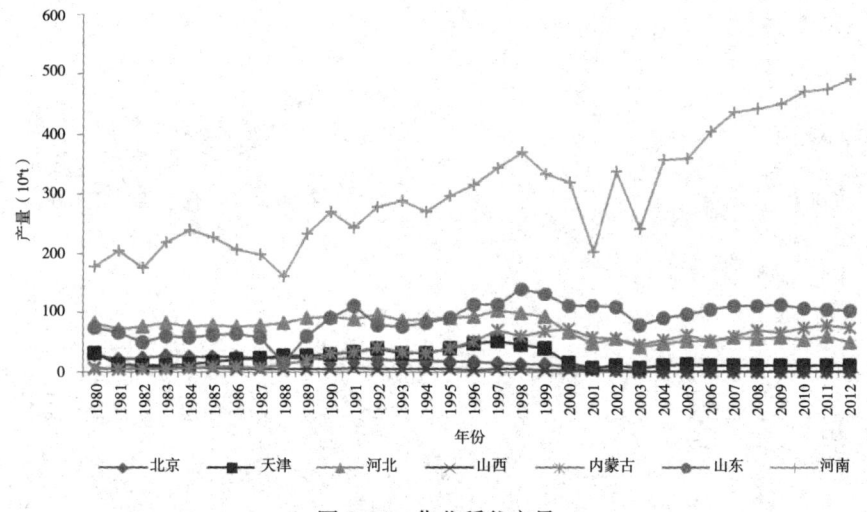

图 7.24 华北稻谷产量

农村人均耕地面积达到 0.69hm², 山西与全国平均水平持平。华中、华南和西南 3 个稻作区所涉及的 16 个省份, 如今没有一个省份的农村人均耕地面积达到全国平均水平, 尤其是华南稻作区, 其农村人均耕地面积低于 0.1hm², 广东、福建和海南的农村人均耕地面积≤0.05hm²。① 从图 7.27

---

① 国家统计局农村社会经济调查司：《中国农村统计年鉴 2013》, 中国统计出版社 2013 年版。

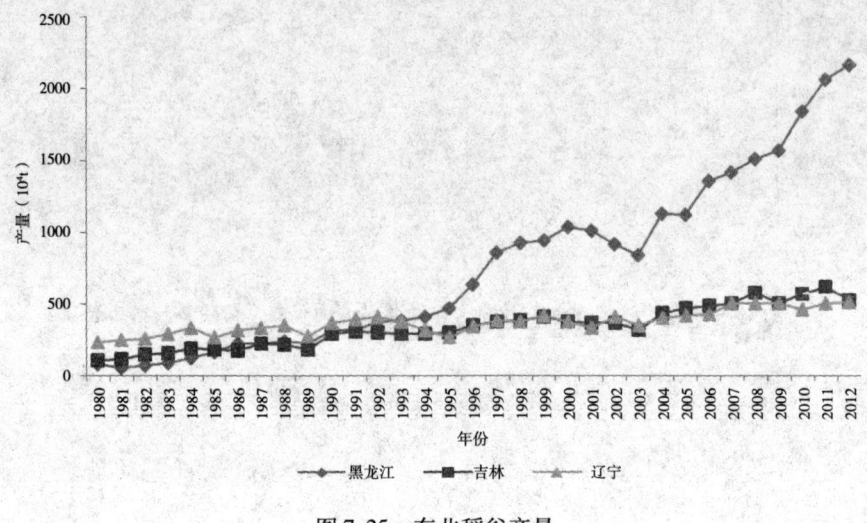

图 7.25 东北稻谷产量

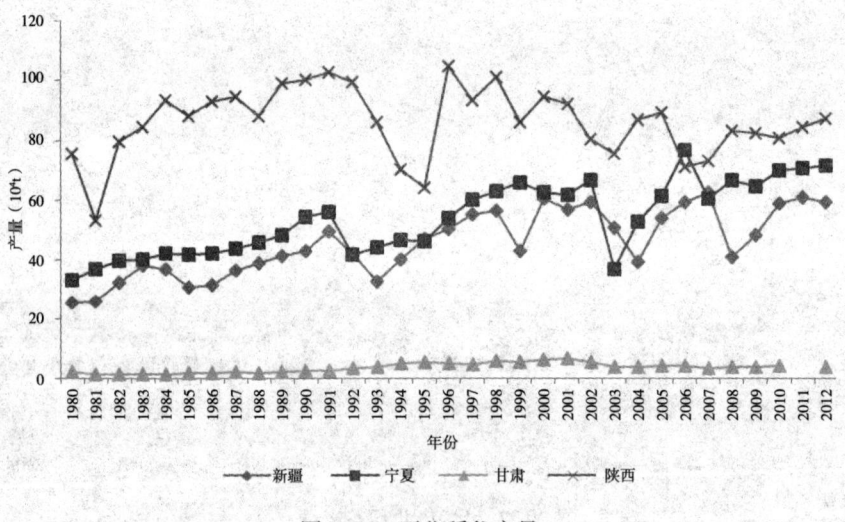

图 7.26 西北稻谷产量

可以看出，越是发达地区，其农村人均耕地面积越小，人地矛盾越发突出，这也间接表明这些地区土地资源从农业向第二和第三产业不断转移配置。而东北地区的工业化和城镇化速度相对慢于南方，特别是与沿海发达地区相比，农业在国民经济中的比重比较高，2012年黑龙江、吉林

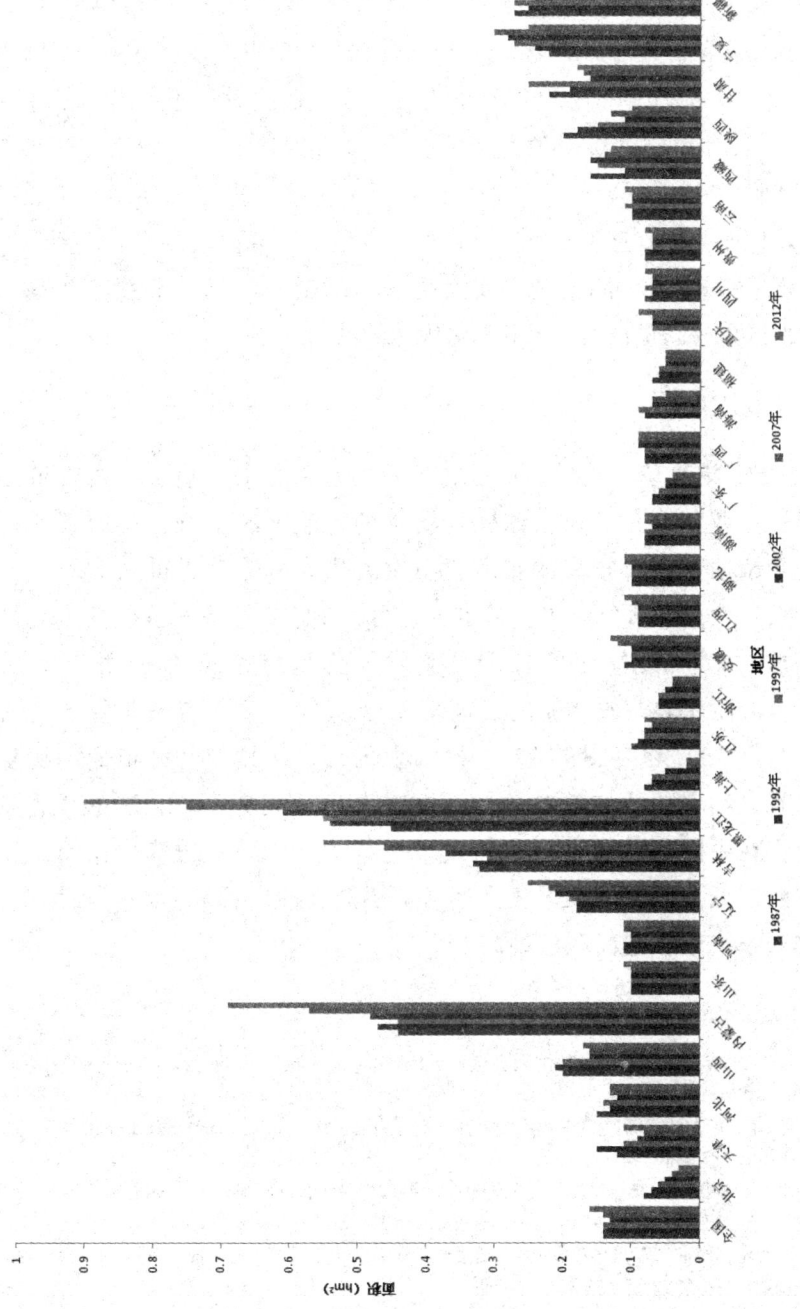

图7-27 中国农村居民人均经营耕地面积

和辽宁三省的三次产业增加值比重分别为15.4∶47.2∶37.4①、11.8∶53.4∶34.8②和8.7∶53.8∶37.5，黑龙江和吉林两省农业比重高于全国的10.1%③水平，辽宁则低于全国平均水平。东北地区农村居民人均耕地面积相对充裕，特别是黑龙江的人均耕地资源增长幅度大，在1987年～2012年25年间，该省农村家庭人均耕地面积翻了一番，达到0.9hm^2。东北农民人均耕地面积多，且利于机械化作业，水稻生产规模效益明显，粳稻生产的规模经济效益较明显，农户扩大粳稻种植规模有利于降低生产成本④，比南方地区更易满足稻农追求利润最大化的预期。

7.2.3 非农收入

自1978年改革开放后，中国各地特别是南方沿海地区经济发展迅速，第二产业和第三产业在国民经济中的比重不断上升，非农就业机会的大量增加和相对较高的报酬，引发大量农村劳动力进入非农经济活动，引致农户收入结构发生变化⑤（图7.28）。经济发达的南方地区农村的非农收入大幅度增长，农业收入比重持续下降（图7.29～图7.43），而北方非农产业的发展落后于南方，农户的农业收入仍占主要部分（图7.44～图7.49）。在农业内部，从稻作与种植业的比较效益来看，稻作的比较效益总体呈下降态势（表7-2）。改革开放以来，稻作在中国经济中的地位持续下滑（表7-3）。随着稻作的比较效益不断降低，原来的双季稻生产活动逐渐转向中稻和一季晚稻生产，早稻和双季晚稻种植面积逐渐减少。

---

① 见2012年黑龙江省国民经济和社会发展统计公报，http://www.hlj.gov.cn/zxxx/system/2013/04/03/010513992.shtml。
② 见2012年吉林省国民经济和社会发展统计公报，http://tjj.jl.gov.cn/tjgb/ndgb/201303/t20130313_1428383.html。
③ 2012年中国三次产业增加值比重为10.1∶45.3∶44.6，见中华人民共和国2012年国民经济和社会发展统计公报，http://www.gov.cn/gzdt/2013-02/22/content_2338098.htm。
④ 田新建，秦富，李明洋：《中国水稻生产成本地区性差异成因的实证分析》，《农业工程学报》2005年第21卷第S2期，第247—250页。
⑤ 20世纪80年代及以前，中国农民纯收入基本无工资性收入和其他收入，故将1980与1985年所有纯收入视为经营性纯收入。图7.28—图7.49数据源自历年《中国农村统计年鉴》。

7 中国稻作经济与政策支持

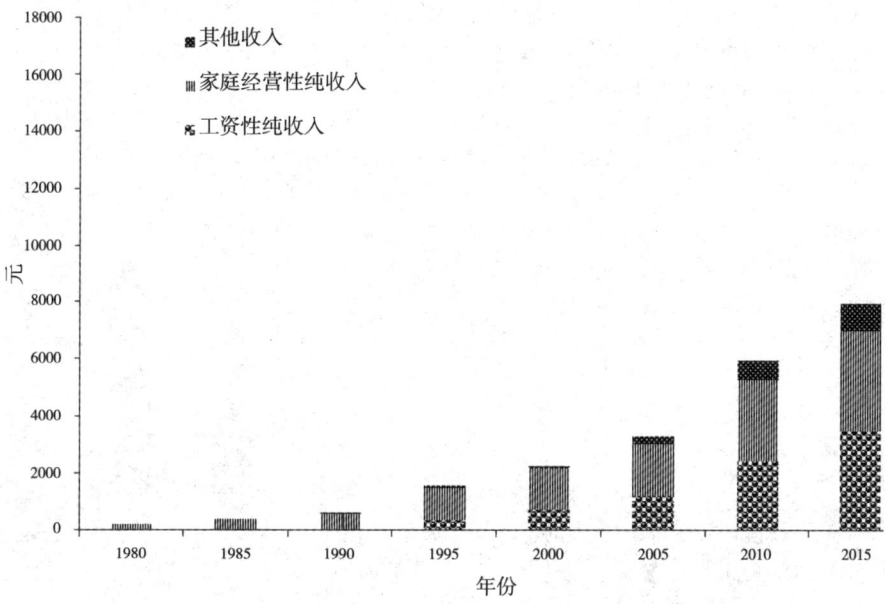

图 7.28 全国农民人均纯收入构成

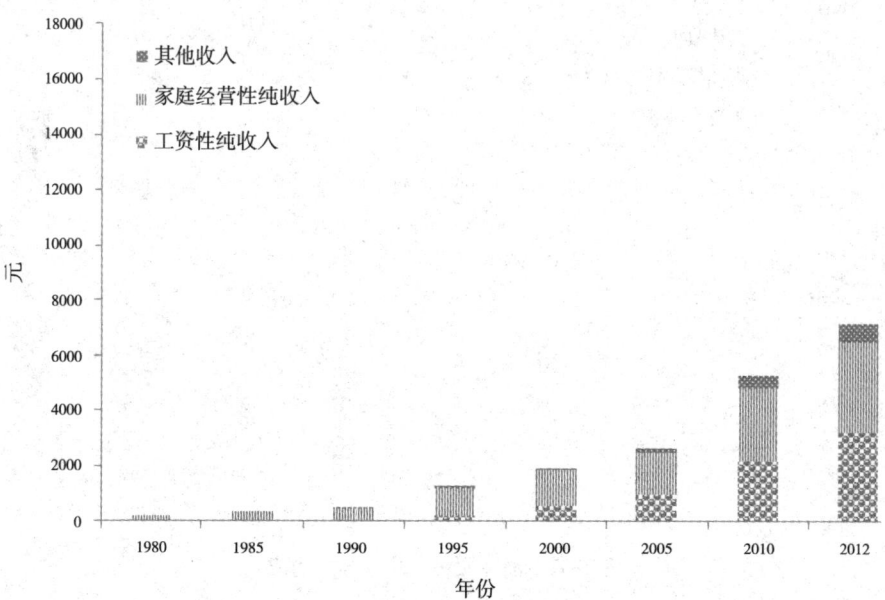

图 7.29 安徽农民人均纯收入构成

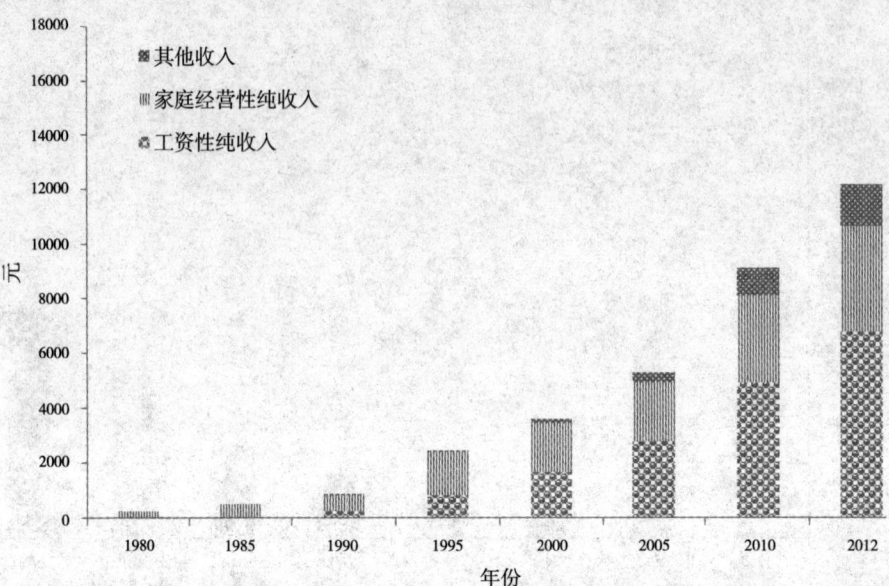

图 7.30　江苏农民人均纯收入构成

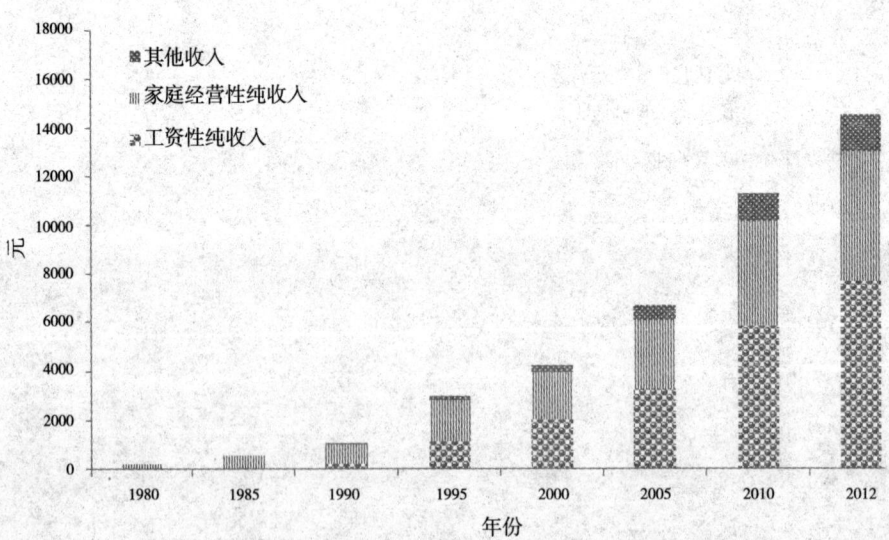

图 7.31　浙江农民人均纯收入构成

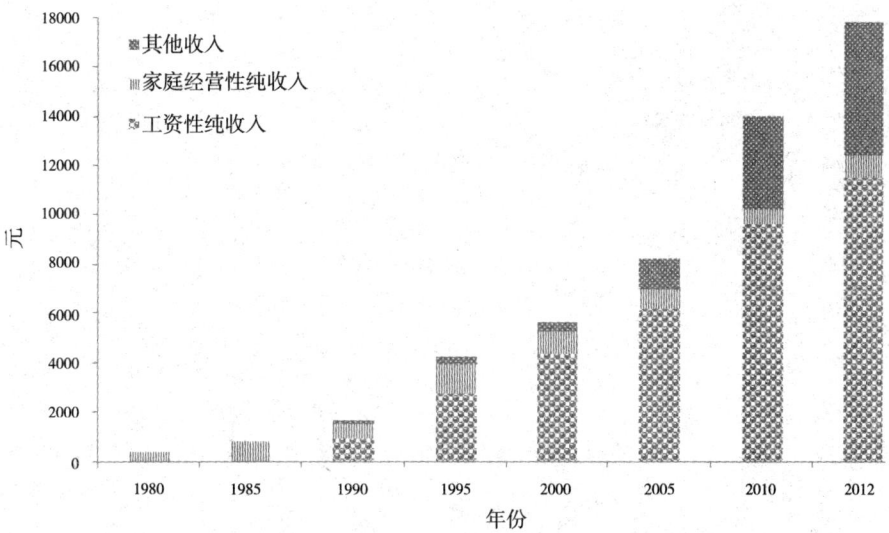

图 7.32 上海农民人均纯收入构成

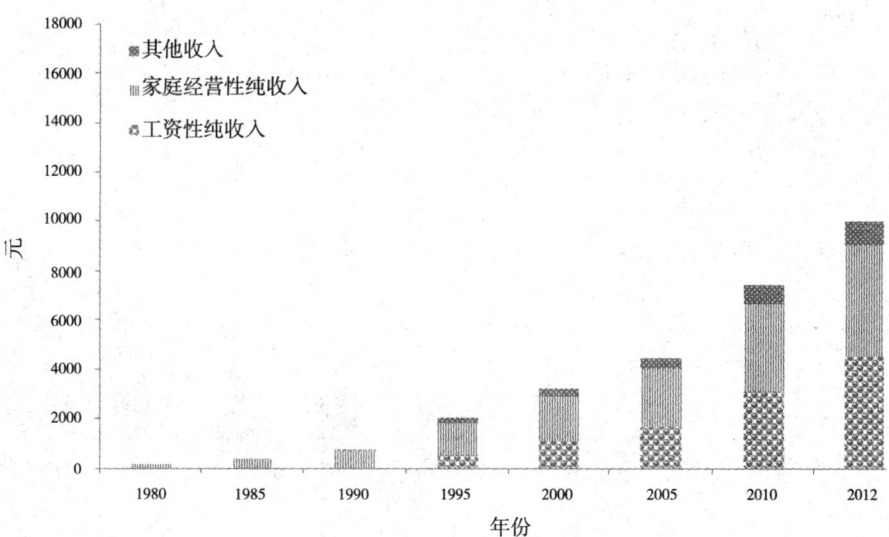

图 7.33 福建农民人均纯收入构成

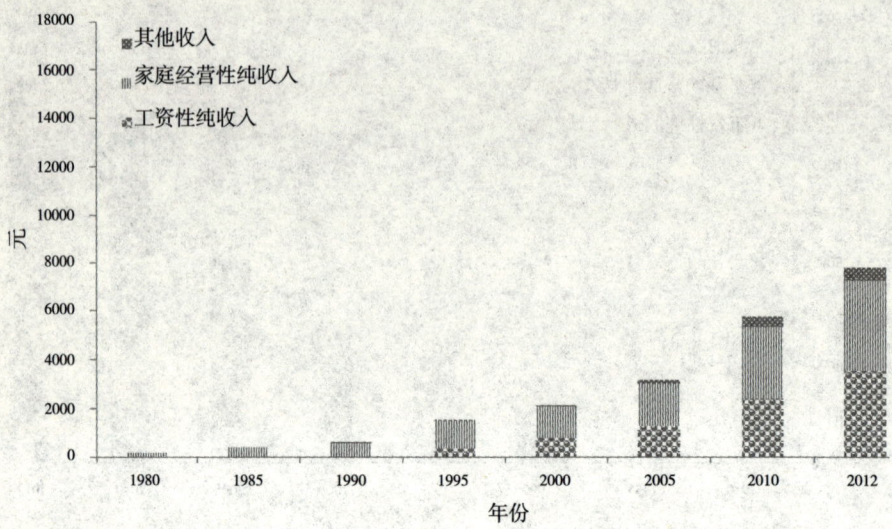

图 7.34　江西农民人均纯收入构成

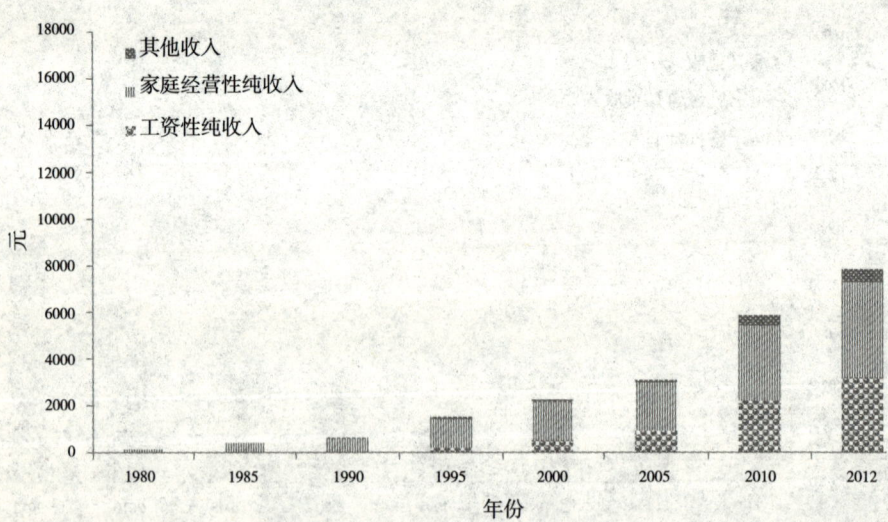

图 7.35　湖北农民人均纯收入构成

7 中国稻作经济与政策支持

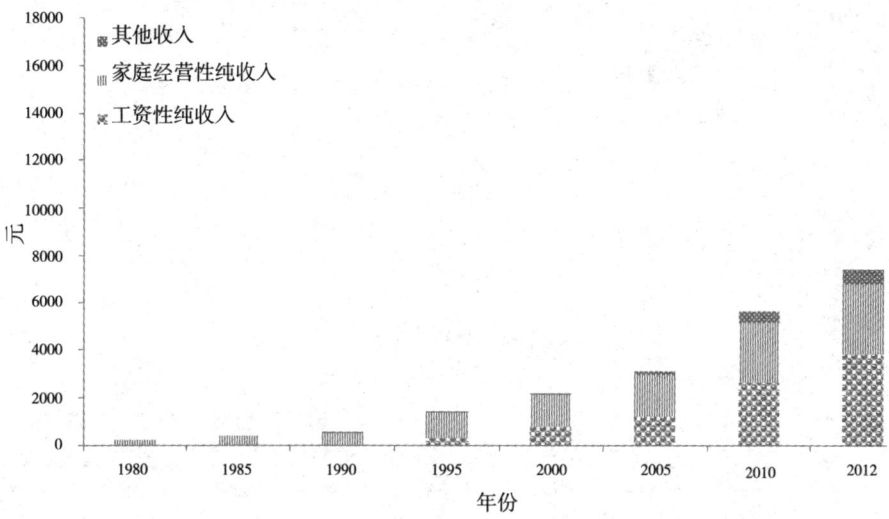

图 7.36 湖南农民人均纯收入构成

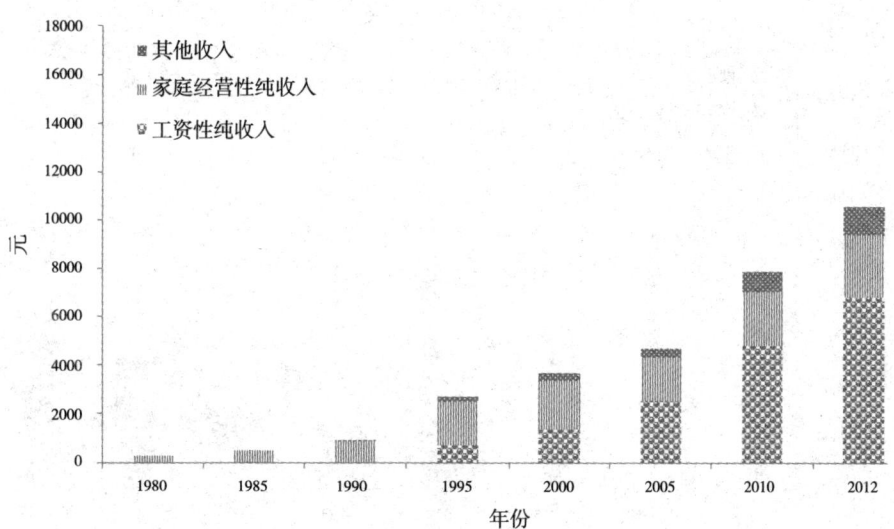

图 7.37 广东农民人均纯收入构成

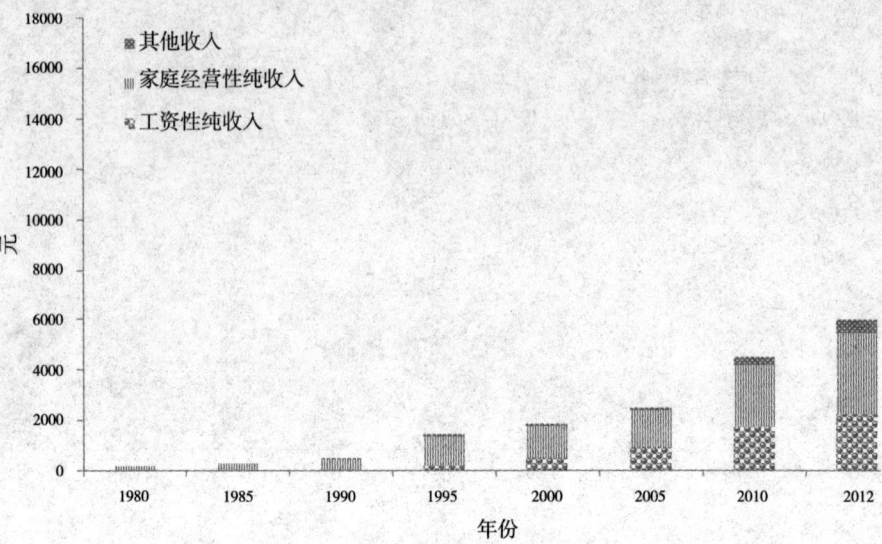

图 7.38　广西农民人均纯收入构成

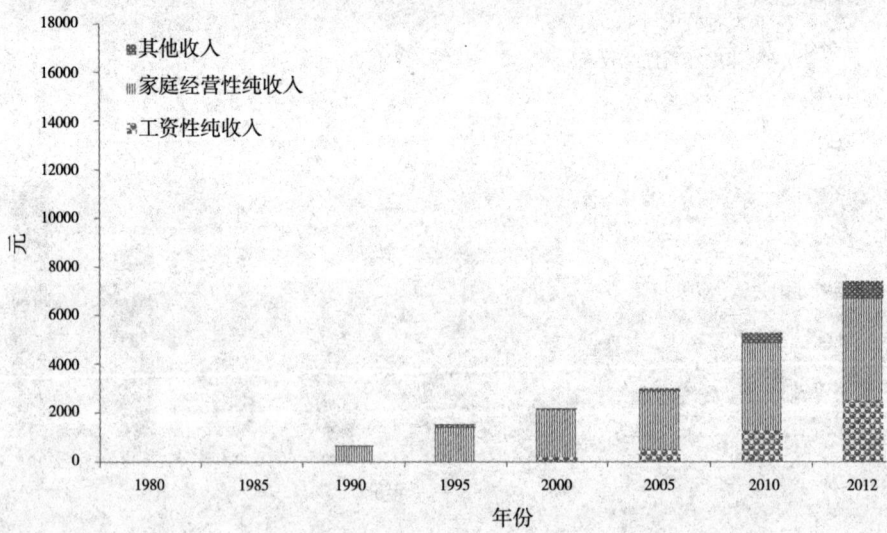

图 7.39　海南农民人均纯收入构成

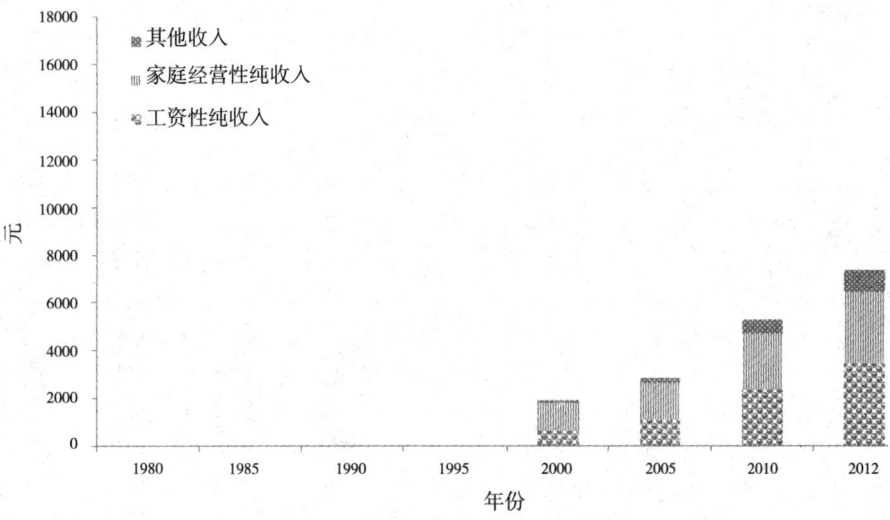

图7.40 重庆农民人均纯收入构成

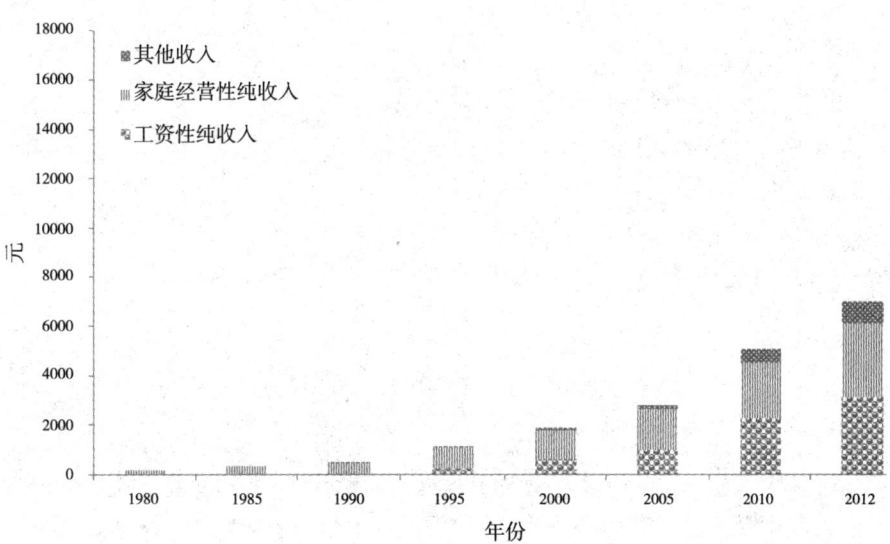

图7.41 四川农民人均纯收入构成

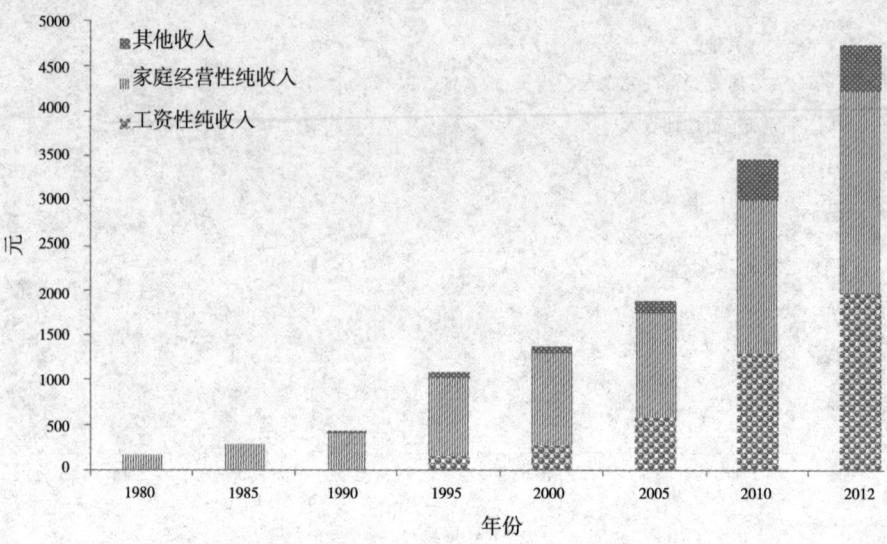

图 7.42　贵州农民人均纯收入构成

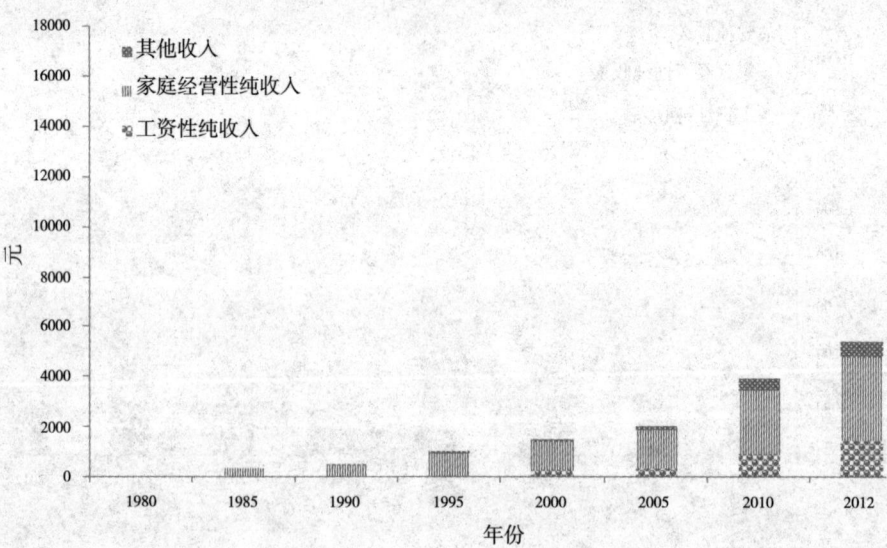

图 7.43　云南农民人均纯收入构成

7 中国稻作经济与政策支持

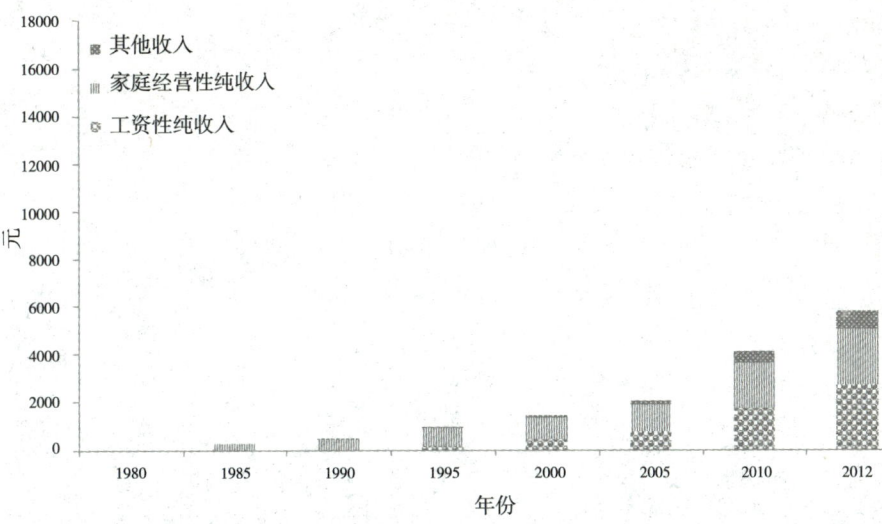

图 7.44　陕西农民人均纯收入构成

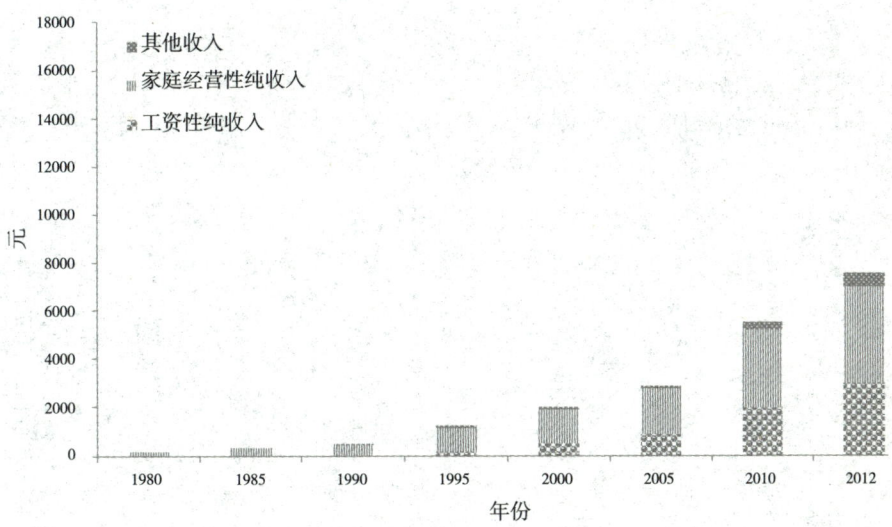

图 7.45　河南农民人均纯收入构成

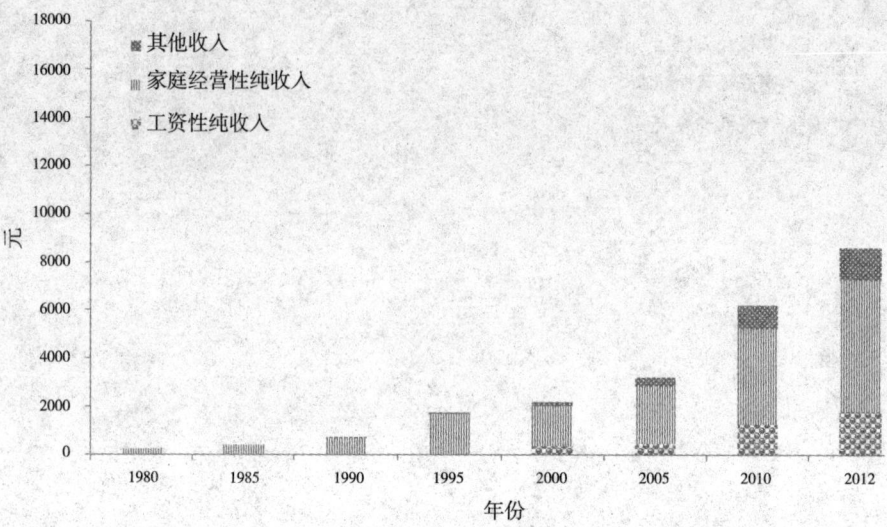

图7.46 黑龙江农民人均纯收入构成

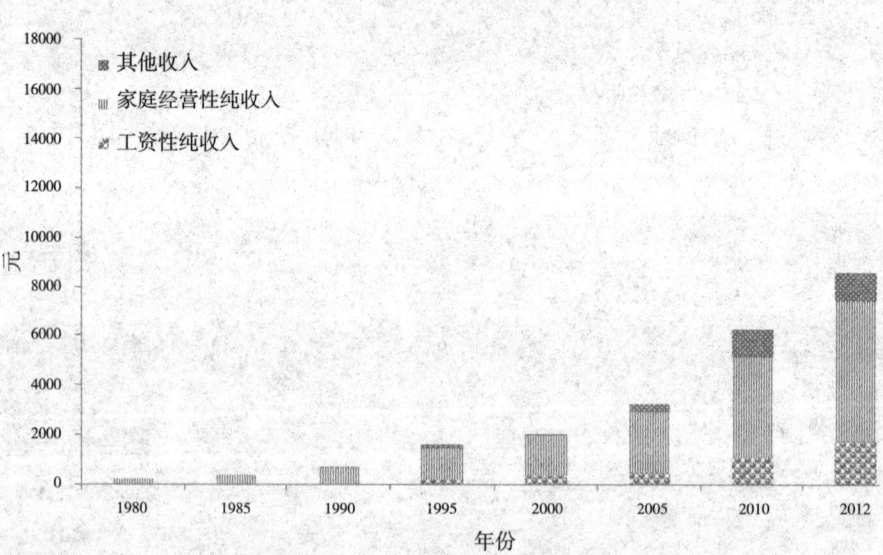

图7.47 吉林农民人均纯收入构成

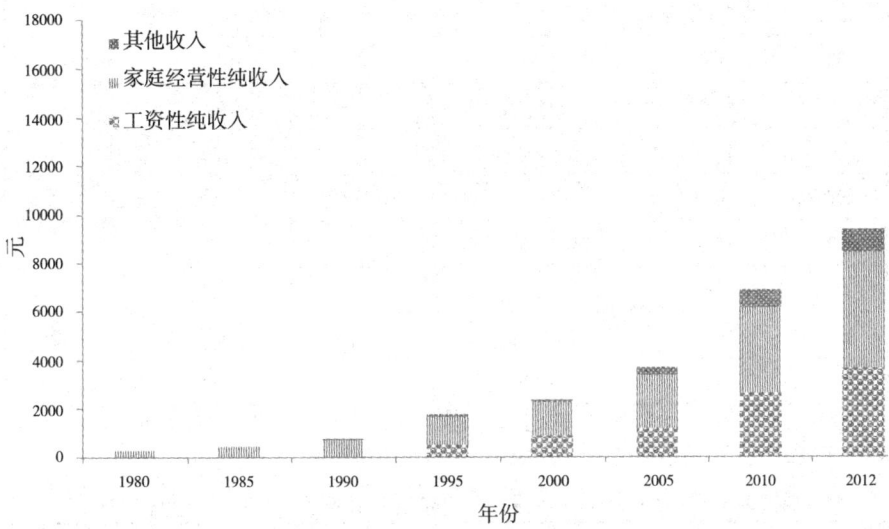

图 7.48 辽宁农民人均纯收入构成

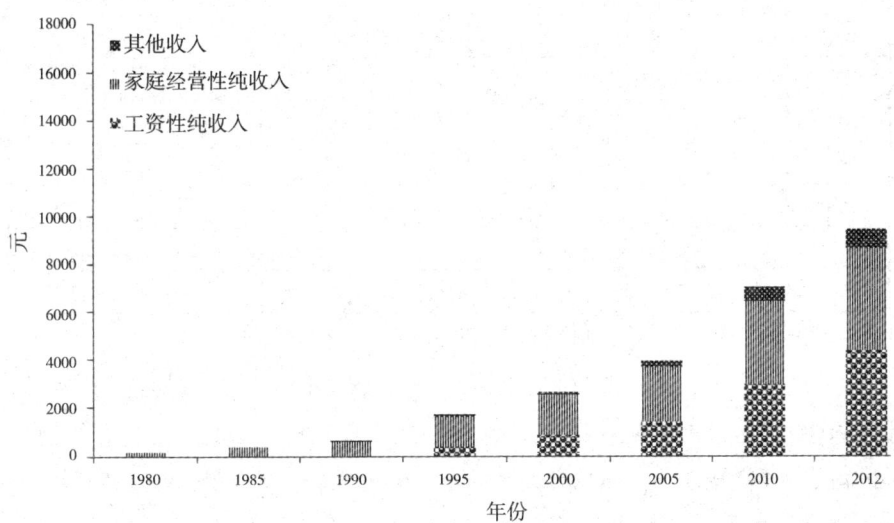

图 7.49 河北农民人均纯收入构成

表7-2 中国水稻生产净利润　　单位：元·hm^{-2}

年份	稻作净利润	种植业平均净利润	种植业净利润与稻作净利润的差值
1980	350	1472	1122
1985	952	3388	2436
1991	1524	4302	2778
1995	5030	8867	3837
2000	1547	3839	2292
2005	2891	5255	2364
2010	4647	14670	10023
2012	4286	10129	5843

资料来源：1980—2012年《中国农村统计年鉴》；种植业平均净利润为主要种植业产品净利润的加权平均值，因未获得1990年相应数据，故用1991年数据。

表7-3　1980—2012年中国稻谷产值在国民经济中的地位　　单位：%

年份	稻谷产值占农业产值比重	稻谷产值占农林牧渔产值比重	稻谷产值占GDP比重
1980	24.1	18.2	7.7
1985	23.5	16.3	6.5
1990	22.2	14.3	5.9
1995	25.6	14.9	5.0
2000	14.0	7.8	2.0
2005	13.8	6.9	1.5
2010	12.5	6.7	1.2
2011	12.9	6.7	1.1
2012	12.0	6.3	1.1

资料来源：1980—2012年《中国农村统计年鉴》。

相较于南方，由于受气候等自然生态条件的限制，高附加值的农作物在中国北方难以大面积种植，水稻生产相对于玉米、小麦、大豆等作物来说净收益要高出不少。如2012年黑龙江单位面积粳稻净利润为4537元·hm^{-2}，而大豆、小麦和玉米则分别为3410元·hm^{-2}、1817元·hm^{-2}和1261元·hm^{-2}。[①] 值得注意的是虽然东北地区的水资源略好于中国华北和西北地区，但是和南方稻区相比相差甚远。对于需水量极大的水稻种植来

---

① 国家发展和改革委员会价格司：《全国农产品成本收益资料汇编2013》，2013年。

说,东北地区的水资源供应越来越显得不足,这在一定程度上可能会限制该区水稻种植在未来的进一步扩大。

7.2.4 稻米消费结构

水稻有籼稻和粳稻之分。籼稻在无霜期长的地区一年可多熟,故主要分布在南方,而粳稻的日照时间短、生长期长、比较耐寒的特性,主产地是东北。粳米米粒短圆,蛋白质含量较高,口感好,基本上是作为口粮消费。黄季焜[①]研究表明,粳米需求的收入弹性最高为0.138,其他米、杂交米和籼米的弹性分别为0.102、0.099和-0.116,农民收入每提高10%,粳米消费量就增加1.38%,而籼米的消费量就减少1.16%。上世纪80年代以来,随着人民收入水平不断改善,人们的饮食偏好也发生了一些变化,以吃面食为主的北方人对稻米的消费增加迅速,稻米消费区域逐渐向北扩展[②];而南方消费者对稻米的偏好逐渐从籼米转向粳米,引致粳米消费增长呈逐年上升态势,南方已成为我国最大的粳米消费区。[③] 近些年来,国内粳稻的市场价格持续升高,2012年粳稻的全国平均净利润是725.2元·t^{-1},而早籼稻、中籼稻和晚籼稻的平均净利润分别是301.2元·t^{-1}、701元·t^{-1}和541.2元·t^{-1},特别是早籼稻、晚籼稻与粳稻的收益差距大。这在一定程度上解释了东北稻作区进一步扩大和南方各稻区"双改单"的现象。

7.2.5 粮食政策

中国粮食生产政策大致经历了三个时期变化。①中华人民共和国成立后至改革开放(1949~1978年),中国处于计划经济体制时期。为了实现工业化原始积累,政府对农产品实行低价收购的统购统销政策,政府对粮食生产

---

① 黄季焜:《收入增长与农村稻米消费的演变》,《农业经济问题》1994年第8期,第48—52页。

② 黄季焜、罗斯高:《中国水稻的生产潜力、消费与贸易》,《中国农村经济》1996年第4期,第21—27页。

③ 花劲、周年兵、张洪程、霍中洋、许轲、魏海燕、高辉、郭保卫、戴其根、张军、周培建、程飞虎、黄大山、陈忠平、陈国梁:《南方粳稻生产与发展研究及对策》,《中国稻米》2014年第20卷第1期,第5—11页。

基本上是"取多予少"①，生产资料低价销售和亏损补贴是这一时期政府支持粮食生产的主要途径。② ②1978年后，中国实行改革开放政策，开展市场化取向的农村改革。至2003年前，中国政府对包括水稻的粮食生产的支持政策主要体现在：提价收购、保价收购和财政支农有所增加，但农业税费负担重，部分支农优惠政策被取消。③ ③2004年后，中国支农政策全面转型，主要表现在：a. 对重点粮食品种水稻和小麦实行最低价收购，并持续提高最低收购价；b. 2006年起废止《农业税条例》，全面取消农业税，大幅减轻农民负担；c. 对粮食生产开展直接补贴，主要有良种补贴、粮食直补、农资综合补贴和农机具购置补贴等四种补贴方式；d. 财政支持粮食生产大幅提高，2012年中央财政四项直接补贴预算金额达到 1628×10^8 元④，是2004年的10倍多。

改革开放前中国对农业实行全面计划管理，对农产品实行统购统销政策，以低价向工业企业和城市供应粮食，为实现工业原始积累打基础。在这一阶段，国家对粮食生产的支持主要是农资低价销售和农资企业的亏损补贴，但是20多年间财政支农总额仅为 1577×10^8 元。⑤ 本文认为，农用化学品特别是化肥使用和水稻栽培新技术、高产新品种的研究推广是这一时期水稻产量大幅度提高的主要原因。当然，计划经济为水稻播种面积总体上的大幅度增加也起到至关重要的作用。1978~1989年，国家通过提高粮食收购价来调动农民种粮积极性，可能因农业税的增加、农资价格逐步上涨和土地资源市场配置等因素影响，全国水稻播种面积不再增加，呈现基本稳定状态。1990~2003年，尽管政府实施粮食保价收购政策、米袋子省长负责制和加强财政支持农业基础建设，可能因农业税费负担过重、非农经营活动的进一步拓展和1997年后粮价持续下跌，致使中国水稻播种面

---

① 亢霞：《我国粮食支持政策发展的阶段特征分析》，《农村财政与财务》2008年第4期，第9—10页。
② 程国强：《中国农业补贴制度与政策选择》，中国发展出版社2011年版。
③ 亢霞：《新中国成立60年来我国粮食价格政策演变》，《中国粮食经济》2010年第4期，第13—16页；王扬、张晓涛：《改革开放以来中国粮食政策的演变》，《粮食科技与经济》2004年第2期，第4—5页。
④ 数据来源见《2012年中央财政预算安排"三农"支出12286.6亿元》，http://www.gov.cn/gzdt/2012-04/27/content_2124858.htm。
⑤ 程国强：《中国农业补贴制度与政策选择》，中国发展出版社2011年版。

积总体上表现为下降,主要是南方经济发达地区播种面积不断减少。2004年后,中国政府开始部署工业反哺农业和城市支持农村的战略,对粮食生产采取了最低收购价、粮农直接补贴和取消农业税三大措施,以保障粮食安全和农民收入。稻谷平均销售价格从 2004 年的 1600 元·t^{-1} 上升到 2012 年的 2760 元·t^{-1},财政对粮农的四项补贴预算从 2004 年的 145×10^8 元增加到 2012 年的 1628×10^8 元,取消农业税后平均每个农民减负 140 元。① 在这些措施的强力推动下,中国水稻播种面积从 2003 年 $26508 \times 10^3 hm^2$ 增长到 2012 年的 $30138 \times 10^3 hm^2$,其中华中稻作区和东北稻作区分别增加 $2049 \times 10^3 hm^2$ 和 $2100 \times 10^3 hm^2$,但是华南稻作区水稻播种面积依旧呈整体减少趋势。在这一阶段,国家粮食政策对恢复稻作面积应该起到了促进作用。

综上所述,技术进步提高了水稻单产,引致总产量增加,不仅为满足稻米市场需求提供了保障,而且为种植面积的减少提供了可能;农民非农活动收益不断增长和稻作比较效益持续下降是南方稻作面积下降的主要影响因子;规模效益、消费者偏好粳米和比较效益较高是东北稻作面积增长的主要原因;种粮直接补贴和取消农业税等惠农政策有利于稻作面积的稳定和恢复。

7.3 中国稻作的困境

虽然中国稻谷总产量 2004 年至 2012 年取得了 9 连增的丰收,但是确保供需平衡的压力并未减轻,而是长期趋紧。主要体现在以下几个方面。

(1) 稻谷需求的刚性增长。中国总人口已超过 13.6×10^8,而且人口还在继续增加,2011~2014 年每年增加的人口分别是 $644 \times 10^4$②、$669 \times 10^4$③、$668 \times 10^4$④ 和 710×10^4。⑤ 据统计⑥,进入本世纪以来中国稻米的出

---

① 同上。
② 数据来自《中华人民共和国 2011 年国民经济和社会发展统计公报》。
③ 数据来自《中华人民共和国 2012 年国民经济和社会发展统计公报》。
④ 数据来自《中华人民共和国 2013 年国民经济和社会发展统计公报》。
⑤ 数据来自《中华人民共和国 2014 年国民经济和社会发展统计公报》。
⑥ 数据来自《中国农村统计年鉴 2001》和《中国农村统计年鉴 2013》。

口量锐减,从 2000 年的 295×10^4 t 减少到 2012 年的 28×10^4 t,而进口量却从 24×10^4 t 增长到 237×10^4 t。① 而且,最新的证据表明中国稻谷进口量还在增加,据海关统计 2013 年中国稻米进口量达 227×10^4 t,但实际上进口量达 400×10^4 t②,而出口量仅为 48×10^4 t。③ 这表明中国稻谷供求在发生变化,既可能是对高品质的需求也可能是数量的需求。虽然还没有直接证据表明即将全面实施的"二孩"政策对中国人口增长的影响,但是从中国传统文化和习俗的影响考虑,这一政策至少在今后一段时期会对中国人口的增长起到促进作用。随着收入水平的不断提高,食品消费结构的不断改善,人们对优质稻米需求量在增长,饲料用粮和食品加工用量也表现出较大的增长空间。而且,随着生物质能源发展迅速,利用稻谷作为生物质能源也有不小利用空间。另外,本世纪以来中国粮食生产虽然获得了丰收,取得了连续 9 年增产的骄人成绩,但是仍满足不了国内市场需求,需要进口以弥补国内供给的缺口,中国粮食净进口量从 2000 年的 -21×10^4 t 增加到 2012 年的 7140×10^4 t④,2012 年的净进口量已达到生产量的 12%。近 3 年全球粮食贸易总量约 3×10^8 t,仅相当于中国年消费量的 1/2,中国粮食大量进口将导致国际粮食价格波动,这不利于维护中国粮食安全。而且,受世界人口增长、耕地资源和淡水资源约束以及气候异常等因素影响,全球粮食供求将长期趋紧。⑤ 虽然当前中国粮食进口主要品种是小麦、玉米和大豆,但是无形之中会将国内粮食生产的压力部分转嫁给稻谷生产。根据《国家粮食安全中长期规划纲要 (2008 - 2020 年)》,中国粮食自给率需稳定在 95% 以上,稻谷生产需保持自给水平。从近年稻谷进出口情况来

---

① 包含稻谷和大米。
② 陈锡文:《中国粮食政策面临两难选择》. http://china.caixin.com/2013 - 12 - 31/100623750.html.
③ 国家统计局农村社会经济调查司:《中国农村统计年鉴 2013》,中国统计出版社 2013 年版。
④ 国家统计局农村社会经济调查司:《中国农村统计年鉴 2014》,中国统计出版社 2014 年版。
⑤ 见《国家粮食安全中长期规划纲要 (2008 - 2020 年)》,http://www.gov.cn/jrzg/2008 - 11/13/content_ 1148414.htm.

看，2011年、2012年、2013年和2014年稻米净进口量①分别约为 $-23 \times 10^4 t$、$210 \times 10^4 t$、$179 \times 10^4 t$②和$216 \times 10^4 t$，约占同年国内稻米生产总量③的-0.16%、1.5%、1.3%和1.5%。如果可将净进口视为国内需求④缺口的话，那么中国稻米自给率有下降态势。中国粮食自给率已经略低于90%⑤，而且还在继续扩大与95%的预期目标的差距，这一紧张局势迫使中国保护耕地面积，特别是保护主要口粮作物——稻谷的耕地面积。如果将净进口稻米折算成所需要的稻田面积，则中国约需增加播种面积$420 \times 10^3 hm^2$。⑥

（2）最低收购价政策和直接补贴粮农政策对促进水稻生产起到了明显作用，但其负效应和局限性也是明显的。进入本世纪后我国陆续出台反哺农业政策，实施了粮食最低收购价、粮食直补、良种补贴、农资综合补贴、农机具购置补贴和废止农业税等一系列措施。这些政策措施激励了稻农积极性，不仅遏制住了水稻播种面积持续减少的趋势，而且十年间恢复了$3600 \times 10^3 hm^2$面积，对保障粮食安全和增加农民收入起到了作用。然而，最低收购价政策也存在明显弊端。2008年以来，稻谷最低收购价逐年提高，如今较2007年翻了约一番，国产大米价格已明显高于进口大米到岸完税价，一些粮食企业宁愿使用进口米⑦，引致近几年我国大米进口量持续远高于出口量。如果提高或维持高的最低收购价，将会继续刺激进口大

---

① 2011—2013年数据来源于2012年至2014年《中国农村统计年鉴》，2014年数据来自农业部提供的2014年1-12月主要农产品进出口贸易数据，http://www.moa.gov.cn/ztzl/nybrl/rlxx/201501/t20150130_4373610.htm。

② 如按陈锡文在《中国粮食政策面临两难选择》所用的数据，此处应为$350 \times 10^4 t$，考虑到数据引用的延续性，本文此处引用政府统计数据。

③ 按0.7的系数将稻谷折算成稻米。

④ 这种需求可能来自进口稻米质量优势和/或进口稻米价格优势，难以归因于消费量高于国内供应量，因为中国稻谷每年库存量仍旧高于进口量，2010年至2013年稻谷年末库存量分别为$5524 \times 10^4 t$、6109×10^4、$7284 \times 10^4 t$和$1205 \times 10^4 t$，数据来自中华粮网 http://datacenter.cngrain.com/IndexProduce.aspx?Flag=3&IsHome=1&TId=74。

⑤ 国内粮食总产量与主要粮食作物净进口量和国内粮食总产量之和的比值，中国2012年和2013年的粮食自给率分别约89.1%和88.8%。

⑥ 单产按6800kg·hm^3计算。

⑦ 周孟娴、许嘉伊：《国内外稻米产业结构与发展趋势》，《粮食安全与生技》2013年第36期，第1—7页。

米和国产大米的数量增加,但会对国产稻谷市场流通造成影响。① 如果下调最低收购价,必然挫伤稻农积极性,播种面积将会减少。此外,粮食补贴措施的局限也已表现出来,我国粮食补贴支出已基本达到 WTO 规定的上限,已没有继续增加的空间。

(3) 水稻生产的经济效益低。中国水稻生产的净利润虽然已从 1980 年的 350 元·hm^{-2}提高到 2012 年的 4286 元·hm^{-2},但与同期种植业平均净利润相比,分别减少 1120 元·hm^{-2}和 5840 元·hm^{-2},而且差距在拉大(表 7-2)。稻谷产值占农业总产值、农林牧渔产值和国内生产总值的比例越来越小(表 7-3)。因经济效益低,传统水稻优势生产区——南方地区稻田的转作、休耕、建设占用和双季稻改单季稻等现象发生严重。与 1980 年相比,南方的华南稻作区和华中稻作区的播种面积分别下降了 40% 和 19%,尤其是发达省份下降幅度大,如浙江、广东、福建和江苏分别约减少 70%、53%、50% 和 19%。

(4) 资源环境约束日益趋紧。农用化学品特别是化肥的使用是中国水稻高产稳产的重要支撑,这是不争的事实。但是为了追求产量的持续增加,中国水稻生产的农用化学品投入量已远超发达国家设置的 225kg·hm^{-2}的警戒线,2012 年的投入量达到 320kg·hm^{-2}。② 农用化学品的高投入,已经对土壤和水体造成严重污染,对生态系统构成了破坏,人们健康也受到威胁和损害。伴随着农业生态化经营的全球呼声越来越高,若继续增加水稻生产的农用化学品投入,农村生态环境将难以承受,农产品安全也难以保障,同时也难以实现增产的目的。种植水稻需要长时间保持田间灌水,虽然大部分不被水稻吸收利用,而是通过腾发作用返回自然,但水稻种植期间与其他粮食作物相比,需大量水保持稻田湿润是事实。中国淡水资源日益显现出总体上不足特征,从空间分布来看是南方相对丰富,北方缺水明显的特征。而目前中国水稻生产格局是南方稻田面积不断减少,重心北移。中国进一步发展水稻生产的空间将受到水资源匮乏的严重限制。而且,虽然近些年来东北稻作面积增长量大,但是该地区土地资源总量是有限的,稻作面积增长空间极其有

---

① 陈锡文:《中国粮食政策面临两难选择》. http://china.caixin.com/2013-12-31/100623750.html。

② 国家统计局农村社会经济调查司:《中国农村统计年鉴 2013》,中国统计出版社,2013 年。

限。应对水资源和耕地资源约束,实现稻作可持续发展,结束南方水稻播种面积继续减少的局面可能是必需的选择。

(5) 依靠提高单产来满足继续增长的稻谷需求的难度加大。自上世纪 70 年代以来,中国水稻栽培育种技术发展十分迅速。一大批高产新品种和新栽培技术陆续涌向田间,为中国水稻高产稳产提供了强大科技动力。科学家们还在继续挖掘水稻单产增产潜力,理论上水稻单产存在较大的增产潜力①,但是增产潜力呈下降趋势。② 中国稻谷单产从 $2t \cdot hm^{-2}$ 提高到 $3t \cdot hm^{-2}$、从 $3t \cdot hm^{-2}$ 提高到 $4t \cdot hm^{-2}$、从 $4t \cdot hm^{-2}$ 提高到 $5t \cdot hm^{-2}$ 和从 $5t \cdot hm^{-2}$ 提高到 $6t \cdot hm^{-2}$ 分别用了约 15 年、13 年、5 年和 11 年时间,自 1995 年后迄今已有 20 年时间还未能突破 $7t \cdot hm^{-2}$。稻谷单产从低产量到高产量经历了花时递减到花时递增的过程,这表明虽然水稻还存在增产潜力,但实现增产的难度越来越大。

(6) 依靠进口和海外屯田策略弥补国内需求难以持续。近十年来,世界大米生产虽呈增长趋势,从 2004 年的 $401 \times 10^6 t$ 增长到 2014 年的 $475 \times 10^6 t$,但消费量也呈增长趋势,已从 2004 年的 $408 \times 10^6 t$ 上升到 2014 年的 $483 \times 10^6 t$③,自 2012 年来,世界大米消费量开始超过供应量。这一现象表明世界大米供应逐渐趋紧。而近些年来中国大米进口连年增加,2013 年已突破 $4 \times 10^6 t$,进口量约占世界大米出口量的 1/10。如果世界大米消费量继续超过供应量(这一趋势是明显的),同时中国持续增加进口量,势必发生国家之间的大米进口竞争,不仅会提高国际粮价,而且中国的进口量会受到制约。随着国内粮食安全紧张局势加剧,虽然 2006 年中国政府已开

---

① 袁隆平:《中国人的饭碗一定要端在自己手中》,《新湘评论》2014 年第 20 期,第 8—9 页;袁隆平:《选育高产杂交水稻的进一步设想》,《杂交水稻》2012 年第 27 卷第 6 期,第 1 - 2 页;周广庚、孟维韧、全东兴、金成海、南钟浩:《吉林省水稻生产及增产潜力研究》,《沈阳农业大学学报》2012 年第 43 卷第 6 期,第 688 - 692 页;彭既明、袁隆平、陈立湘、肖利民、徐秋生、吴朝晖:《湖南隆回超级杂交稻"百亩方"单产突破 $13.5t/hm^2$ 的栽培技术》,《杂交水稻》2011 年第 26 卷第 6 期,第 49—50 页;付修勇、张晶、王景平、宋宁宁:《基于栅格的中国一季稻生产潜力研究》,《中国人口·资源与环境》2008 年第 18 卷第 4 期,第 99 - 103 页。

② 张玉芳、庞艳梅、刘琰琰、陈超、董孝斌:《近 50 年四川省水稻生产潜力变化特征分析》,《中国生态农业学报》2014 年第 22 卷第 7 期,第 813—820 页。

③ 数据来自中华粮网数据中心. http://datacenter.cngrain.com/IndexProduce.aspx? Flag = 3&IsHome = 0&TId = 74&Str = NS。

始出台支持农业走出去政策①，但是因投资国制度和市场环境变化的不确定性、对外投资农业的跨国企业实力和竞争力不强、政府支持农业对外投资的政策和服务水平有待提高等因素影响，显得困难重重，收效甚微。②中国海外农业走向成熟，还有很长的一段路要走。

综上所述，受中国稻谷需求刚性增长、效益低、南方稻作面积持续减少、水资源短缺、面源污染加剧、WTO"黄箱政策"限制、单产提高难度加大、进口约束和海外农业发展困难重重等因素的影响，中国稻谷供需可能将长期处于脆弱平衡、强制平衡和紧张平衡状态③，中国稻作可持续经营面临严峻挑战。

7.4 稻作绿色补贴建议

如何实现稻作可持续经营，以保障中国消费者对稻谷的需求？从前面的分析结果来看，最优途径可能是确保稻作面积数量稳中有增。这就需要进一步调动农民积极性。中国农民在经济上是弱势群体，虽然改革开放以后，农民收入有了快速增长，但城乡居民之间的收入差距并未缩小，反呈扩大趋势。虽然不能低估农民为社会做出牺牲的道德情感，但是生存生活的需要，难以不把获取经济利益作为他们从事农业生产首要目标。

导致稻作面积减少的最主要原因，从农户的角度看应该是稻作边际收益低于其机会成本。在中国最低价收购和种粮补贴政策支持下，稻谷价格和种粮补贴连年增长，但还是未能阻止南方发达地区稻作面积减少的步伐。

如果继续提高稻谷最低价收购政策，有可能形成进口大米成本优势明显的状况，难免会刺激粮食企业继续增加进口稻米数量。看来最低价收购

---

① 为鼓励农业走出去，2006年6月，商务部、农业部和财政部联合下发了《关于加快实施农业"走出去"战略若干意见》（商合发 [2006] 212号），2012年农业部制定了《农业国际合作发展"十二五"规划（2011—2015年）》。

② 焦建：《中国粮食安全报告》，《财经》2013年第35期，第76—92页。

③ 脆弱平衡是保障的资源条件贫乏，强制平衡是经济社会要素投入大、政府强力主导，紧张平衡是保障食物及粮食安全的总供给能力不宽裕。见肖俊彦：《警惕我国粮食安全保障能力下降》，《农业经济问题》2012年第6期，第9—13页。

政策虽为农民种粮提供了保障,恐怕难以维系长久。调动农民种粮积极性的另一项重要政策——种粮直接补贴的4个主要子项——粮食直补、农资综合补贴、良种补贴和农机具购置补贴中,除粮食直补属"绿箱政策"不受WTO规则约束外,其他3项均属WTO"黄箱政策"措施,补贴总量受到中国加入WTO承诺限制。① 在种粮4项直接补贴中,粮食直补所占份额小,自2007年以来中央财政每年安排约151×10^8元,而其他3项补贴每年递增,2012年财政支出达到1492×10^8元。② 2012年稻谷、小麦、玉米和棉花总产值为14063×10^8元,农资综合补贴、良种补贴和农机具购置补贴的财政支出是这4种产品总产值的10%。当然,这3项补贴范围不止上述4项产品,如农作物良种补贴还包括大豆、青稞、花生和油菜等农作物品种。如果持续加大农资综合补贴、良种补贴和农机具购置补贴,将受WTO"黄箱政策"限制。但是不加大补贴,以使农民使用其资源种植水稻的边际效益等于其机会成本,那么,稻作面积将会减少。

如果政府不加干预,任由市场调控,要激励农民种稻积极性,特别是在水稻生产成本不断增加的形势下③,除非稻谷价格上涨到种稻边际效益等于其机会成本的状态。在竞争市场,当种稻的机会成本高于其边际收益时,农民会将有限资源投入到比种稻更高边际效益的生产活动,引致稻作面积继续减少和总产量减少,当然这会促使稻谷价格上涨,直到实现资源投入的边际效益相等。但是稻谷价格上涨可能会引发其他产品价格的连锁反应,导致"米贵伤民",甚至增加整个物价上涨压力。④ 这对还有超过七千万贫困人口的中国,意味着什么超出了本文探讨范围,故本章不做进一步分析。

上述分析表明,如果中国水稻生产任由市场调控,政府不加干预,要

---

① 中国入世承诺,非特定产品补贴不超过农业总产值的8.5%的微量允许,特定产品补贴不超过该产品产值的8.5%。大米、玉米、小麦和棉花属于特定产品。

② 财政部《关于2012年中央决算的报告》中提到中央财政拨付农民的粮食直补、农资综合补贴、良种补贴、农机购置补贴共计1643亿元。

③ 2009—2013年,每公顷稻作的平均成本分别是10247元、11499元、13455元、15827元和17267元,数据源自2010年至2014年的《全国农产品成本收益资料汇编》。

④ 程国强、朱满德:《中国粮食宏观调控的现实状态与政策框架》,《宏观经济》2013年第1期,第18—34页。

实现供给量满足消费者需求是高风险的,特别是当与稻米主要出口国发生突发事件或稻米主要出口国出现严重自然灾害时,依赖国际市场来弥补国内稻米供给量短缺的计划可能会落空。作为世界上人口最多和稻谷消费量最多的国家,保障足够稻作面积不仅是中国粮食安全的需要,也是世界粮食安全的需要。正如许多发达国家正在利用补贴手段来保障国家粮食安全,中国也在采用补贴措施来稳定和促进稻谷生产。研究表明粮食生产补贴政策对中国粮食生产具有激励作用,对贫困地区的影响大于非贫困地区,尤其是在资本投入方面[1],对农户非农劳动时间供给具有显著的负面影响[2],对农民收入提高发挥了一定作用,补贴并没有扭曲市场。[3] 但是,中国的农业补贴政策与发达国家相比还存在明显差距。(1)从补贴规模来看,美国的农业补贴占农民收入的比例超过40%,而中国却不到10%,中国农业补贴还有很大的空间。[4] (2)从补贴途径来看,因价格补贴政策的效率低,直接补贴已成为发达国家农业政策改革的普遍取向[5],中国的核心举措是价格支持。[6] (3)发达国家直接补贴措施逐渐转向不与生产挂钩、有利于环境保护的"绿箱政策",这类补贴没有或仅产生微小的贸易扭曲,不受WTO规则限制,免于削减义务。如美国的自然资源和环境保护的补贴、欧盟的单一支付计划(Single Payment Scheme,SPS)和日本山区半山区粮食直接补贴等,都将直接补贴与生态环境保护联系起来。[7] 中国的4项农业直接补贴有3项属"黄箱政策"措施,其补贴上限受WTO规则限制。中国粮食生产的"黄箱政策"已接近WTO规定的上限,难以持续开展此类补贴。

---

[1] 王欧、杨进:《农业补贴对中国农户粮食生产的影响》,《中国农村经济》2014年第5期,第20—28页。

[2] 吴连翠、柳同音:《粮食补贴政策与农户非农就业行为研究》,《中国人口·资源与环境》2012年第22卷第2期,第100—106页。

[3] 黄季焜、王晓兵、智华勇、黄珠荣、Rozelle, S.:《粮食直补和农资综合补贴对农业生产的影响》,《农业技术经济》2011年第1期,第4—12页。

[4] 程云蕾:《美国农业补贴政策的变化》,《世界农业》2014年第3期,第107—110页。

[5] 徐元明:《发达国家粮食补贴政策及其对我国的启示》,《世界经济与政治论坛》2008年第6期,第112—116页。

[6] 程国强:《中国农业补贴制度与政策选择》,中国发展出版社2011年版。

[7] 李果仁:《西方主要发达国家粮食补贴政策对我国的启示》,《粮食问题研究》2012年第5期,第32—34页;侯明利:《日本粮食补贴政策经验及其启示》,《商业研究》2013年第2期,第196—199页。

而且，中国4项农业直接补贴中没有1项与生态环境保护联系起来。稻作的外部性影响迫使中国稻作可持续发展必须强调生态环境保护。中国可以借鉴发达国家经验，将直接补贴政策与生态环境保护挂钩，不但贡献于经济与生态协调发展，而且免于WTO规则的制约，同时也增加农民收入。

正如前文所述，稻作具有多功能性，其价值远超其市场收益。稻作多功能价值主要与其种植面积相关。稳定和增加稻作面积，不仅有利于维护稻作多功能性，而且可以增加稻谷供给。中国可以根据稻作多功能价值来设计稻作绿色补贴措施。但是，在制定绿色补贴制度时，不能将其仅视为对稻农的收入补贴，需要强调稻农的生态环境保护义务。第9章将探讨稻作绿色补贴制度的构建。

7.5 小结

与改革开放初期相比，中国稻作面积表现为整体减少。自2004年以来，中国稻作面积开始恢复，这得益于废除农业税和种粮补贴等政策支持。但对于南方发达地区，这些激励政策的效果甚微，稻作面积下降的趋势仍未改变。

中国水稻种植格局呈现"南减北增""双改单"和"籼改粳"趋势。科技进步提高产量为稻作面积减少提供了可能；种植水稻比较效益降低，以及非农经济效益大增是南方稻作面积减少的主要因子；稻米消费结构改变，引致水稻"籼改粳"；耕地资源相对丰富、易形成规模经济和种植水稻比较效益相对较高，是东北稻作面积大幅度增加的主要原因。

中国稻作面临严峻挑战，主要体现在：人口持续增长和人们生活水平改善等因素引致稻谷需求量呈继续增长趋势；支农政策弊端显现，难以为继；经济效益低，传统优势产区稻作面积下降幅度大；资源环境约束日益趋紧，影响稻作可持续经营；靠提高单产来实现稻谷增产难度加大；进口约束和海外稻作发展困难重重。中国稻谷供需将长期处于脆弱平衡、强制平衡和紧张平衡状态。

实现稻作可持续经营并保障中国消费者对稻谷需求的最优途径可能是确保稻作面积数量稳中有增。要达这一目的，需要提高稻作经济效益，实现其边际收益等于机会成本，以调动农民积极性。持续采用最低收购价、农资综合补贴、良种补贴和农机具购置补贴等"黄箱政策",将受 WTO 规则限制。中国可以借鉴发达国家经验,利用与生态环境保护挂钩的"绿箱政策",采用直接补贴的方式,这既可以提高农民收入,又利于生态环境保护,而且不受 WTO 规则制约。

应用 Coase 定理的机会极其有限,因为达成协议的交易成本可能高昂,特别是当涉及很多人时,尤其如此。如今,人们已形成一种共识:虽然明确配置产权可以解决某些外部性问题,但是对于大多数外部性,特别是与环境相关的外部性问题,还需要政府更多的积极干预。

政府之所以介入,不仅是因为市场未能促成有效率的结果,而且还因为政府相信,由个人偏好所反映的价值应该由某些价值来取代,同时,政府有权力和责任将这些价值强加于它的公民。政府拒绝接受消费者主权(即个人能够对自身的福利做出最好的判断)这一基本前提,因为政府认为,在某些特定的领域里,需要政府发挥父爱主义的作用,即在某些事情上,与个人做出的选择相比,政府做出的选择更好。[1]

基于以上观点,建议中国政府考虑稻作非市场效益,实施生态补偿这一"绿箱"措施——外部性内部化,以实现稻作永续经营。中国政府也应顾及"黄箱政策"的局限和负面影响,可考虑取消最低收购价,稻米的价格由市场决定,由市场来配置资源。

---

[1] 约瑟夫·E. 斯蒂格利茨、卡尔·E. 沃尔什:《经济学》(第四版)(上册),中国人民大学出版社 2010 年版,第 417 页。

8　外部性内部化

供给者不能享受正外部性活动的全部利益，此类活动就会过少；供给者不用承担自己所从事活动的全部负外部性成本，此类活动就会过多。①由市场来配置外部性通常难以奏效，这就需要采取激励供给者的干预措施。稻作的外部性价值远高于市场价值，这表明稻作的价值除了表现在市场物品外，更多的是以非市场服务形态进入人们的效用。然而，这些非市场服务的非排他性和非竞争性，亦即公共物品属性，未能通过价格机制在市场交易中使供给者获利，供给者不会主动为社会的非市场服务目标而努力。那么，社会和政府为实现稻作可持续发展而倡导的生态化经营理念将难以付诸实施。

生态系统服务付费②（Payment for Ecosystem Services，PES）又称生态补偿（Eco-compensation）是近年来出现的探讨生态系统外部性价值内在化的最重要概念，其实质是以保护和永续利用生态系统服务为目的，以经济手段为主调节相关利益者关系的制度。③如果补偿费用源自政府或公共机构，生态补偿也可称为绿色补贴（Green subsidy）。与管制手段相比，生态补偿手段具有激励作用和效率优势，因而受到了人们的广泛关注。生态补偿标准的确定是实现生态补偿目标的核心工作。目前，关于生态补偿的

---

① 约瑟夫·E. 斯蒂格利茨：《公共部门经济学（第三版）》（上），中国人民大学出版社2013年版。

② 生态系统服务付费或生态补偿与生态效益补偿（Payment for ecological benefit）、环境服务付费（Payment for environmental services）、环境服务补偿（Compensation for environmental services）所表达的意思基本相同，可把它们视为同义语。

③ 李文华、井村秀文：《生态补偿机制课题组报告》，2006年，http://www.china.com.cn/tech/zhuanti/wyh/2008-02/26/content_10728024_5.htm；Zbinden, S., Lee, D. R., "Paying for Environmental Services: An Analysis of Participation in Costa Rica's PSA Program", *World Development*, vol. 33, no. 2, 2005, pp. 255-272.

标准并未形成一致意见。从庇古补贴（Pigouvian subsidy）思想来看，补偿标准应等于带给社会的边际外部收益。[①] 但是，生态系统提供的外部性服务的价值量往往很大，消费者难以承担。Fischel 探讨了正外部性内部化问题，提出应补偿供给者的机会成本或者加上为社会提供的边际外部收益。[②] 有学者认为，应从供给方受偿意愿和受益者的支付意愿来考虑补偿额度。[③] 也有学者认为生态系统服务外部性价值可作为补偿的上限，将支付意愿作为补偿的下限，具体标准需考量供需双方的博弈。

以上生态补偿量化标准难以应用于农业生态补偿，因为它们未能考虑农业的非市场服务与市场物品的联合生产特征。本文试图从联合生产角度来回答农业的非市场服务是否必须补偿，以及如果需要补偿，补偿多少的问题。本章首先提出农业生态补偿的理论假设，然后定义解，求出其数学解，再探讨稻作的生态补偿标准。

8.1 假设

与自然保护区、公益林等生态保护项目不同，农业生态补偿的实施以农户家庭承包制为基础，这决定了该项目的供给主体不是公共部门，而是追求私人利润最大化的稻农。理论上，农业生态补偿的微观基础是农户自利性承包经营活动对环境产生的正外部性服务。补偿的目标是让农户的自利经营性活动产生合意的正外部性，以满足社会偏好目标。

本章的假设前提是：生产者追求经济效益最大化，公众追求社会福利最大化；生产者可以自由支配生产要素。

[①] 庇古：《福利经济学》，华夏出版社2007年版。

[②] Fischel, W. A., "The Economics of Zoning Laws: A Property Rights Approach to American Land Use Controls", Baltimore: Johns Hopkins University Press, 1987.

[③] Karin, J., Martin, D. and Frank W., "An ecological-economic modelling procedure to design compensation payments for the efficient spatio-temporal allocation of species protection measures" *Ecological Economics*, vol. 41, no. 1, 2002, pp. 37-49; Holmes, T., Alger, K., Zinkhan, C., Mercer, E., "The Effect of Response Time on Conjoint Analysis Estimates of Rainforest Protection Values", *Journal of Forestry Economics*, vol. 4, no. 1, 1998, pp. 7-28; 杨光梅、闵庆文、李文华、刘璐、荣金凤、吴雪宾：《基于CVM方法分析牧民对禁牧政策的受偿意愿——以锡林格勒草原为例》，《生态环境》2006年第15卷第4期，第747—751页。

假设（1）：生态系统提供的非市场服务只是生态补偿的必要条件，而非充要条件。

假设（2）：当公共物品与私人物品的联合生产处于互补关系时（社会福祉偏好不妨碍生产者私人福祉偏好），社会不需要对私人提供的外部效益进行补偿。

假设（3）：当公共物品与私人物品的联合生产处于互竞关系，社会福祉偏好与农户私人福祉偏好产生分歧，且满足社会福利偏好有损于农户私人福祉时，为满足社会福祉需求，需要补偿农户的经济损失。

假设（4）：当劳动力从事正外部性农业活动的报酬低于社会工资率时，如果要使劳动力继续从事正外部性农业活动，需补偿社会工资率与从正外部性农业活动所获劳动力报酬的差额。

假设（5）：当土地使用的机会成本高于正外部性农业活动的经济收益时，如果要使土地继续投入正外部性农业活动，需补偿机会成本与从正外部性农业活动所获经济效益的差额。

8.2 定义解

如果将非市场服务的供给狭义地视为生态生产，则可将非市场服务与市场物品的供给看成生态经济联合生产。在图 8.1 中，纵轴表示非市场物品（z）价值（V_z），横轴表示市场物品（q）产出（V_q）。假定随着 q、z 增加或减少，V_q 和 V_z 也相应增加或减少。非市场服务与市场物品的生产可能性边界用 PPF（Production Possibility Frontier）表示，表示在资源给定并都得到充分利用的情形下，两种产出的最优产出组合。根据 Heady 的农业联合生产理论，两类物品联合生产存在互补和互竞关系。[①] 当一种产出增加时，另一产出也增加的现象，称之为互补[②]（Complementation）；反之，当一类产出增加时，另一产出随之减少的现象则称为互竞（Competition）。在 PPF 上，当 $z \leqslant z_0$，z 与 q 的生产是互补的，当 $z > z_0$ 时，z 与 q 的

[①] Heady, E. O., "Economics of Agricultural Production and Resource use", Prentice – Hall of India PVT. LTD. 1964.

[②] 也有学者把它称为互助关系。

生产是互竞的，随着 q 的产量增加，z 产量逐渐减少。例如，在一块荒地进行水稻生产，当生产强度较低时，随着生产强度的增加，可以提高诸如水调节、景观、粮食安全等非市场功能，而且，水调节、土壤保育、生物多样性等非市场服务的改善也有助于提高水稻产量，此阶段市场物品与非市场服务的供给表现为互补关系。但是，生产强度的持续增加会带来面源污染等负外部性，这就会降低非市场服务功能，此时市场物品与非市场服务生产表现为互竞关系。

如图 8.1 所示，当 $0 \leq z \leq z_0$ 且 $0 \leq q \leq q_0$，农户可以生产更多的 z 同时也能增加他的市场物品 q 的产出，私人生产成本和社会成本都是 C_q。如果进行补偿，则会增加成本 C_z，这时社会成本 $C_s = C_q + C_z$，大于私人成本，不符合生产成本最优原理。根据生产者追求利润最大化的假定，当 $0 \leq z \leq z_0$ 且 $0 \leq q \leq q_0$ 时，不进行补偿，生产者也有动力继续从事这一活动，直至 $q = q_0$。这种情况下，外部性服务的价格是 0。也就是说，当非市场服务与市场物品的生产处于互补关系时，不需要对农业提供的非市场服务付费。

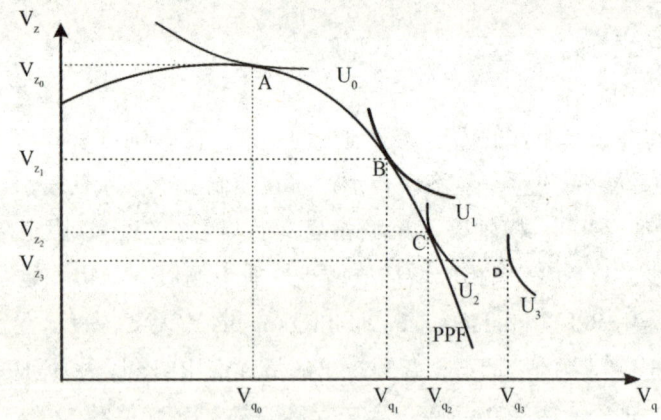

图 8.1 农业生态补偿模型

当 $q_0 < q$ 且 $z < z_0$ 时，如果不损失产量，就不能满足社会偏好的点 A (q_0, z_0)。如果要满足社会偏好，生产者会有 $q - q_0$ 的市场物品损失，也就是外部性服务 $z_0 - z$ 会有成本产生，即产生外部性服务的供给成本大于 0。生产者希望社会能为其满足社会需求所提供的外部性服务买单。

假设社会偏好分两种情境，一是偏好农业生态系统的非市场服务，其

效用无差异曲线是 U_0，与 PPF 曲线相交于点 A；二是顾及市场物品需求，社会偏好的无差异效用曲线是 U_1 而不是 U_0，与 PPF 曲线相切于点 B（q_1, z_1）。假设这两种情境都不能满足农户经济效益最大化目标。农户经营活动偏离社会最优目标，一般有三种情况：(1) 农户追求市场物品最大产出；(2) 当劳动力机会成本过高时，农户改变劳动力用途以追求经济利益最大化；(3) 当土地机会成本过高时，农户改变土地用途以实现经济效益最大化。图 8.1 中，U_2 表示农户追求最大产量的效用无差异曲线，此时与生产可能性边界的相切点为 C（q_2, z_2）；U_3 表示因农业经济效益低，农户改变其劳动力（土地）用途以提高其经济利润所获得的效用无差异曲线[①]，此时非市场服务与市场物品的供给组合为 D（q_3, z_3）点。因农户从事经营活动的目的是追求私人利润最大化，故无动力为提高非市场服务而减少市场物品，那么，无差异曲线 U_2 和 U_3 在 C 点和 D 点的边际替代率为 0；而农户有动力以减少非市场服务供给换取市场价值，当 $V_q > V_{q2}$ 或 $V_q > V_{q3}$ 时，边际替代率随市场物品数量的增加而递减。如果现实是（1）农户追求市场物品最大产出，要满足社会偏好目标点 A 或点 B 的非市场服务和市场物品组合，则应补偿农户的金额分别为 $V_{q2} - V_{q0}$ 或 $V_{q2} - V_{q1}$；（2）农户改变劳动力或土地用途，则应补偿农户的金额分别为 $V_{q3} - V_{q0}$ 或 $V_{q3} - V_{q1}$。

8.3 数学解

假设生产者追求利润最大化，公众追求社会效用最大化，社会偏好与生产者偏好产生分歧，生产者满足社会偏好会有市场价值损失，那么，要达到社会偏好的需求，需要补偿生产者的损失。在这里，我不打算考虑生产者的公益精神。无干预情况下，生产者不会主动牺牲私人利益来满足社会偏好。我们以生产者追求利润最大化来讨论生态补偿。生产者利润最大化函数如下：

$$\underset{q,z}{\text{Max}}\, \pi = p_q q + p_z z - C(q,z) \tag{1}$$

[①] 现实中，农户改变其劳动力用途与改变土地用途所获得的无差异曲线可能不同，但不妨碍理论模型描述。

π—利润，q—市场物品，z—外部性服务，p_q—q 的价格，p_z—z 的价格，$C(q, z)$—q 与 z 的生产成本。

假设农户的生产函数是

$$q = q(h, t, m) \tag{2}$$

h—土地，t—劳动力，m—物质投入（农用化学品）。

假设农户的成本函数是

$$C(q,z) = p_h h + p_t t + p_m m \tag{3}$$

p_h—土地价格，p_t—劳动力价格，p_m—投入品价格。

当 q 与 z 联合生产时，有

$$z = z(q) = z(q(h,t,m)) \tag{4}$$

（1）式可整理成

$$\text{Max}\pi = p_q q(h,t,m) + p_z z(q(h,t,m)) - (p_h h + p_t t + p_m m) \tag{5}$$

其约束条件（成本最小化）是

$$p_h \leq w_h \tag{6}$$

$$p_t \leq w_t \tag{7}$$

$$p_m \leq w_m \tag{8}$$

w_h、w_t 和 w_m 分别是地租、社会工资率和投入品的边际收益产品。①

建立拉格朗日函数，问题就是求最大化：

$$L = p_q q(h,t,m) + p_z z(q(h,t,m)) - (p_h h + p_t t + p_m m)$$
$$+ \lambda_1(w_h - p_h) + \lambda_2(w_t - p_t) + \lambda_3(w_m - p_m) \tag{9}$$

λ_1、λ_2 和 λ_3 分别是参数地租、社会工资率和投入品边际收益产品的变化引起的约束条件变化对目标函数最优值的影响。

分别对 h、t、m、λ_1、λ_2 和 λ_3 偏微分，建立求最优的 Kuhn—Tucker 条件：

$$\frac{\partial L}{\partial h} = p_q \frac{\partial q}{\partial h} + p_z \frac{\partial z}{\partial q} \frac{dq}{dh} - p_h \leq 0, h \geq 0 \text{ 且 } h \frac{\partial L}{\partial h} = 0 \tag{10a}$$

$$\frac{\partial L}{\partial t} = p_q \frac{\partial q}{\partial t} + p_z \frac{\partial z}{\partial q} \frac{dq}{dt} - p_t \leq 0, t \geq 0 \text{ 且 } t \frac{\partial L}{\partial t} = 0 \tag{10b}$$

---

① 追加 1 单位投入进行生产并出售产品而得到的额外收入。

$$\frac{\partial L}{\partial m} = p_q \frac{\partial q}{\partial m} + p_z \frac{\partial z}{\partial q} \frac{dq}{dm} - p_m \leq 0, m \geq 0 \text{ 且 } m \frac{\partial L}{\partial m} = 0 \quad (10c)$$

$$\frac{\partial L}{\partial \lambda_1} = w_h - p_h \geq 0, \lambda_1 \geq 0 \text{ 且 } \lambda_1 \frac{\partial L}{\partial \lambda_1} = 0 \quad (10d)$$

$$\frac{\partial L}{\partial \lambda_2} = w_t - p_t \geq 0, \lambda_2 \geq 0 \text{ 且 } \lambda_2 \frac{\partial L}{\partial \lambda_2} = 0 \quad (10e)$$

$$\frac{\partial L}{\partial \lambda_3} = w_m - p_m \geq 0, \lambda_3 \geq 0 \text{ 且 } \lambda_3 \frac{\partial L}{\partial \lambda_3} = 0 \quad (10f)$$

对于农业活动，假设 $h=0$ 或 $t=0$ 或 $m=0$ 或 $\lambda_1=0$ 或 $\lambda_2=0$ 或 $\lambda_3=0$ 不符合现实。因此，我们假设 h、t 和 m 都是非零的，并通过互补松弛推出 $\frac{\partial L}{\partial h} = \frac{\partial L}{\partial t} = \frac{\partial L}{\partial m} = \frac{\partial L}{\partial \lambda_1} = \frac{\partial L}{\partial \lambda_2} = \frac{\partial L}{\partial \lambda_3} = 0$。这意味着：

$$\frac{\partial L}{\partial h} = p_q \frac{\partial q}{\partial h} + p_z \frac{\partial z}{\partial q} \frac{dq}{dh} - p_h = 0 \quad (11a)$$

$$\frac{\partial L}{\partial t} = p_q \frac{\partial q}{\partial t} + p_z \frac{\partial z}{\partial q} \frac{dq}{dt} - p_t = 0 \quad (11b)$$

$$\frac{\partial L}{\partial m} = p_q \frac{\partial q}{\partial m} + p_z \frac{\partial z}{\partial q} \frac{dq}{dm} - p_m = 0 \quad (11c)$$

$$w_h - p_h = 0 \quad (11d)$$

$$w_t - p_t = 0 \quad (11e)$$

$$w_m - p_m = 0 \quad (11f)$$

将（11a）~（11c）变形，得

$$p_z \frac{\partial z}{\partial q} \frac{dq}{dh} = p_h - p_q \frac{\partial q}{\partial h} \quad (12a)$$

$$p_z \frac{\partial z}{\partial q} \frac{dq}{dt} = p_t - p_q \frac{\partial q}{\partial t} \quad (12b)$$

$$p_z \frac{\partial z}{\partial q} \frac{dq}{dm} = p_m - p_q \frac{\partial q}{\partial m} \quad (12c)$$

$p_z \frac{\partial z}{\partial q} \frac{dq}{dh}$ 是土地投入产生的边际外部收益产品，在非市场服务与私人物品生产为互竞关系时，$\frac{dq}{dh} > 0$ 但 $\frac{\partial z}{\partial q} < 0$，故 $p_z \frac{\partial z}{\partial q} \frac{dq}{dh} < 0$，实际上是因土地要素用于非市场服务供给而不能充分用于私人品生产造成的损失。当土地投

入产生的边际市场收益产品 $p_q \frac{\partial q}{\partial h}$ 大于土地边际成本 p_h，需要补偿的数量为 $p_q \frac{\partial q}{\partial h} - p_h$。

$p_z \frac{\partial z}{\partial q} \frac{dq}{dt}$ 是劳动力投入产生的边际外部收益产品，当劳动力投入产生的边际市场收益产品 $p_q \frac{\partial q}{\partial t}$ 大于社会工资率 p_t 时，需要补偿的数量为 $p_q \frac{\partial q}{\partial t} - p_t$。

$p_z \frac{\partial z}{\partial q} \frac{dq}{dm}$ 是农用化学品产生的边际外部收益产品。如果减少农用化学品投入量，需要补偿的数量为 $p_q \frac{\partial q}{\partial m} - p_m$，即农用化学品减量后边际收益产品与当前边际收益产品的差值。

8.4 稻作生态补偿实证分析

改革开放以后，中国经济逐步从计划走向市场。市场经济极大地解放了生产力，为人们提供了巨大经济福利。如今，市场价格已是反映供给与需求的最重要信号，经济效益的高低已成为生产活动的风向标。因比较效益低等原因，中国农业（农林牧渔业）在三次结构中的比重从1978年的28.2%下降到2013年的10%[1]，下降了约65%。但是同期乡村人口的比重从82.08%下降到46.27%，下降约44%。数千年占据国家经济主要来源的农业现在已失去往日基础地位的光彩，然而，约46%中国总人口依旧是乡村人口。[2] 这表明，乡村人口与城镇人口的经济差距不是缩小，而是扩大了。为满足生活水平持续提高的需求和缩小城乡差距，农民只有不断追求经济利益最大化才有可能实现目标。当富裕的城市人口已经开始重视环境品质时，贫困的乡村人口仍旧专注于经济收入，环境质量还不能引起他们的足够关注。因收入差距，收入较高人口与收入较低人口对非市场服务的偏好可能不同。收入较低人群可能没有收入较高人群那么在意环境品

---

[1] 中华人民共和国国家统计局：《中国统计年鉴2014》，中国统计出版社2014年版。
[2] 同上。

质。当收入与环境品质产生冲突时，收入低人群一般会优先考虑收入；而收入高人群，如果改善环境品质不严重影响其收入时，改善环境质量可能会受到优先考虑。

自1978年以来，中国农村实行家庭联产承包责任制，由于农村人口多，每个家庭经营的土地面积小。要想维持开支越来越大的家庭生活，地尽其力是农户经营的首选策略。为了获得更高收益，农户就会采取高强度生产方式，但是这会造成生态环境破坏，比如过量使用农用化学品造成的面源污染和土壤结构破坏。虽然政府和社会呼吁和倡导保护生态环境，但这些呼声在农户生计面前难以得到响应。当劳动力机会成本超过从事农业生产的劳动报酬时，劳动力就会发生转移。自上世纪80年代起，随着第二产业和第三产业的开始走向繁荣，中国城市劳动力逐渐稀缺，劳动力报酬不断提高。城市就业机会的大增加和相对丰厚报酬的诱惑，引致进城务工的农业劳动力越来越多。大量青壮年劳动力进城务工，势必影响农业土地的经营，加之中国土地流转制度的缺失和缺陷，造成耕地面积减少，休耕（弃耕）已成新常态。例如，中国稻谷种植面积已从1978年的34420.9千公顷减少到2012年的30137.1千公顷，共减少约12.5%的种植面积。为了获得更高收入，除了实现最大产量和转移劳动力以外，改变土地生产用途也是常见的方式。不少原来用作粮食生产的耕地，如今已改为种植收益较高的经济作物。

无论是高强度生产，或是转移劳动力，还是改变土地用途，都会影响生态系统的非市场服务供给。拿稻作生态系统来分析，以高强度生产来实现最大产出会造成面源污染；大量劳动力转移引致休耕或弃耕，这会降低稻田的水调节、土壤保育、粮食安全维护、景观文化等功能的发挥；改变土地用途也可能影响其水调节、土壤保育、粮食安全维护、气温调节等非市场功能。

如果社会偏好稻作生态系统的非市场服务，势必与农户追求经济收入最大化目标不一致。此时要满足社会偏好，可能的办法是给予农户经济补偿。

前面的分析表明，农户追求经济收入最大化可能存在实现稻谷产量最大化、转移劳动力和改变土地用途三种主要途径。下面本文将针对这三种情况，探讨应分别补偿给农户多少，才能实现社会偏好目标。

① 稻谷产量最大化情况下的补偿额度

当生产强度超过阈值 q_0，联合生产的外部效益与市场效益呈竞争关系。在水稻生产中，最突出的现象是农户为了追求利益最大化，大量使用化肥，造成农业面源污染，对生态系统健康和人们的福祉构成了严重影响。如果社会偏好生态系统健康而不是稻谷产量最大化，可以鼓励在有条件的地方开展水稻清洁生产，不使用化肥或减少施用量。这相当于满足社会偏好，需使图 8.1 的 C 点移向 A 点或 B 点。

化肥通常是水稻高产的重要投入要素，不使用化肥会造成产量下降。李忠芳等研究了长期（20 年）不同施肥下中国水稻产量变化差异，结果表明：施用 NPK 化肥的平均产量为 $5451kg \cdot hm^{-2}$，而不施肥的平均产量为 $3407kg \cdot hm^{-2}$，不施肥约减产 37%。[①] 黄晶等根据湖南祁阳官山坪水稻长期（1982–2010）定位试验结果，分析了不施肥、有机肥和化肥对水稻产量的影响，有机肥、化肥（NPK）和不施肥处理的历年平均产量分别为 $9744kg \cdot hm^{-2}$、$9367kg \cdot hm^{-2}$ 和 $6062kg \cdot hm^{-2}$，不施肥比施用有机肥或化肥减产约 38% 或 35%。[②] 黄东风等比较了施用化肥和不施肥对水稻产量的影响，结果表明：施用化肥和不施肥的水稻产量分别为 $10076kg \cdot hm^{-2}$ 和 $6638kg \cdot hm^{-2}$，不施肥水稻减产约 34%。[③] 综合以上研究结果，水稻生产不施肥比施化肥减产约 35%。

那么，减产 35% 可作为图 8.1 的 C 点移向 A 点的代价，也就是降低化肥使用强度的生态补偿费用。水稻生产与其他农业活动一样，受地理、气候、经济等多因素影响，不同区域的生产强度和产量有差异。统计数据表明 2008~2012 年中国稻谷产值平均为 13511 元·hm^{-2}、14015 元·hm^{-2}、

[①] 李忠芳、徐明岗、张会民、张文菊、高静：《长期施肥下中国主要粮食作物产量的变化》，《中国农业科学》2009 年第 42 卷第 7 期，第 2407—2414 页。

[②] 黄晶、高菊生、张杨珠、秦道珠、徐明岗：《长期不同施肥下水稻产量及土壤有机质和氮素养分的变化特征》，《应用生态学报》2013 年第 24 卷第 7 期，第 1889—1894 页。

[③] 黄东风、李卫华、王利民、林新坚、范平、邱孝煊：《水肥管理措施对水稻产量、养分吸收及稻田氮磷流失的影响》，《水土保持学报》第 27 卷第 2 期，第 62—65 页。

15850 元·hm^{-2}、18745 元·hm^{-2}、19830 元·hm^{-2}①，五年年平均产值为 16390 元·hm^{-2}；近三年年平均产值为 18142 元·hm^{-2}，如果不使用化肥减产损失约 6350 元·hm^{-2}。若不使用化肥，农户则可节省化肥成本和施药劳工成本，2008~2012 年中国水稻化肥成本为 1860.3 元·hm^{-2}、1623.3 元·hm^{-2}、1589.7 元·hm^{-2}、1862.3 元·hm^{-2} 和 2003.6 元·hm^{-2}，取五年平均，约为 1788 元·hm^{-2}，若取三年平均约为 1819 元·hm^{-2}；每公顷施肥用工约为 15 个，2008~2012 年每个工的平均费用约 35 元，2010~2012 年每个工的平均费用约 42 元。② 那么，如果不使用化肥，生态补偿约需 6350 元·hm^{-2} - 1819 元·hm^{-2} - 630 元·hm^{-2} = 4037 元·hm^{-2}（三年平均值），约合每亩补偿 260 元。本章以近三年稻谷产值的平均值为基准，来估算这种情形下的生态补偿额度。

假设社会偏好不是化肥使用为 0，而是发达国家设置的 225kg·hm^{-2}③ 安全警戒线，情况会是怎样？统计数据表明④，2010~2012 年中国水稻生产化肥平均使用量约 320kg·hm^{-2}，水稻单产平均约 6670kg·hm^{-2}。按不施肥稻谷减产约 35% 计算，约 2335kg·hm^{-2} 的产量来自化肥，1kg 化肥约平均增产 7.3kg 稻谷。⑤ 如果将施肥量的上限控制在 225kg·hm^{-2}，农户稻谷减产损失约 693kg·hm^{-2}，按 2010~2012 年稻谷均价 2.6 元·kg^{-1} 计算，损失约 1800 元·hm^{-2}。但是，农户可节约用肥 95kg·hm^{-2}，2010~2012 年化肥均价约 5.7 元·kg^{-1}，可节约开支 542 元·hm^{-2}。忽略减少化肥使用的节约用工费用，稻农净损失约 1258 元·hm^{-2}。因此，将施肥量控制在 225kg·hm^{-2} 水平，生态补偿约需 1258 元·hm^{-2} 或每亩 84 元，即

---

① 国家发展和改革委员会价格司：《全国农产品成本收益资料汇编 2013》，中国统计出版社 2013 年。

② 同②。

③ Norse, D., "Fertilizers and World Food Demand Implications for Environmental Stress", In: IFA - FAO Conference Global Food Security and The Role Sustainable Fertilization, Rome, 2003, pp. 1 - 13. 这一警戒线得到中国学者的广泛认可，在许多文献都采用这一警戒水平。2008 年 3 月，国家环境保护总局南京环境科学研究所在起草《中华人民共和国国家环境保护标准：化肥使用环境安全技术导则》（编制说明）时，也将 225kg·hm^{-2} 视为化肥使用环境安全上限。

④ 国家统计局农村社会经济调查司：《中国农村统计年鉴 2011》，中国统计出版社 2011 年版；国家统计局农村社会经济调查司：《中国农村统计年鉴 2012》，中国统计出版社 2012 年版；国家统计局农村社会经济调查司：《中国农村统计年鉴 2013》，中国统计出版社 2013 年版。

⑤ 因未获得化肥对稻谷产量的边际贡献数据，故此处未考虑边际报酬递减。

图 8.1 的 C 点移向 B 点的代价，也就是降低化肥使用强度的生态补偿费用。

第 5 章计算得到化肥面源污染对人们福利的损害约 154 元·hm^{-2}，如果不使用化肥或将化肥使用量减少到 225kg·hm^{-2}，虽可消除或降低化肥的污染损害，但所需补偿的成本过大，故无经济效率。

② 劳动力转移的生态补偿额度

休耕现象出现有两个基本前提，一是从事水稻生产给农户带来的利润低于同时段农民的社会工资；二是农户未能将稻田转移为其他高利润生产活动的投入要素。自 2006 年起中国政府废止了《农业税条例》，取消了农业税，也就是农户所承包的耕地不再需要向政府缴纳地租。免地租以及其他物质投入成本不高，农户是否愿意继续从事水稻生产主要是看劳动力的机会成本高低。如果农民开展水稻生产所获利润小于其劳动力机会成本或社会平均净报酬时，休耕现象会发生。按单位面积水稻生产所花费劳动力时间来看，农民劳动力的边际产出并非一定低于农民劳动力的平均社会工资率。然而，水稻生产期间稻农的大部分时间是闲置的，其生产目的是追求利润最大化，故其机会成本显得较高。虽然农民会利用闲置时间做兼职工作（如进城务工），如果兼职工作与水稻生产两种生产活动兼顾的话，其兼顾所需成本低于水稻生产活动的收益才划算，否则，只能顾一头。

劳动力机会成本因个人和区域的不同有差异，因此衡量农村劳动力机会成本不是件容易事情。观察表明，休耕后中国农村劳动力主要流向是进城务工。本章以中国农民工平均纯收益为农村劳动力的机会成本。国家统计局抽样调查结果表明[①]，2010 年～2012 年外出农民工平均月收入分别为 1690 元、2049 元和 2290 元，三年平均月收入约 2010 元。假设扣除约 30% 生活消费开支，月纯收入约 1407 元。在上世纪 70 年代末 80 年代初中国实行联产承包责任制时，每个地区农户家庭所承包的稻田面积不一样。一般而言，山区的人均稻田面积多于平原区和城郊，人口密度高的地区农户承包的稻田面积小于人口密度低地区农户所承包的稻田面积。假设水稻生产的农户家庭平均为 5

---

① 见国家统计局《2012 年全国农民工监测调查报告》，http://www.stats.gov.cn/tjsj/zxfb/201305/t20130527_12978.html。

口人，人均稻田1亩，每季水稻生产周期为3~4个月，需安排1人专事水稻生产。如果不考虑土地成本，每亩水稻生产的利润为481元（2010年~2012年三年平均）。那么，5亩水稻的利润为2404元（忽略劳动力生活成本，因为农村家庭生活成本较低）。按水稻生产约1个劳动力影响外出务工3.5个月估算，损失约4925元。若要农户继续耕种水稻，则需补偿4925元－2404元＝2520元，每亩约500元，约合7500元·hm^{-2}。

如果让稻田休耕，但要维持其稻田可持续经营状态，可以维护稻田良好状态的费用作为其生态补偿费用。维持稻田可经营状态，一般包括修筑田埂、除草等农活，大约需要3个标准工。按农民工每月2010元收入、平均每月工作25天、1个农民可管理家庭5亩稻田估算，每亩约需补偿50元，合750元·hm^{-2}。

③ 改变土地用途的生态补偿额度

如果水稻生产的利润显著低于其他农业生产活动的利润，有能力的农户会将稻田转移到别的高利润生产活动。假设即使稻田改变为他用仍是作为种植业投入要素（农村土地承包经营责任制规定不得改变土地使用性质），如果避免这种现象的发生，则需要补偿两种生产活动的利润差距。2010~2012年中国主要种植业的平均净利润①分别为14670元·hm^{-2}、12948元·hm^{-2}、10129元·hm^{-2}，三年平均净利润为12582元·hm^{-2}；而稻谷生产的净利润分别为4647元·hm^{-2}、5569元·hm^{-2}、4286元·hm^{-2}，三年平均净利润为4834元·hm^{-2}。那么，水稻种植的生态补偿额度为7748元·hm^{-2}，约每亩补偿517元。

8.5 讨论

生态系统服务的价值是生态补偿的基础。现有的非市场物品评价方法容易受评价者主观因素的影响，评价结果也容易受人质疑，故难以客观评价生态系统服务的价值量。本章避开生态系统服务价值量的精确考量，以

---

① 种植业平均净利润是通过2010年、2011年和2012年《中国农村统计年鉴》每年种植业单位面积净利润加权平均获得。

保护生态环境所牺牲的私人损失来作为生态补偿标准，具有客观性。只要生态系统服务价值量高于生态补偿数量和生态补偿执行成本之和，经济上就划算，就有效率。

生态补偿额度确定的难点是对机会成本的合理估算。估算偏高得不偿失，估算偏低无激励效果，两者都存在效率问题。在现实中，需要根据对不同地区的详实调查研究结果来核定损失成本，在此基础上方能确定生态补偿数量。本章仅是估算全国平均水平的生态补偿额度，没有考虑具体区域。如果要制定生态补偿政策，则需要因地制宜计算各地生态补偿标准。经济发达地区的补偿标准可能比全国平均补偿水平要高，经济欠发达地区将会降低。

诸如黑龙江等自改革开放以来，稻作面积不减反增，这种现象表明稻农经济效益得到保障。因此，如果不是当前支持政策发生变化情况下，这类稻作区暂不需要开展生态补偿。而南方水稻主产省份稻作面积都有减少，经济发达地区减少更甚，如广东、江苏、浙江、湖南、湖北、福建等。这些地区需要开展生态补偿，以保障稻作面积。

本章对改变稻田用途的生态补偿额度的估算，未能考虑农村土地流转情况。如果考虑此情况的话，假设水稻生产可能存在规模效应，生态补偿额度将低于 7755 元·hm^{-2}。

中国经济发达地区已开始实施稻田生态补偿，例如江苏省和广东省部分地区建立了稻田生态补偿机制。苏州市从 2010 年起，对水稻主产区的连片 1000~10000 亩稻田，按每亩 200 元给予生态补偿；连片 10000 亩以上的稻田，按每亩 400 元予以生态补偿。① 2013 年又进行了调整，凡列入土地利用总体规划，经县级以上国土、农业部门确认为需保护的水稻田，按每亩 400 元予以生态补偿。② 继 2011 年佛山市试点之后，广东又分别在广州、东莞、汕头、顺德、惠州等地扩大试点，并于 2012 年 9 月正式在全省

---

① 中共苏州市委、苏州市人民政府：《关于建立生态补偿机制的意见（试行）》（苏发〔2010〕35 号），2010 年 7 月 12 日。
② 中共苏州市委、苏州市人民政府：《关于调整完善生态补偿政策的意见》（苏发〔2013〕12 号），2013 年 3 月 29 日。

统一覆盖基本农田保护补偿,补偿标准为每亩 30 元。① 这些实施稻田生态补偿地区的补偿标准都低于本章估算的生态补偿额度,其补偿效果难以达到预期。正如乌梦达报道,不少接受补贴的农户坦言有补贴是好事,但补贴仍然偏低,和外出打工乃至转让土地获益相比仍有不小距离。②

根据生态补偿估算结果,本文认为可在有条件地区,开展不施用或减量施用化肥的生态补偿,以减少面源污染;在贫困生态脆弱地区开展休耕补偿;在经济发达和改变稻田用途普遍的水稻主产区,开展稻田机会成本补偿。

8.6 小结

当外部性服务与私人物品联合生产处于互补关系,且公众福祉偏好与生产者私人福祉偏好一致时,社会不需要对私人提供的外部效益进行补偿。

当外部性服务与私人物品的联合生产处于互竞关系,且满足公众福祉偏好有损生产者私人福祉时,实现公众福祉需求,社会需要补偿生产者的经济损失。农业生态补偿数量是符合公众福祉需求的农业活动所得与替代活动所得之间的差值。

为满足公众福祉偏好,在社会偏好点,当减少农用化学品投入损害生产者经济效益时,补偿数量是减量后边际市场收益产品与减量前农用化学品产生的边际市场收益产品之差。否则,出现面源污染现象。

为满足公众福祉偏好,在社会偏好点,劳动力的边际市场收益产品高于其社会工资率,补偿数量是劳动力边际市场收益产品与其社会工资率之差。否则,出现劳动力外出务工而休耕或弃耕等现象。

为满足公众福祉偏好,在社会偏好点,土地边际市场收益产品高于其市场价值(价格)时,补偿数量是边际市场收益产品与其价格之差。否

---

① 广东省人民政府:《关于建立基本农田保护经济补偿制度的意见》(粤府办〔2012〕98 号) 2012 年 9 月 27 日。

② 乌梦达:《粤基本农田保护补偿覆盖全省 全面推仍面临资金困难》,http://www.gd.xinhuanet.com/newscenter/2013-01/19/c_114427326.htm。

则，生产者转变土地用途，以提高其经济利润。

当外部价值大于补偿成本时，补偿有效率。

若不使用化肥或将化肥使用量控制在 $225kg \cdot hm^{-2}$，生态补偿分别约需 4037 元 $\cdot hm^{-2}$ 或 1258 元 $\cdot hm^{-2}$，补偿额度远高于 154 元 $\cdot hm^{-2}$ 的化肥外部成本，经济上不划算；若放弃休耕，补偿数量约合 7500 元 $\cdot hm^{-2}$，低于因休耕造成的 9798 元 $\cdot hm^{-2}$ 的外部性价值损失，补偿有经济效率；若允许休耕但要求农户维护稻田生态环境，需补偿 750 元 $\cdot hm^{-2}$，补偿的经济效率高；若避免改变稻田为其他种植生产活动的投入，则需补偿 7755 元 $\cdot hm^{-2}$，低于转作造成的 9632 元 $\cdot hm^{-2}$ 的外部性价值损失，补偿有经济效率。

9 绿色补贴机制

上文探究了稻作生态补偿的理论问题，并量化了中国稻作的生态补偿标准。但是，谁应当承担稻作的生态补偿？补偿给谁？如何补偿？怎样才能达到补偿目标？这些问题还未解决。因此，要将生态补偿付诸实施，光有补偿标准是不够的，还要有符合现实并可操作的生态补偿机制。本文首先要探讨的是稻作生态补偿制度的各构成要素，包括补偿主体、补偿方式、补偿范围、补偿途径、补偿经费来源和补偿对象等，以明确谁对谁补偿，经费从何而来，以何名目补偿等至关重要的问题。然后，探讨应当怎样做才能有效率实现目标，也就是探讨补偿的管理制度框架。再就补偿的相关重要问题开展讨论，最后进行小结。

9.1 补偿机制构成要素

9.1.1 补偿主体

在一定条件下，市场可以通过内部化、赋予产权和法律制度来解决外部性问题。[1] 然而，因公共物品、不完全信息、交易成本和诉讼成本等问题普遍存在，解决外部性的私人市场办法通常失败。市场失灵为政府干预提供了理由。提供公共物品或服务是政府的主要职责之一，政府应当"为人们做那些他们想做，但仅凭个人力量又根本无法做到或做好的事情"。[2]

---

[1] 约瑟夫. E. 斯蒂格利茨：《公共部门经济学（第三版）》（上），中国人民大学出版社2013年版，第183—186页。

[2] 美国前总统亚伯拉罕·林肯的名言。见保罗·萨缪尔森、威廉·诺德豪斯：《经济学（第19版）》，商务印书馆，第250页。

政府解决外部性的办法主要有基于市场的解决办法和管制。前一种办法有征税（罚款）、补贴和交易许可证等形式。多数经济学家认为，基于市场的外部性问题解决办法最有活力。

生态补偿（Ecological compensation）、生态系统服务付费（Payment for ecosystem services）和生态系统服务补偿（Compensation for ecosystem services）是同义语，与环境服务付费（Payment for environmental services）的含义相近，这些词有时混用。中国学者偏爱使用"生态补偿"，而西方学者偏好使用"生态系统服务付费"。学术界对生态补偿内涵的表达没有统一认识。国外学者比较认同 Wunder 提出的生态补偿内涵包括五个条件：一种自愿的交易（假设生态系统服务的可能供给者有土地使用的选择权，不同于命令控制手段）；生态系统服务界定明确；至少有一个生态系统服务的买者；至少有一个生态系统服务的提供者；当且仅当供给者确保生态系统服务供给。[1] 在国内，李文华等综合了多数学者的意见，提出生态补偿是一种应用经济手段来激励人们维护和保育生态系统服务，解决由市场机制失灵造成的生态效益外溢并保持社会发展的公平性，达到保护生态与环境效益的目标。[2] 虽然国内外学者对生态补偿的表述不同，但本质上都体现了它是一种对生态系统服务供给者的经济补偿手段。生态系统服务是人类从生态系统获得的各种惠益，包括供给服务、支持服务和文化服务。这些服务的大多数不能在私人市场交易，是生态系统的外部性产出，需要政府干预以实现供需平衡。从目标来看，生态补偿起初主张实现保护环境与减少贫困"双赢"，后来在发展过程中出现了三类不同主张[3]：最主要的一类是"生态系统服务补偿的保护效率"（Conservation efficiency PES），主张以最具成本—效益方式达到环境保护目的，扶贫和社会公平不

---

[1] Wunder, S., "Payments for Environmental Services: Some Nuts and Bolts", Center for International Forestry Research, Occasional Paper, No. 42, 2005.

[2] 李文华、李芬、李世东、刘某承：《森林生态效益补偿的研究现状与展望》，《自然资源学报》2006年第21卷第5期，第677—687页。

[3] Bremer, L. L., Farley, K. A., Lopez – Carr, D. and Romero, J., "Conservation and Livelihood Outcomes of Payment for Ecosystem Services in The Ecuadorian Andes: What is The potential for 'Win – Win'?", *Ecosystem Services*, vol. 8, 2014, pp. 148 – 165.

是主要目标①；第二类被归为亲市场（Pro-market）和扶贫（Pro-poor）类，这一类别在发展中国家特别普遍，它在建立生态补偿计划目标时努力结合生态和社会准则，将此作为实现环境保护和扶贫"双赢"的机制②；第三类生态补偿通常关注社会不公平（视它为环境破坏的驱动因子）和对生态系统服务生产重要的地区的土地管理。③ 比较 Wunder 和李文华对生态补偿的定义，Wunder 的观点似乎更倾向于第一类主张，而李文华的观点支持第二类和第三类主张。大多数环境问题与贫困和社会不公平产生的贫富差距有关，本文认为，在发展中国家和欠发达国家，扶贫和实现社会公平应当是生态补偿的主要目标之一，不应被削弱。而扶贫和实现社会公平恰恰又是政府的主要职责之一。

本文选择政府作为中国稻作生态补偿主体，不仅仅因为稻作生态系统的外部性（或非市场）服务具有公共物品属性，其他主要理由如下。

（1）中国大陆除青海省以外的其他各省市区均有水稻种植，这意味着稻作非市场服务的供给者分布范围广泛，数量庞大，同样稻作非市场服务的消费者众多且分布范围广。如此众多的消费者和生产者如按市场法则来协商补偿协议，其交易成本可能极其高昂，而且公共物品交易当事人容易采取"搭便车"策略，这使得稻作生态补偿的市场机制难以建立。（2）政府的一项主要职能是提供公共物品，某些方面比市场可能更有效率。（3）中国的 GDP 已超过 9 万亿美元，位居世界第二，政府财政收入超过 2 万亿美元，有实力实施稻作生态补偿。（4）中国实践表明，政府补偿机制是目前开展生态补偿最重要的形式，也是目前比较容易启

---

① Wunder, S., "Payments for Environmental Services and The Poor: Concepts and Preliminary Evidence", *Environment and Development Economics*, vol. 13, no. 3, pp. 279 – 297; Engel, S., Pagiola, S. and Wunder, S., "Designing payments for environmental services in theory and practice: an overview of the issues", *Ecological Economics*, vol. 65, no. 4, 2008, pp. 663 – 674.

② Muradian, R., Corbera, E., Pascual, U., Kosoy, N. and May, P. H., "Reconciling Theory and Practice: An Alternative Conceptual Framework for Understanding Payments for Environmental Services", *Ecological Economics*, vol. 69, no. 6, 2010, pp. 1202 – 1208.

③ Rosa, H., Kandel, S., Dimas, L., Cuéllar, N. and Méndez, E., "Compensation for Environmental Services and Rural Communities: Lessons from the Americas and Key Issues for Strengthening Community Strategies", PRISMA (Programa Salvadoreño de Investigación Sobre Desarrollo y Medio Ambiente), San Salvador, El Salvador, 2003.

动的补偿方式。① (5) 政府的信誉容易获得稻农和纳税人的信任与支持。(6) 中国政府开始实施工业反哺农业政策，其"黄箱"政策措施已接近"天花板"，支持空间已接近极限，但对农业的"绿箱"支持力度不够，尤其是环境保护支出少，直接补贴少。(7) 稻米是中国人最重要主食，这一饮食偏好延续了上千年，难以改变。如果中国稻田面积不断减少，不仅影响稻作非市场产出，而且会影响世界粮食贸易，故中国粮食安全不能依赖国际贸易，需要保持自力更生的基础。而维护粮食安全是政府的一项重要职能。(8) 现有的中国生态补偿补贴基本上是由政府实施的，公众已经习惯政府补偿模式。

考虑到稻作非市场服务的受益主体不一，比如提供的粮食安全是纯公共物品，全国民众受益；而防暑降温功能的受益者为当地人群。那么，按照"谁受益，谁补偿"的原则，中央政府和地方政府都是补偿主体。

虽然直接管制是政府经常使用的干预手段，但主要针对污染行为，不能解决正外部性问题。看来政府干预稻作外部性问题，需要依赖通过影响激励来保障有效产出的基于市场的解决办法。在征税、补贴和交易许可证三种基于市场的解决办法中，征税的目的是控制负外部性，交易许可证是控制污染总量，针对的也是负外部性行为，只有补贴适用于正外部性问题。补贴是指政府或公共机构为激励私人提供公共福利所给予的财政资助以及价格或任何形式的收入支持。那么，稻作生态补偿应是政府对稻农提供的外部性服务提供财政支持。因稻作外部性与其经济品是以联合生产方式产出的，那么对稻作开展生态补偿不能不考虑是否会影响其经济品的生产。前面的分析表明，稻作的非市场产出主要与稻田面积有关，那么可通过对稻谷的价格支持来激励农户扩大稻作生产，以达到生态补偿的目标。然而，WTO规则并不赞成价格支持的农业补贴措施，因其对贸易有扭曲作用。另一种生态补偿途径是与产量脱钩的支持措施，这类支持措施在WTO框架中被称为"绿箱"政策或绿色补贴。

绿色补贴是指政府开展的没有或只有极小贸易扭曲作用、对生产者不产生价格支持作用和对农产品生产没有或很小影响的农业补贴，其费用由纳税

---

① 李文华：《生态补偿政府应唱主角》，《经济日报》2012年5月16日。

人承担而不是转嫁给消费者。① 该补贴不受 WTO《农业协定》约束，是免除削减承诺的国内农业补贴措施。根据 WTO《农业协定》附件2，绿色补贴范围主要包括：（1）一般服务，如农业研究、病虫害控制、培训服务、推广咨询服务、检验服务、营销促销服务和基础设施服务等；（2）粮食安全目的的公共储备；（3）国内粮食援助；（4）对生产者的直接支付；（5）不挂钩的收入支持；（6）收入保险和收入安全网计划中政府的资金参与；（7）自然灾害救济支付；（8）通过生产者退休计划提供的结构调整援助；（9）通过资源停用计划提供的结构调整援助；（10）通过投资援助提供的结构调整援助；（11）环境计划下的支付；（12）区域援助计划下的支付。

从定义和内涵来看，绿色补贴和生态补偿既有区别又有联系。两者的主要区别是：（1）绿色补贴是由政府组织实施，而生态补偿的实施主体不局限于政府，也可以是市场；（2）绿色补贴支持的范围较宽，而生态补偿只涉及生态环境保护；（3）绿色补贴经费来自国民税收，生态补偿经费来源较广，包括税收、市场交易、社会融资和捐赠等；（4）绿色补贴方式通常是资金补贴，有时也以实物进行补贴，生态补偿可以通过资金、实物、项目、信贷、技术等多种方式开展。两者的主要联系是：（1）绿色补贴和生态补偿都可能实现扶贫和社会公平的目标；（2）政府是绿色补贴的执行者，同时也不排除政府作为生态补偿执行者的可能性；（3）农民既是绿色补贴的补贴对象，也是生态补偿的补偿对象；（4）政府实施的农业生态补偿实质上就是一种环境保护的绿色补贴。

9.1.2 补偿方式

生态补偿主要的方式有资金补偿、政策补偿、实物补偿和智力补偿。政策补偿是利用制度资源和政策资源开展的补偿，给政策就是一种补偿。② 实物补偿是补偿者利用物质手段以激励受偿者的补偿手段。中国实施的退耕还林所采用的粮食补偿就是一个例子。智力补偿是改善受偿者生产技术

---

① WTO,"Agreement on Agriculture", 2000, https://www.wto.org/english/docs_e/legal_e/14-ag.pdf.
② 石培基：《西部大开发的生态补偿机制与政策探讨》，见王金南和庄国泰主编：《生态补偿机制与政策设计》，中国环境科学出版社2006年版，第89—96页。

和管理水平的有效补偿方式。资金补偿是采用补偿金、减免税收、信贷、补贴、贴息等措施的补偿。① 这几种补偿方式各有优势和缺陷。政策补偿是上级政府对下级政府实施生态保护的补偿，受偿者可以利用上级政府授予的制定政策优惠权来筹集资金促进生态保护，这在资金薄弱情形下显得十分重要，但对稻农而言难以产生直接激励作用。实物补偿的本质是以物易物，如果所补偿的实物恰好让稻农最满意，那么其补偿有效率。如果不是，将损失效率而达不到预期效果。智力补偿是满足亟需改善技能需求的有效补偿手段，除此之外可能无效率。从受偿者角度考虑，资金补偿是最常见也是最亟需的补偿方式，特别是直接补贴措施受到农民的支持。与实物补贴等方式比较，直接补贴可能减少寻租行为，这可能是受社会特别是农户欢迎的主要原因。因为稻作经营的主体是农民，只有他们的经济收益得到保障后，才能激励他们开展稻作永续经营。钱克明对1996～1998年中国"绿箱"支持措施分析表明，政府部门的直接花费和对国有粮食企业的亏损补贴占用了95%以上的"绿箱"资源，几乎没有多少剩余资源能直接转移支付给农业生产者，支持结构被严重扭曲。② 实践表明，只有农民才能对农业产生直接的影响，采用农民直接受益的明补方式，才可以有效调动农民积极性。因此，建议稻作绿色补贴采取直接补贴措施。

由此看来，将政府作为补偿主体并采用直接补贴方式的稻作生态补偿称为稻作绿色补贴可能更贴切。这也是"绿色补贴"出现在本章标题的缘由。那么，读者对本文后面很多地方用"补贴"代替"补偿"也就不会惊讶了。

9.1.3 补贴空间范围

除青海省外，中国其他各省市区都有水稻种植。是不是所有区域的水稻种植活动都得进行补贴？本文的观点是：不需要。理由一，如果所有地区的水稻生产活动都能得到补贴，就很可能发生不利于水稻种植的生态脆弱贫困地区扩大种植面积，这将引发新的生态问题。从水稻生长习性来说，水稻是

---

① 杜群、张萌：《我国生态补偿法律政策现状和问题》，见王金南和庄国泰主编：《生态补偿机制与政策设计》，中国环境科学出版社2006年版，第61—69页。
② 钱克明：《中国"绿箱政策"的支持结构与效率》，《农业经济问题》2003年第1期，第41—45页。

一种喜高温、多湿、短日照的一年生作物，适宜于淹水地种植。与别的粮食作物相比，水稻生长需要充足的水资源环境。那么，水资源匮乏的地区种植水稻就会与其他活动发生水资源竞争，而产生较高的机会成本。降水或灌溉水资源丰富的区域较适宜发展水稻生产。理由二，水稻种植的外部性功能的表达通常与种植面积呈正相关，根据生态学原理，面积小且种植分散的稻田生态系统不能形成所期望表达的功能。理由三，上一章已证明，当市场物品与外部性服务的联合生产处于互补关系时，即社会福祉偏好不妨碍稻农私人福祉偏好实现时，不需要对稻农提供的外部效益提供补贴。因此，本文建议对适宜水稻生长和满足社会偏好更多外部性服务但有损稻农福祉的优势生产区域开展绿色补贴。目前中国水稻生产布局日趋集中，已经形成东北、长江流域和东南沿海三大优势产区，其中东北优势产区包括辽宁、吉林和黑龙江3省，长江流域优势产区有江苏、安徽、湖北、湖南、江西、重庆、四川、贵州、云南和河南南部等省市，东南沿海优势产区包括上海、浙江、福建、广西、广东和海南6省份（图9.1）。①

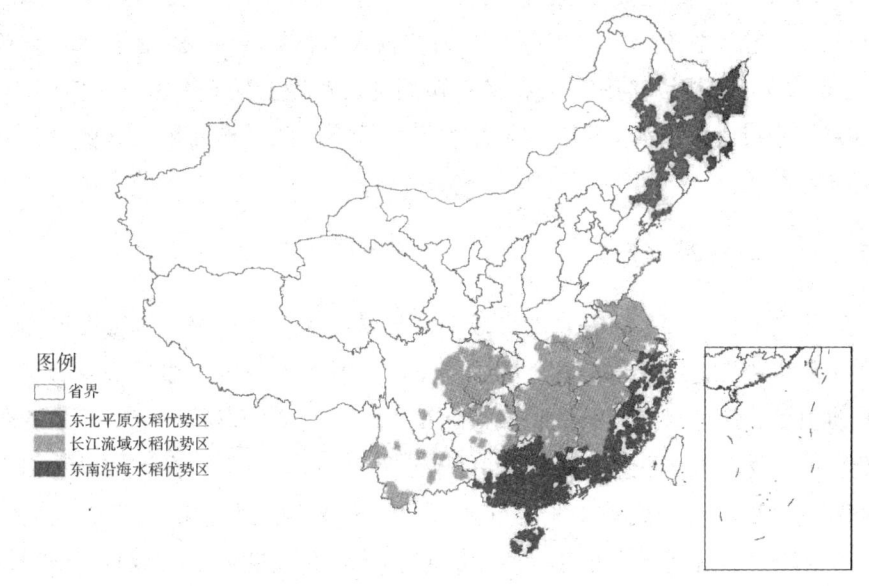

图9.1 中国水稻优势区域分布示意图

———————
① 引自《水稻优势区域布局规划（2008—2015）》，http://www.moa.gov.cn/zwllm/zwdt/200902/t20090218_1220849.htm。

自改革开放以来，由于稻作比较效益高，东北地区稻作面积持续增加，这表明该地区稻农追求利润最大化目标与提供稻作非市场服务不冲突。无需补贴也符合社会福祉偏好。而且，东北地区水资源较南方缺乏，不宜过多发展稻作。因此，目前可暂不考虑东北地区稻作的绿色补贴。但是，如果取消最低收购价和其他支持政策，致使满足社会福祉偏好有损稻农福祉，则需考虑东北稻作的绿色补贴。西北地区和华北地区水资源匮乏，限制了稻作发展，故其稻作面积较小且分布较散。如果对这两个地区的稻作开展绿色补贴，将会加剧水资源危机，其机会成本可能高昂。因此，可不考虑西北地区和华北地区稻作的绿色补贴。东南沿海优势产区和长江中下游优势产区，其地理气候条件适宜于水稻生长，长期以来是中国稻谷的主产区。但是，这两个区域种植水稻的机会成本比较高，以至于自改革开放后稻作面积减小不少，特别是东南沿海优势产区持续减少。虽然废除农业税和实施种粮补贴等措施帮助长江中下游优势产区的一些省份恢复一些稻作面积，但这些政策措施的效果在减弱，2010年以来，湖北、安徽、四川、云南、重庆、上海等省份的稻作面积呈减少趋势。其主要原因是稻作比较效益下降。由于种粮补贴的较大份额属WTO协定中的"黄箱政策"，其上限受到约束，目前的补贴额度已接近上限水平，增长空间小。如果要维持或增加东南沿海和长江中下游优势产区稻作面积，需要绿色补贴激励措施。

9.1.4 补贴时间尺度

绿色补贴既要防止补贴的无效率，又要注重对生态保护持续发展的影响。影响补贴时间尺度的核心因素是生产收益和价值观。如果从今后某一时期开始，不含补贴资金的稻农边际私人收益达到从事其他生产活动所获得的平均边际私人收益，可终止其绿色补贴。这一情境的实现依赖于稻作产业的发展状况。当前中国稻作主要是农户分散经营，未能产生规模经济。随着中国土地改革的逐步推进，将会产生有规模经济内涵的新型稻作经营主体，这将提高水稻生产者的边际私人收益，有可能实现不开展绿色补贴也不妨碍私人利润最大化。人们的环境价值观同样影响着绿色补贴时间尺度。如果生态化经营理念越来越深入人心，今后成为人们的共识，当环境作为投入要素进入生产函数和效用函数并成为一种行为准则,那么绿色补贴的使命也将终结。

9.1.5 补贴项目

中国稻作面积分布广泛,不同生态区位所表现的稻作永续经营情况存在差异。在长江中下游水稻优势产区,永续发展存在的问题主要是(1)私人收益相对低,稻田转作、休耕和弃耕的现象普遍;(2)城市化速度快,建设占用稻田现象时有发生;(3)化肥过量使用,已超过国际公认的 225kg·hm^{-2} 安全上限约 120kg·hm^{-2} 以上,面源污染现象普遍。[①] 据此,可在补贴区域开展稻作补贴、休耕补贴和清洁生产补贴三种绿色补贴。稻作补贴是对需要维持或增加稻田种植面积的地区的稻作农事进行补贴。休耕补贴是对休耕稻田维持其水稻种植能力进行补贴。清洁生产补贴是对环境条件适宜有机稻米生产且自愿开展有机种植不使用化肥的行为进行补贴。

9.1.6 补贴标准

不同水稻种植区,其机会成本有差异。因此,要满足效率标准,不同区域不同补贴项目,其补贴标准理应有区别。在需要控制稻田转作的地区,稻作补贴根据稻田资源转作其他农业生产活动投入的平均机会利润与稻作利润的差值来衡量;而在需要控制稻田荒弃的地区,稻作补贴金额是农民劳动力的平均社会工资与稻作利润的差值。休耕补贴应以稻农维护稻田生产能力所需花费的成本为依据,主要是劳动力成本。清洁生产补贴标准主要根据各省份不使用化肥与传统种植比较的减产损失来衡量。但是,无论哪种补贴项目,其补贴标准都不应该超过稻作生态系统与其机会生态系统的非市场服务价值或环境成本[②]之差。上一章计算得到稻田不转作的平均生态补偿额度为 7748 元·hm^{-2},约合每亩补贴 517 元;不荒耕的补

---

① 据 2010 年《第一次全国污染源普查公报》,种植业化肥施用是中国农业面源污染的主要来源,总氮流失量 159.78×10^{4}t,见环境保护部、国家统计局、农业部:"关于发布《第一次全国污染源普查公报》的公告"(环境保护部公告 2010 年 第 13 号),2010 年 2 月 6 日。

② 负外部性价值也称环境成本。

偿数量约合 7500 元·hm^{-2}，约合每亩补贴 500 元；允许休耕但要求农户保护稻田的生产能力和生态环境，需补偿 750 元·hm^{-2}，约合每亩补贴 50 元；清洁生产的补贴上限为 154 元·hm^{-2}，约合每亩补贴 10 元。当然，在设计各省份绿色补贴标准时，需根据各地实际情况进行调整，但补偿总额应控制在稻作生态系统非市场服务价值与其机会生态系统非市场服务的差值以下，否则无经济效率。

从补贴额度来看，不使用化肥的补贴金额在 154 元·hm^{-2}左右，尽管这对水稻清洁生产的激励可能十分有限——因为清洁生产一般需要技术进步和较高的产品价格来支撑，但其导向作用可能不容忽视。

9.1.7 补贴经费来源

前面分析认为政府是稻作绿色补贴的主体，那么补贴经费主要由政府供资。稻作非市场功能的受益者涉及全国民众，在国家层面中央财政理应是经费来源之一，但中央政府财力有限，可能难以独立承担。从地区层面来看，非稻米产区的民众享用了稻作非市场服务，也应为稻作绿色补贴提供补贴经费。考虑到中国区域发展不平衡的实际，可将经济发达的稻米主销区优先纳入供资范围，由主销区政府提供部分补贴经费，因为水稻主产区为主销区提供了粮食安全保障这另一公共物品。同时，水稻优势种植区的民众享用了稻作非市场服务，当地政府也应提供部分补贴经费。当然，有些稻米主销区同时也是优势种植区，那么这类主销区不仅向主产区提供补贴金，也要向本区域稻农提供补贴。另外，尽管中国有严格保护耕地资源的政策措施，但随着城市化进程加快，不可避免地发生非农建设占用稻田资源现象，导致稻作非市场服务功能降低。那么，可向占用稻田资源的企业征收税率等于稻田边际外部收益的环境税，专项用于稻作绿色补贴。

9.1.8 补贴对象

稻作非市场服务是由稻作生态系统提供，作为该系统的代理人——稻农无疑是稻作绿色补贴的对象。优势产区基层政府作为补贴措施直接执行者和监管者，其补贴过程所发生的执行成本和监管成本可能不低，不应该忽略。那么，中央政府和相应省级政府应该向优势产区基层政府，提供不低于执行成本和监管成本的补贴，以激励它们做好绿色补贴工作和引导稻农永续经营工作。

综合以上分析，可绘出稻作补贴机理图，见图9.2。

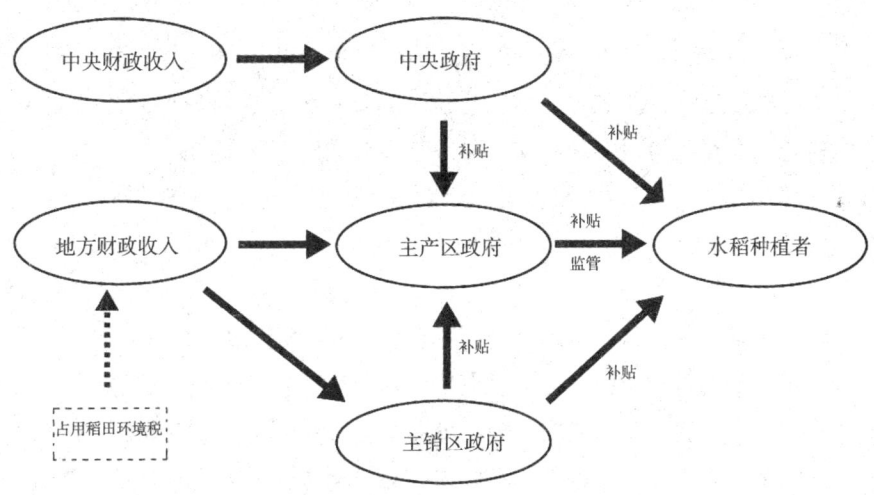

图9.2 稻作绿色补贴机理

9.2 补贴管理

自2004年中国政府应用WTO的"黄箱"政策实施粮食生产补贴以来，粮食生产在一定程度上受到了激励，但其效果并不乐观。除了补贴标准偏低、政策执行成本高等原因外，约束与监管机制缺乏是一重要原因。种粮者获得补贴并未受到刚性约束，激励效果完全建立在道德信任上，没有形成和签署目标契约。粮农把补贴仅仅视为收入来源，补贴效果没有达到中央政府期望目标——农民将补贴投入生产。如何避免绿色补贴重蹈覆辙？本文效法美国和欧盟，以补贴与环境保护目标一体化的观念来构建交叉遵守（Cross compliance）机制，作为获得绿色补贴的约束框架。

9.2.1 欧盟交叉遵守要求

交叉遵守是指农民获得绿色补贴的资格条件，也就是农民的农事活动符合相关环境保护标准才能获取政府农业补贴。交叉遵守最先由美国于20世纪70年代提出，最初是作为一种确保拥有适耕地的农民根据不同支持项目申请支付的手段。① 20世纪90年代，美国开始实施的绿色补贴计划，要求受补贴的农户检查自己的环保行为，定期对农场的野生资源、植被和森林开展调查，同时对土壤、空气和水质进行检测，限期向政府报告，政府根据核查情况决定是否给予补贴以及补贴额度。这种绿色补贴将稳定农户收入与环境保护目标联系起来，受到了公众的肯定，64%的民意支持这种做法。② 交叉遵守构想在欧盟也得以实现。与美国自愿参与式做法不同的是，欧盟已将交叉遵守演变为农业政策与环境保护一体化的强制工具。为应对WTO自由化贸易的压力，2003年欧盟通过了共同农业政策（Common Agricultural Policy, CAP）改革方案，彻底改变了欧盟对农业支持措施，建立了与生产脱钩的单一支付（Single payment scheme）补贴制度。不仅取代以种植面积或牲畜数目为计量依据的直接支付制度，还强化了农业生产者对环境保护的责任。实施单一支付补贴制度是基于农业与环境交叉遵守机制的建立与执行。欧盟的交叉遵守范围有法定管理条件和良好农业与环境条件两大类别，其中法定管理条件（Statutory management requirements）包括野生鸟类保护、地下水污染防治、废弃物应用于农业时的环境与土壤保护、硝酸盐水污染防治、野生动植物栖息地保护和动物鉴定与登记等项目，良好农业与环境条件（Good agricultural and environmental condition）包括土壤侵蚀、土壤有机质、土壤结构和最低保持水平等项目③（表9-1）。

  执行交叉遵守时，农民须遵守合约义务，比如遵守良好农业耕作规程。欧共体成员国对超过1%的申请单一农场支付的农民进行现场检查来核实交叉遵守执行情况，当发现农民没有恰当执行交叉遵守义务时，对其处罚将取决于未遵守是故意还是过失。第一次过失或故意造成未遵守，当年农民获得的直接支付通常减少3%或20%，过失重复违反处罚可达15%，故意重复违反的处罚可达到当年直接支付的100%。④

---

  ① 布莱恩·杰克：《农业与欧盟环境法》，中国政法大学出版社2012年版。
  ② 奉沈：《美国农业补贴向农业污染补贴的演变——介绍美国农业绿色补贴计划》，《全球科技经济瞭望》1997年第3期，第60—63页。
  ③ Council regulation (EC) No 1782/2003 of 29 September 2003. No1782/2003.
  ④ 同①。

表9-1 欧盟交叉遵守的良好农业与环境条件

项目	说明	标准
土壤侵蚀	通过适当措施保护土壤	—最低程度的土壤覆盖 —据当地条件,最低程度管理土地 —保留梯田
土壤有机质	通过适当措施保持土壤有机物	—作物轮作 —作物残株管理
土壤结构	通过适当措施维护土壤结构	—适当使用农机
最低保持水平	确保最低维护水平,避免栖息地退化	—维持最低放牧率或/与采用适当饲养方式 —保护永久牧地 —维持景观特征 —避免有害物种入侵

资料来源:Council Regulation EC No 1782/2003,Annex IX。

9.2.2 稻作绿色补贴交叉遵守条件

前面的分析表明,稻作绿色补贴可以分成稻作补贴、休耕补贴和清洁生产补贴等三种。如果在补贴实践中没有相应约束监管机制,可能就会造成与现有农业补贴措施雷同的效果。本文借鉴欧美经验,探索建立稻作绿色补贴的交叉遵守条件。本文认为构建交叉遵守条件需要遵守几个原则:(1)保护生态环境;(2)利于稻作永续经营;(3)能实现补贴目标;(4)申请补贴的农民基本能接受;(5)农民和监管者易于操作执行;(6)节约交易成本。遵照这些原则,通过考察水稻生长发育规律和生产技术要求,提出的稻作绿色补贴交叉遵守条件见表9-2。

表9-2 稻作绿色补贴的交叉遵守条件

项目	说明	标准
稻作补贴	通过适当措施维护稻田生态系统健康	—产地生态条件良好,稻田四周无明显污染源。 —水源条件好,排灌体系健全。 —土壤耕作层深、肥沃,通透性好。 —适时播种栽培。 —水稻长势健壮、均衡,长相好,田间无杂草。 —禁止使用未经国家、省级农业部门登记的化学和生物肥料,禁止使用重金属含量超标的肥料。 —禁止使用国家颁布的禁用农药。 —适时收获。 —合理利用秸秆,禁止焚烧或丢弃。 —根据当地条件,其他最低程度管理土地。

续表

项目	说明	标准
休耕补贴	通过适当措施维持稻田良好的农业条件，确保将来能够重新用于水稻生产	—最近5年中种植水稻至少2年的稻田方可申请。 —维护良好的排灌系统。 —修筑田埂达蓄水要求。 —适时去除田间多年生植物和杂草，禁止使用国家颁布的禁用化学除草剂。 —除改善土壤结构和肥力活动外，不开展其他生产活动。 —根据当地条件，其他最低程度管理土地。
清洁生产补贴	不使用化肥，降低水稻生产的负外部性影响	—符合农业部颁布的《有机食品 水稻生产技术规程》（NY/T 1733-2009）和地方有机稻米生产技术规程，对肥料使用的规定。

申请稻作补贴的农民必须采取恰当的措施：维护稻田良好的土壤和水体环境；禁止使用违禁农用化学品；保障水稻正常生长发育。休耕补贴主要考查农民是否维护良好的稻田环境，以应将来需要时能够立即投入使用。申请清洁生产补贴，因农业部门建立了专门的有机稻米生产技术规程，那么无需单独检查补贴申请者是否执行了相应的技术标准，只需等待有关部门对其有机稻米生产的认定结果。

9.2.3 绿色补贴兑付方式

考虑到补贴目标、规范资金管理、减少发放成本和提高工作效率等因素，可将稻作补贴、休耕补贴和清洁生产补贴通过"一折（卡）通"向农户发放。因为稻作补贴或休耕补贴都是因稻作活动向社会提供了非市场福祉，是对农民这一劳作方式的激励。是否执行清洁生产需要结合国家专门机构对有机大米生产认证，那么就不需要当地基层政府进行另外的监管，通过了有机认证的即可获得补贴。

"一折（卡）通"在农民履行遵守条件后支付。为了保障农民利益，补贴金应由农民签收，不得由乡（镇）部门和村（组）集中代领转付，也不得抵扣任何款项。

9.2.4 绿色补贴执行程序

首先由政府颁布有关稻作绿色补贴的政策制度，然后由农户自愿向所在村民委员会提出补贴申请，再由村民委员会对照条件进行初审并上报乡或镇政府。经乡镇政府组织或委托村民委员会开展现场核查后，符合条件者与政府签订补贴协议。协议一式3份，由农户、村民委员会和政府各执一份。补贴协议时间可定为5年一签。考虑到中国人多地少情况，在实施休耕3年后农民有权终止协议。执行协议期间，农户按照要求向政府书面汇报协议履行情况，而且每年由乡镇政府组织专门力量检查农民交叉遵守情况。提前15天告知农户做好检查准备。检查合格者，由政府支付绿色补贴经费。因疏忽而不恰当履行交叉遵守条件者，视情节扣减当年补贴额度的3%~5%；如果故意不履行者，则扣减20%以上支付额度，甚至撤销补贴资格。稻作绿色补贴程序见图9.3。

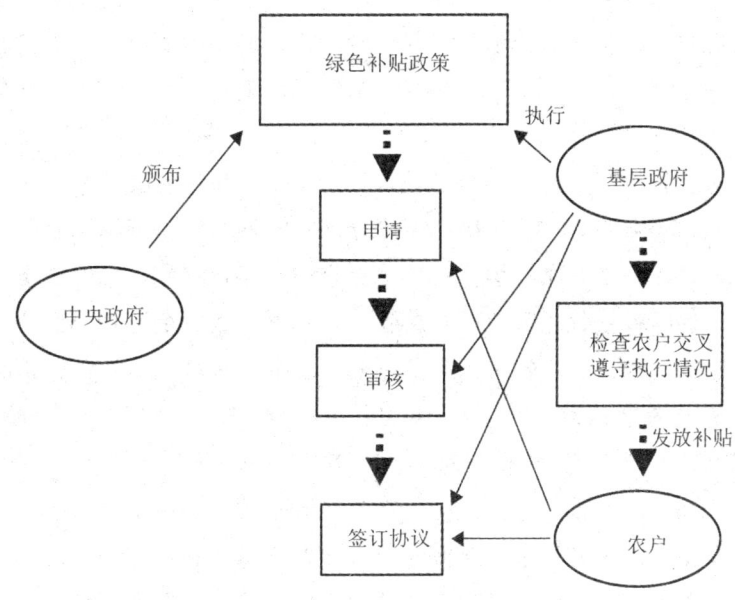

图9.3　稻作绿色补贴流程

9.3　讨论

WTO《农业协定》的发展趋势是对各成员国的农业补贴，特别是对不利于国际贸易的农业补贴要求大幅度削减。该《农业协定》表明了对生产和贸易无扭曲作用或扭曲作用最小的农业补贴规则的导向趋势,以及对农业补贴约束的强化。这让WTO成员国明确意识到,大幅度削减对生产和贸易产生扭曲作用的农业补贴措施趋势是不可逆转的。被认为对市场无扭曲作用的"绿箱"政策逐渐成为一些国家支持农业永续发展的主要措施。美国、欧盟等发达国家形成了相对完善的农业绿色补贴体系,支持力度大,尤其是欧盟用足了"绿箱"支持措施,为促进其农业永续发展提供了极大的便利。[①] 而发展中国家支持手段则较少,规模小,还未充分发挥"绿箱"政策对本国农业的促进作用。就中国而言,其"绿箱"支持总量偏小,措施较少,目前使用的有一般服务、粮食安全公共储备、国内粮食援助、自然灾害救济、环境支付和地区性援助等措施,尚未使用的补贴措施有生产者的直接补贴、不挂钩的收入支持、收入保险和收入安全网计划、农业生产资源储备补贴、农业生产结构调整性投资补贴、农业生产者退休或转业补贴。[②] 中国应该加大"绿箱"政策建设,以实现农业的可持续经营。特别是对作为多数中国人口粮的作物——水稻,应该加大"绿箱"政策支持力度,以实现维护粮食安全、扶贫和环境保护等多重目的。

中国政府自2004年和2006年起分别实施种粮直接补贴和农资综合补贴政策,意在激励农民种粮积极性、促进粮食生产稳定、弥补农资价格上涨成本、保障种粮收益和增加农户收入。水稻是直补的粮食品种之一。除经济发达地区外,其余省份的补贴力度比较小。例如,湖南发放2014年农资综合补贴的标准为1209元·hm^{-2},种粮直补标准为203元·hm^{-2},双季稻直补标准不低于750元·hm^{-2}且不高于1200元·hm^{-2}。[③] 与进城务工和经济作物生产的收益比较,种粮直补对农户收入影响甚微,难以引起农户足够重视。由于补贴是按原来的计税承包土地面积计算,实际种粮与否对补贴数量无影响,促进粮食生产的激励愿望也随之落空。粮食生产决策与补贴额度没有关联,粮食直补已经由调动农民种粮积极性,促进粮食生

---

① 李钦:《国内外绿箱政策的比较分析与启示》,《黑龙江对外经贸》2009年第1期,第67—70页。
② 葛声:《浅析WTO绿箱政策相关法律问题》,《今日南国》2009年第4期,第175—176页。
③ 《湖南开始发放2014年粮食直补、综补和双季稻补贴》,http://gov.rednet.cn/c/2014/03/27/3308976.htm。

产转变为单纯的收入支持。① 农资综合补贴是政府统筹考虑化肥、农药和柴油等主要农资价格上涨对农民种粮支出的影响而安排的补贴资金。这一政策希望农民将补贴金用于粮食生产，但农民通常将其与直接补贴一样视为收入支持。如果农民严格执行政策的期望行为，可能会让人质疑该补贴政策对促进使用化肥等农用化学品没有丝毫影响。如果对农用化学品的使用确有促进作用，无疑会加重本已泛滥的农业面源污染，这可能与农业永续经营的指导理念背道而驰。补贴政策目标与实际效果存在不和谐，使得种粮直补和农资综合补贴政策存在不少争议。如果将涉及水稻生产的种粮直补和农资综合补贴取消，将这部分补贴金追加到稻作绿色补贴项目，交叉遵守条件的执行将使原补贴政策目标得以实现并赋予新的环境保护内涵。

本文设置了稻作补贴、休耕补贴和清洁生产补贴三个绿色补贴项目，其依据是稻作生态系统的多样性非市场产出，即使是休耕状态稻田依然拥有非市场产出，减少化肥和农药等农用化学品污染将增加生产成本。如果不加注意，可能会将稻作补贴与种粮直补、休耕补贴与其他国家的休耕补贴混淆。本文的稻作补贴是保护生态系统的非市场产出，补贴标准是水稻种植收益与其机会成本（转作或外出务工的收益）的差值；而粮食直补是维持或提高粮食产量的生产补贴，不考虑农业活动的外部性产出，其补贴标准由省级政府根据中央政府意见并结合本地实际情况来制定。本文的休耕补贴是基于稻田的良好生态环境功能，其补贴标准是根据维护稻田生态环境功能所需要的必要成本；而日本休耕补贴是为减小稻谷剩余压力而补贴稻田休耕转作的损失，欧美国家的休耕补贴主要是为了恢复地力，其标准主要是依据休耕的生产损失。可见，本文设置的稻作补贴和休耕补贴项目不仅赋有独特的内涵，而且也可能具有部分实现粮食直补和休耕补贴目标的潜力。

构建的交叉遵守条件，重要的是考虑：条件是否符合所设置的补贴项目目标、是否具有较强的可操作性，以及是否交易成本低。这三项原则必

---

① 倪洪兴：《中国农业支持政策研究》，国际贸易和可持续发展中心（ICTSD）：《农业贸易及可持续发展项目第47号研究报告》，瑞士日内瓦国际贸易和可持续发展中心，2013年，http://www.ictsd.Org.

须结合在一起考虑，缺一不可。这意味着：条件满足不了目标，再好的可操作性和再低的交易成本也没用；如果不具备操作性和难以承担交易成本，最理想的条件也付诸东流。总结中外农业补贴实践经验，约束条件的可操作性和交易成本无疑是首要考虑的因素，因为这关系到补贴效率能否实现。如果建立的条件能基本满足目标需求，且具有可操作性和交易成本低的特点，这与效率观点相吻合，在实践中可能具有应用优势。另外，过多苛刻的条件，对农民来说未必能很好理解和执行。而且，义务与补贴数量是紧密相关的，补贴量多农民才愿意多花成本来执行，如果补贴不多却要农民履行较多的义务和承担较多的责任，是不现实的。本文所建立的交叉遵守条件，就是遵循了操作性和交易成本优先考虑的思想。

欧盟农业与环境交叉遵守条件中将面源污染防治、生物多样性保护和自然栖息地维护等纳入法定管理要件，这样做是源于农民应该遵守基本的环境标准而无需补偿的理念。[1] 法定管理要件是任何农民申请单一支付的基础，只有全面履行该要件并根据农地功能或区位恰当执行优良农业与环境条件，方能获得补贴。而在人多地少的中国，当环境与生产发生冲突时，环境保护让位于生产是再平常不过的事情。尤其是农民群体，其农业活动主要功能是维持生存，并为社会提供生存消费品和生产资料，但依然占据贫困人口的主要份额，因此他们有充分理由追求私人利益最大化。当农业活动不利于环境时，人们通常表达怜悯与宽恕。而且，中国农业施行的是家庭联产承包责任制，与欧美农场不一样的是中国农村家庭多且每个家庭承包的土地面积小。如果要求所有农业活动遵守基本环保要求，其监管成本是极其高昂的。因此，效仿欧盟来制订中国农业补贴的法定管理要件，目前是难以做到的。本文认为中国的农业与环境永续发展，应该从褒奖与环境友好的农业活动做起，逐渐树立起农民的环境保护理念，然后再以法律形式固定必要的环境保护行为。故本文对稻作绿色补贴的设计是以自愿参与为原则，对履行遵守条件的农户给予补贴以示褒奖。

---

[1] Commission of The European Communities, "Direction towards sustainable agriculture", 1999, http://ec.europa.eu/agriculture/cap-history/agenda-2000/com99-22_en.pdf.

9.4 小结

中国稻作的非市场服务具有众多的供给者和消费者、分布广泛、信息不确定和不完全等特点，不可能依靠私人市场来解决其溢出效应问题，存在市场失灵，需要政府干预。稻作提供的非市场服务属于公共物品，有的属全国性公共物品，有的属地方性公共物品，不能清晰鉴别受益者。因此，稻作的生态补偿主体应是政府。作为WTO缔约国，政府对农业支持的经济手段要遵守WTO《农业协定》。政府作为补偿主体的稻作生态补偿，是一种WTO《农业协定》倡导的"绿箱"政策中"农业环境保护补贴"措施。因此，称"稻作生态补偿"为"稻作绿色补贴"可能更贴切。

从受偿者角度考虑，资金补偿是最常见也是最亟需的补偿方式，特别是直接补贴措施受到农民的支持。稻作经营的主体是农民，只有他们的经济收益得到保障后，才能激励他们开展稻作永续经营。建议稻作绿色补贴采取直接补贴措施。

由于发展稻作符合东北稻农利润最大化目标，以及绝大部分西北和华北地区受地理气候条件限制，发展稻作机会代价高，如果实施稻作绿色补贴，建议政府优先考虑长江中下游和东南沿海水稻优势生产区域。如果政府考虑调整当前农业支持政策，如取消最低收购价等，则需将东北优势产区纳入绿色补贴范围。稻作绿色补贴可分稻作补贴、休耕补贴和清洁生产补贴三种。稻作补贴是对需要维持或增加稻田种植面积的地区的稻作农事进行补贴。休耕补贴是对休耕稻田维持其水稻种植能力进行补贴。清洁生产补贴是对环境条件适宜有机稻米生产且自愿开展有机种植不使用化肥的行为进行补贴。稻作补贴标准约为 7500 元·hm^{-2} ~ 7748 元·hm^{-2}，休耕补贴约 750 元·hm^{-2}，清洁生产补贴上限约 154 元·hm^{-2}，各地需根据实际情况进行调整，但不能超过当地稻作生态系统提供的与机会生态系统提供的非市场服务价值之差值。

稻作绿色补贴的经费主要来自中央政府和地方政府的财政收入，另外可加征占用稻田环境税，这不仅可作为补贴经费来源，而且也可减少占用稻田行为的发生。

稻农是绿色补贴的主要对象。补贴地区的基层政府和村组织是绿色补贴政策的执行者和监管者，中央政府和相应省级政府应该向它们提供不低于其执行成本和监管成本的补贴，以激励相关人员做好绿色补贴工作。

借鉴发达国家的补贴与环境保护目标一体化观念，以保护生态环境、利于稻作永续经营、能实现补贴目标、申请补贴的农民基本能接受、农民与监管者易于操作执行和节约交易成本为原则，构建稻作绿色补贴的交叉遵守机制。要求申请稻作补贴的农民必须采取恰当的措施维护稻田良好的土壤和水体环境，禁止使用违禁农用化学品，保障水稻正常生长发育；申请休耕补贴的农民要维护良好的稻田环境，以应将来需要时能够立即投入使用；申请清洁生产补贴的有机大米生产者不得使用化肥，并应通过政府相关部门检查核实。

基于补贴目标和效率的实现考虑，可将稻作补贴、休耕补贴和清洁生产补贴通过"一折（卡）通"向农户发放，由农民签收。为保障农民利益，不得由乡（镇）部门和村（组）集中代领转付，也不得抵扣任何款项。

本文也设计了稻作绿色补贴执行程序，要求政府对履行合约的稻农支付补贴，对未履行交叉遵守条件者，视情节给予扣减或撤销补贴处理。

建议对实行稻作绿色补贴的地区取消涉及水稻的种粮直补和农资综合补贴，将这部分补贴金追加到稻作绿色补贴项目，这不仅可以实现原来的补贴政策目标，而且被赋予新的环境保护内涵。